Tourism and Visitor
Management in Protected Areas
Guidelines for Sustainability

自然保护地可持续旅游管理指南

〔美〕梁宇晖　〔英〕Anna Spenceley
〔加〕Glen Hvenegaard　〔澳〕Ralf Buckley　编著
彭福伟　朱春全　等　译

Developing capacity for a protected planet
增强保护地球的能力

科学出版社

北　京

内 容 简 介

本书立足全球的实际案例研究，旨在为自然保护地可持续旅游提供详细和实用的建议，并为自然保护地内基础设施的设计和运营提供参考范例。在实际应用中，本书有助于培养机构和个人能力，以便有效、平等、可持续地管理自然保护地体系，以及应对实践中面临的各种挑战。

本书可供政府部门、自然保护地管理机构、非政府组织、社区和私营部门合作伙伴参考。

图书在版编目（CIP）数据

自然保护地可持续旅游管理指南 /〔美〕梁宇晖等编著；彭福伟等译. —北京：科学出版社，2024.3

书名原文：Tourism and Visitor Management in Protected Areas Guidelines for Sustainability

ISBN 978-7-03-078009-6

Ⅰ.①自… Ⅱ.①梁… ②彭… Ⅲ.①自然保护区-旅游业-可持续性发展-研究 Ⅳ.①F590.3

中国国家版本馆CIP数据核字（2024）第014219号

责任编辑：石　珺 / 责任校对：郝甜甜
责任印制：吴兆东 / 封面设计：蓝正设计

声明：本书为"自然保护地最佳实践指南系列丛书"第27册：《自然保护地可持续旅游管理指南》的非官方翻译。世界自然保护联盟对原始内容的转换或翻译不承担任何责任或义务。

科学出版社 出版
北京东黄城根北街16号
邮政编码：100717
http://www.sciencep.com

涿州市般润文化传播有限公司印刷
科学出版社发行　各地新华书店经销

*

2024年3月第 一 版　　开本：720×1000 1/16
2024年9月第二次印刷　印张：14 1/4
字数：274 000

定价：158.00元
（如有印装质量问题，我社负责调换）

《自然保护地可持续旅游管理指南》
翻译委员会

主　　任：彭福伟

副 主 任：朱春全　袁　溪

委　　员：张　琰　王连勇　张玉钧　张朝枝
　　　　　吴承照　冯　凌　金文佳

译校人员：彭福伟　朱春全　袁　溪　王连勇
　　　　　张玉钧　张朝枝　吴承照　冯　凌
　　　　　张　琰　金文佳　赵云涛　李　叶
　　　　　侯　博　谢冶凤

世界自然保护联盟（IUCN）世界自然保护地委员会自然保护地最佳实践指南系列

　　IUCN 世界自然保护地委员会自然保护地最佳实践指南给自然保护地管理者们提供了全球的权威资源。本书与致力于支持更好地野外实施的专家们充分合作，并从 IUCN 广泛地提炼经验、知识和建议。在野外应用的过程中，本书不断培养机构和个人能力，以便有效、平等、可持续地管理自然保护地体系，以及应对实践中面临的各种挑战。本书还能帮助政府部门、自然保护地管理机构、非政府组织、社区和私营部门合作伙伴兑现承诺和完成目标，特别是制定《生物多样性公约》自然保护地工作方案。

　　全套指南内容请参见：www.iucn.org/pa_guidelines
　　补充资料请参见：www.cbd.int/protected/tools/
　　世界自然保护地网站请参见：www.protectedplanet.net/

IUCN 自然保护地定义、管理类别和治理类型

　　IUCN 自然保护地的定义是：一个明确界定的地理空间，通过法律或其他有效方式获得承认、得到承诺和进行管理，以实现对自然及其所拥有的生态系统服务和文化价值的长期保育。

　　据此，自然保护地划分为六个管理类别（其中第一个分为两个亚类型），简述如下。

　　（1）其一，严格的自然保护地：为了保护生物多样性而受到严格保护的区域，也可能涵盖地质和地貌。在这些区域中，人类活动、资源利用和影响受到严格控制，以确保其保育价值不受影响。其二，荒野保护地：大部分保留原貌或仅有些微小变动的区域，保存了其自然特征和影响，没有永久性或者明显的人类居住痕迹。对其保护和管理是为了保持其自然原貌。

　　（2）国家公园：大面积的自然或接近自然的区域，设立的目的是保护大尺度的生态过程，以及相关的物种和生态系统特性。这些自然保护地提供了环境和文化兼容的精神享受，以及科研、教育、休闲和参观机会的基础。

　　（3）自然历史遗迹或地貌：为保护某一特别自然历史遗迹或地貌所特设的区域，可能是地貌、海山、海洋洞穴或类似洞穴的地质形态，甚至是古老的小树林这样依然存活的形态。

　　（4）栖息地/物种管理区：管理上以优先保护特殊物种或栖息地的区域。这类自然保护地将会采取经常性的、积极的干预手段来满足特殊物种或栖息地的需求，但这并非该类自然保护地必须满足的条件。

　　（5）陆地景观/海洋景观保护地：指人类和自然长期相处而产生鲜明特点的区域，具有重要的生态、生物、文化和风景价值。双方和谐相处状态的完整保护，对于保护该区域并维护其自然保育和其他相关价值都至关重要。

　　（6）自然资源可持续利用的自然保护地：为了保护生态系统、文化价值和传统自然资源管理系统而设立的区域。这类自然保护地通常面积庞大，大部分地区处于自然状态，其中一部分处于可持续的自然资源管理利用之中，且该区域的主要目标是保证自然资源的低水平非工业利用与自然保育相兼容。

　　每个管理类别都应该基于其主要的管理目标，必须适用于自然保护地至少 3/4 的面积，即 75% 的面积。

　　IUCN 自然保护地的治理类型是指哪些人能在自然保护地里拥有权威并承担责任。管理类别和治理类型需同时运用。IUCN 提出四种治理类型的定义。

　　政府治理：联邦政府或国家部门/机构负责、地方政府部门/机构负责、政府授权管理（如交给非政府组织）。
　　共同治理：合作治理（不同程度的影响力）、联合治理（多元管理委员会）、跨边界治理（多层次跨国际边界）。
　　公益治理：个人所有者、非营利组织（非政府组织或大学）、盈利机构（个人或企业）。
　　社区治理：原住民保护的地区和领地、社区自然保护地——由当地社区声明并管理。

　　有关 IUCN 对自然保护地的定义、管理类别和治理类型的更多信息，请参阅《2008 自然保护地管理类别实用指南》，下载链接：www.iucn.org/pa_categories。

　　更多治理类型请见 Borrini-Feyerabend 等（2013）。《自然保护地治理——从理解到行动》，可从 https://portals.iucn.org/library/node/29138 下载。

IUCN，即世界自然保护联盟，旨在为全球最重要的环境与发展所面临的挑战寻求系统化的解决方案。世界自然保护联盟的工作重点是珍视和保护自然，确保其有效和公平的使用和治理，实施基于自然的解决方案来应对全球在气候变化、食物和发展方面的挑战。IUCN 支持科学研究，在世界各地管理野外项目，并与各国政府、非政府组织、联合国和企业共同制定政策、法律和最佳实践。IUCN 创立于 1948 年，是目前世界上最悠久也是最大的全球性环保组织，由 1300 多个政府和非政府组织会员和来自 160 个国家超过 13000 名科学委员会会员组成，IUCN 的工作由分布在 50 多个国家的 1000 多名秘书处员工和来自全球公共、非政府组织和私营部门的数百家合作伙伴提供支持。

www.iucn.org

IUCN 世界自然保护地委员会 (WCPA) 是世界一流的专业自然保护地网络。由 IUCN 自然保护地项目进行管理，在全球 140 个国家有超过 1400 位成员。IUCN 世界自然保护地委员会的工作是协助政府和其他机构规划自然保护地，并将其纳入所有部门的规划；为决策者提供战略咨询；加强自然保护地的能力建设和投入；召开各种自然保护地利益相关方会议，以解决具有挑战性的问题。50 多年来，IUCN 和 IUCN 世界自然保护地委员会一直站在全球自然保护地行动的最前沿。

www.iucn.org/wcpa

IUCN- 法国合作伙伴关系旨在促进可持续发展目标和《巴黎气候变化协定》的实施。该伙伴关系支持在法国特别感兴趣的国家、欧洲海外领土以及全球范围内实施的项目。该伙伴关系不仅在动员法国组织和专家方面提供技术支持，同时通过将高级官员借调到 IUCN 来提供相关专业知识。该伙伴关系包括法国的欧洲与外交部、生态转型和团结部、农业和食品安全部、法国海外领地以及法国开发署（AFD）。该合作伙伴关系以长期取得的成果为基础，建立于 2005 年。2017～2020 年，该伙伴关系总资金将达到近 900 万欧元。

www.iucn.org/fr/partenariat-france-uicn

德国正在与国际社会开展密切的发展合作，以消除贫困，公平地塑造全球化，维护和平、自由、民主和人权，保护环境和自然资源。**德国联邦经济合作与发展部（BMZ）**制定了德国发展政策的指导方针和概念，确定了与各方合作的长期战略及实施规则。德国政府发展合作工作最重要的支柱是与其他国家的政府进行双边合作。BMZ 与德国发展合作伙伴国家开展联合项目和计划，与国家发展战略保持一致。实施机构负责实际执行发展政策概念和战略。此外，BMZ 还与民间社会、教会、基金会、私营部门和其他领域的参与者合作。

www.bmz.de

《生物多样性公约》于 1993 年 12 月生效，是一项涉及保护生物多样性、可持续利用组成部分以及公平合理分享通过利用遗传资源而产生的惠益的国际公约。该公约得到世界各国的广泛参与，拥有 193 个缔约国。通过科学评估，工具、激励措施和流程开发，技术转让和经验交流，利益相关方如原住民和当地社区、青年、非政府组织、妇女和商界全面而积极参与，《生物多样性公约》寻求解决生物多样性和生态系统服务所面临的各项威胁，包括来自气候变化的威胁。2010 年举行的《生物多样性公约》每十次缔约国大会通过了关于 2011～2020 年生物多样性战略规划，涵盖 5 个战略愿景和 20 个爱知生物多样性目标。该战略规划是生物多样性的一个总体框架，不仅适用于生物多样性相关的公约，而且适用于整个联合国系统。

www.cbd.int

公园、游憩和旅游管理系（PRTM）是北卡罗来纳州立大学自然资源学院的三个系之一。该系的使命是通过创新的社会科学研究、教学和公众参与，推进有关将自然资源和文化资源用于游憩、旅游和体育运动的管理与利用领域的学术研究。该部门致力于成为一个学者社区，让学生成为终身学习者和全球社会的领导者，致力于开发公园、游憩、旅游和体育资源，以改善生活质量并实现环境、社会和经济上的可持续性。

cnr.ncsu.edu/prtm

IUCN 世界自然保护地委员会的旅游和保护地专家（TAPAS）组是一个由 500 多人组成的志愿者网络。TAPAS 组的使命是为自然保护地从业人员和其他人提供一个平台，共享专业知识、加强可持续性意识、促进协作和对话、提升领导力，并开发创新的解决方案，以支持对自然保护地系统中可持续旅游的监督。

www.iucn.org/theme/protected-areas/wcpa/what-we-do/tourism-tapas

译 序

自然保护地体系是最重要的绿色基础设施，能长期稳定地提供生态系统服务，是世界各国和国际机构规划自然保护战略的核心，也是世界公认的最有效的自然保护手段，在保护生物多样性以及保障世界各国的生态安全方面起到至关重要的作用。特别是，世界上很多国家依托国家公园等自然保护地开展游憩活动，发展生态旅游，并取得了显著成就。美国国家公园体系被誉为"最绝妙的创意"，2017 年接待游客达 3.31 亿人次。国家公园体系在满足人们游憩体验的同时，也承载着国家的历史记忆，成为塑造美国人国家认同的"神圣空间"。

2014 年以来，国家发展和改革委员会同相关部门和地方组织开展三江源、东北虎豹、大熊猫、祁连山等国家公园体制试点，在突出生态保护、统一规范管理、明晰资源权属、创新经营管理、促进社区发展等方面取得了阶段性成效。2017 年 9 月，中共中央办公厅、国务院办公厅印发《建立国家公园体制总体方案》，提出了中国国家公园体制的制度框架和顶层设计，明确将建立以国家公园为主体的自然保护地体系。同时，国家公园等自然保护地除首要承担生态保护功能外，还要承担自然教育、国民憩等功能。当然，自然保护地旅游不是一般意义上的旅游，必须坚持全民公益性、确保可持续，在保护完整的自然和文化生态系统的前提下，通过发展旅游，为当地经济发展、民生改善和生态保护提供有力支撑。

2019 年，我国国内旅游人数突破 60 亿人次，旅游总收入达到 6.63 万亿元。同时，随着工业化进程加快、城镇化水平提高，人们回归大自然的愿望日益强烈，国内旅游需求特别是享受自然生态空间的需求爆发性增长。旅游消费方式从观光游向观光、休闲、度假并重转变，呈现多样化格局，深层次、体验式、特色鲜明的生态旅游产品更加受到市场青睐，观鸟旅游、探险旅游、科考旅游、生态养生、野生动物观赏等逐渐成为新热点。如何在确保生态保护第一的前提下，科学合理地利用自然保护地资源发展可持续旅游，是值得我们深入思考和研究解决的问题。从自然保护地生态保护的角度来说，旅游和探访代表着复杂的挑战，所有形式的游览都会对环境造成影响，同时，景区内还需要建设各种基础设施保证游客的安全和日常所需。但从政治和经济发展的角度，在实现保护目标的同时促进自然保护地旅游业发展是最优方案。因此，以各种科学的管理方式规范游客的数量和行为是发展自然保护地可持续旅游的必要条件。

恰逢其时，IUCN《自然保护地可持续旅游管理指南》于 2018 年出版，该书由 IUCN 世界自然保护地委员会（WCPA）

译　序

针对自然保护地旅游业和游客管理编写，是自然保护地最佳实践指南系列丛书第 27 册。IUCN《自然保护地可持续旅游管理指南》立足全球的实际案例研究，背靠强大的专家资源，旨在为自然保护地可持续旅游提供详细和实用的建议，为技术和政治方面的挑战提供应对思路，为自然保护地内基础设施的设计和运营提供参考范例。在实际应用中，该书有助于培养机构和个人能力，以有效、平等、可持续地管理自然保护地体系，以及应对实践中面临的各种挑战，还能帮助政府部门、自然保护地管理机构、非政府组织、社区和私营部门合作伙伴兑现承诺和完成目标，特别是《生物多样性公约》关于自然保护地的目标。

为贯彻落实绿色发展理念，加快发展负责任、可持续的旅游业，推动提升我国自然保护地生态旅游发展水平，国家发展和改革委员会社会发展司、文化和旅游部资源开发司支持翻译出版了《自然保护地可持续旅游管理指南》。希望本书的出版有助于推动建立健全中国国家公园体制，进一步完善中国自然保护地体系和管理体制，推动中国以国家公园为主体的自然保护地体系，切实将全民公益性放在重要位置，坚持全民共享，着眼于提升生态系统服务功能，开展好自然环境教育，给子孙后代留下珍贵的自然遗产，让我们的后代同我们一样能够完整原真地感受到大自然的美好。

前 言

为了管理复杂的自然保护地系统，自然保护地管理者需要具备广泛的技能和专业知识。为了满足上述需求，分享来自世界各地的良好实践经验，我们编写了 IUCN 最佳实践指南系列。许多自然保护地的管理内容中含有旅游与访问等活动，涉及了包括私营部门在内的众多利益相关者。与自然保护地有关的旅游需求正在飞速增长，因此提供一个明确的指南，指导自然保护地管理者在不与自然保护地主要保育目标冲突的前提下实现可持续旅游是十分必要的。尽管在全球范围内，自然保护地及其周边地区开展旅游业的法律、政治、经济和社会背景差异很大，但同时也存在一些共同的要素和多样化的经验，可增加相关人员的知识与对自然保护地可持续旅游业的理解。

多年来，IUCN 世界自然保护地委员会旅游与自然保护地专家组中的专家精心收集了最佳实践案例。Paul Eagles、Stephen McCool 和 Christopher Haynes 编撰的 IUCN 世界自然保护地委员会自然保护地最佳实践指南系列 8 中收录了 2002 年以来的各类信息。然而，在过去的十几年也发生了许多变化，指南也需要相应更新，为此我们编写了本书。本书的初稿于 2014 年在悉尼召开的世界公园大会上发布，并在互联网上公开征集专业从业人员的意见，同时，也在该专家组内部开展了多轮的评审与讨论。

旅游业的发展和游客的参观游览为保育工作带来了一系列复杂的挑战。大家都希望全球的自然保护地管理机构既能开放自然保护地的大部分区域供游客参观游览，又能实现保育目标。自然保护地所处的法律、政治和经济背景，以及生态考量，决定了管理机构在鼓励、限制、调控游客进入保护地、在保护地开展活动及收取相关费用方面有多少灵活性，也决定了保护地的基础设施和服务是由管理机构提供，还是由社区、志愿者、组织者或商业企业提供。

任何形式的旅游都会对环境产生影响，但影响的差异可以是数量级的。标尺的一端是环境影响最小的步行或船行的荒野旅行者，全球众多的自然保护地都允许他们进入。本书也总结了一套经过良好测试的管理和监测工具，可在不影响主要保育目标的情况下，让访客也有所收获。标尺的另一端则是大型基础设施、餐饮住宿设施，有些可以一天接纳十万以上的访客。访客数量巨大的自然保护地需要这些大型设施，如何更好地提供这些设施也是一大难题。旅游发展企业、旅游业协会和政府旅游投资项目认为大规模的固定场所开发是有利可图的机遇，然而在公共自然保护地开发私营旅游项目并不总是成功的，有些甚至会给自然保护地管理机构带来环境、

前言

社会、经济和法律上的问题。自然保护地管理机构在管理对访客众多的自然保护地及其周边的基础设施的期望、设计和运营时，可能会面临重大的技术和政治挑战。本书也旨在为这些问题提供实用的建议。

旅游和访问活动可以为自然保护地和周边社区带来经济收益，有助于更好地实现保育目标。许多发达国家在自然保护地及其周边地区开展的旅游能够帮助自然保护地获得政策支持和政府拨款。因此，旅游和访问活动的经济价值，包括社会经济和福利收益、直接支付给自然保护地管理机构的款项和收入，成为自然保护机构和倡导者的游说工具。最近，这些收益还包括人类接触自然而获得的心理健康和福祉的益处。

在许多发展中国家，商业旅游通过吸引国际客户和外汇收入，为政府、社区和公益治理的自然保护地带来了直接的经济收入。这样的旅游要取得成功，需要专业的管理能力，根据当地文化背景和国际市场条件进行精心的调整，提供定制旅游，同时也要尽可能地推动国内重视自然体验的市场的发展。商业旅游可以为大到整个自然保护地、小到某个濒危物种的保育带来显著的净收益，通常这样的商业旅游会与投资方、信托基金、非政府组织、当地社区等合作伙伴共同运作。而在旅游风向与外汇汇率时时变动的条件下，管理这些项目并实现成功的保育需要相当丰富的技能与知识。

全球都在努力实现爱知生物多样性目标，以建立更有效的自然保护地体系，保育管理者也需更有效地与其他部门协作。旅游与访问活动可以是推进有效的生物多样性保育的工具，但自然保护地的管理人员应该具备专业技能知识来管理和维持这些自然保护地的生态与保育价值。本书为全球的自然保护地管理者与机构提供了相关技能与知识的介绍。

Kathleen MacKinnon

Dr Kathy MacKinnon
IUCN 世界自然保护地委员会主席

Trevor Sandwith

Trevor Sandwith
IUCN 全球自然保护地项目主任

鸣　　谢

本书由IUCN世界自然保护地委员会、代表德国联邦经济合作与发展部的德国国际合作机构，以及法国外交与国际发展部共同赞助编写。上述机构的慷慨赞助使得本书以英语编写完成，并翻译成法语、德语和西班牙语。

由德国和法国共同支持的项目是IUCN世界自然保护地委员会旅游和自然保护地专家组的一项倡议。该专家组是IUCN世界自然保护地委员会下的数个志愿团体之一，由500多名志愿者组成，致力于通过推动自然保护地的可持续旅游，实现长期对自然及相关生态系统和文化价值的保育。该专家组的工作包括传播有关旅游和自然保护地的知识、案例研究和最佳实践。

本书是自然保护地最佳实践指南系列中关于旅游主题的第三版。第一版于1992年发布（McNeely et al., 1992），第二版于2002年发布（Eagles et al., 2002）。本书编辑感谢之前版本的作者们为本书奠定的坚实的基础，之前版本的作者包括Jeffrey McNeely、James Thorsell、Héctor Ceballos-Lascuráin、Paul Eagles、Stephen McCool和Christopher Haynes。

本书采用合作的方式进行编写，旨在吸引广泛的从业者和学者分享他们的知识和经验，共建实践共享社区。为此，我们通过旅游和自然保护地专家组的社交媒体网站和其他专业网络发布公告，呼吁大家参与编写。2012年韩国济州岛举办的IUCN世界自然保护大会和2013年美国科罗拉多州丹佛举行的乔治莱特学会（George Wright Society）大会上都举办了研讨会，征求关于指南的机构、内容和潜在案例研究的初步意见。

来自16个国家的32名参与者参加了这两次活动。我们招募了分布在全球各地的58位投稿人，包括旅游和自然保护地专家组成员、技术专家、自然保护地和旅游行业的专业人士，来协调、撰写本书的案例或章节。他们的具体贡献请参见下文，本书最后也提供了按字母顺序排列的作者列表。

本书初稿于2014年夏天完成，并按IUCN规定进行了同行评审。在澳大利亚悉尼举行的2014年IUCN世界公园大会上，发布了本书的第二稿，以征询与会代表的意见和建议。本书受益于以下评审专家的宝贵意见：Rajiv Bhartari、Adonia Bintoora、Paul Eagles、Janet Mackay、Marcello Notarianni、Stephen McCool、Sibylle Riedmiller、Eick von Ruschkowski、Diego Sberna、John Senior以及Alessandra Vanzella。随后的一轮审查和修订由IUCN和IUCN世界自然保护地委员会领导团队牵头，包括：Craig Groves（IUCN最佳实践指南系列编辑），

鸣谢

Trevor Sandwith（IUCN 全球自然保护地项目主任），Kathy MacKinnon（IUCN 世界自然保护地委员会主席），以及另外两名由世界自然保护地委员会指定的评审员——Penelope Figgis 和 Robyn Bushell。团队成员为后期的草稿提供了宝贵的意见，帮助编辑对指南中的重点和信息进行了改进。

非常感谢 David Harmon，他所承担的编辑工作调整和对文稿结构的优化，使文稿最终呈现为现在的形式。他的精力与出色的编辑技能推动本书进入后期精心审查和批准的阶段。还要感谢 Thad Mermer 在专业设计服务方面的耐心和细致的努力，以及他对早期文稿的文字编辑所做的工作。

本书的主编要特别感谢北卡罗来纳州立大学的前博士生和项目助理 Chelsey Walden-Schreiner 博士和 Anna Miller 博士，他们为本书提供了诸多帮助与支持，同时也感谢北卡罗来纳州立大学的前博士生 Shuangyu Xu、Wei-Lun Tsai 和 Ginger Deason，以及其他自愿参与翻译源文件、组织印刷和数字参考资料的同事，包括 Pei-Ying Lee、Reda Neveu 以及 Jessica Dittmer。

最佳实践社区

我们希望本书能为自然保护地管理者提供有价值的信息，激发灵感、启发思考。我们希望通过本书建立起自然保护地旅游实践的社区，通过各种平台和媒介，向全球分享和传播最佳实践。为了促进知识分享，我们也在 http://go.ncsu.edu/iucn-sustainabletourism-bpg 建立了在线资源目录。该目录当前指向临时原型服务器，但将来会链接到 IUCN 托管的永久位置。该目录建立的目的如下：①提供额外的在线阅读和详细信息；②邀请所有人提交和共享新资源，如指南、手册和创新实践文件。

我们将本书和在线资源目录作为一种动态和适应性的资源，以支持自然保护地管理者的可持续旅游业务。

梁宇晖、Anna Spenceley、
Glen Hvenegaard、Ralf Buckley

每章具体贡献者

第 1 章

作者：梁宇晖、Anna Spenceley、Stephen McCool、Paul F. J. Eagles。

案例专栏编写者：B1.1（Anna Spenceley）。

章节协调人：梁宇晖。

第 2 章

作者：Anna Spenceley、Glen Hvenegaard、Robyn Bushell、梁宇晖、Stephen McCool、Paul F. J. Eagles。

案例专栏编写者：B2.1（Anna Spenceley）、B2.2（Mohammad Rafiq、Sibylle Riedmiller、Delphine M. King）、B2.3（Donald Hawkins）、B2.4（Chih-Liang Chao、Dau-Jye Lu、Mei-Hui Chen）、B2.5（Giulia Carbone、Maria Ana Borges）、B2.6（David Newsome、Young Ng、Jasmine Cardozo Moreira）、B2.7（Chelsey Walden-Schreiner）、B2.8（Ivana Damnjanović）、B2.9（Robyn Bushell）、B2.10（Lincoln Larson）、B2.11（Ralf Buckley）。

章节协调人：Anna Spenceley、Glen Hvenegaard。

第 3 章

作者：Elizabeth Halpenny、Therese Salenieks、Robert Manning、梁宇晖、Anna Spenceley。

案例专栏编写者：B3.1（Anna Spenceley）、B3.2（Giulia Carbone）、B3.3（Dan Paleczny）、B3.4（Robert Manning、Anna Spenceley）、B3.5（Robert Manning）。

章节协调人：Elizabeth Halpenny、Therese Salenieks、梁宇晖。

第 4 章

作者：梁宇晖、Elizabeth Halpenny、Therese Salenieks、Robert Manning、Ian Bride、Chelsey Walden-Schreiner、Ralf Buckley。

案例专栏编写者：B4.1（Therese Salenieks）、B4.2（Anna Miller）、B4.3（Chelsey Walden-Schreiner）、B4.4（Chelsey Walden-Schreiner、Anna Miller、梁宇晖）、B4.5（Debbie Mucha）、B4.6（Luis Monteiro）、B4.7（Anna Hübner、Chelsey Walden-Schreiner）、B4.8（Dilya Woodward、Alexandra Vishnevskaya）、B4.9（Chengzhao Wu、Xiaoping Zhang、Jianghua Ran）、B4.10（Lisa King）、B4.11（Jorge Chávez）、B4.12（Jake Paleczny）、B4.13（Elizabeth Halpenny）、B4.14（梁宇晖、Anna Spenceley、Glen Hvenegaard、Ralf Buckley）、B4.15（Kelly Bricker、Chelsey Walden-Schreiner、Anna Spenceley）。

章节协调人：梁宇晖、Elizabeth Halpenny、Therese Salenieks。

鸣 谢

第 5 章

作者：Anna Spenceley、Susan Snyman、Sandra de Urioste-Stone、Stephen McCool。
案例专栏编写者：B5.1（Chelsey Walden-Schreiner）、B5.2（Megan Epler Wood、Mark Milstein）、B5.3（Kamal Medhi、Rajiv Bhartari），B5.4（Dan Paleczny、Erik Val）、B5.5（Susan Snyman、Dani Ndebele）、B5.6（Erin Seekamp、Lee Cerveny）。
章节协调人：Anna Spenceley。

第 6 章

作者：Andrew Rylance、Anna Spenceley、Marcello Notarianni、Andy Thompson、Midori Paxton、James Barborak、Peter J. Massyn、Paul F. J. Eagles、Ralf Buckley、Susan Snyman、Chelsey Walden-Schreiner。
案例专栏编写者：B6.1（Andrew Rylance）、B6.2（Anna Spenceley）、B6.3（Chelsey Walden-Schreiner、Dashpurev Tserendeleg）、B6.4（Anna Spenceley）、B6.5（Anna Spenceley）、B6.6（Anna Spenceley）、B6.7（Jorge Chávez、Kurt Holle）、B6.8（Susan Snyman、Dani Ndebele）、B6.9（Rajiv Bhartari）。
章节协调人：Anna Spenceley。

第 7 章

作者：Glen Hvenegaard、Ralf Buckley、Anna Spenceley、梁宇晖。
案例专栏编写者：B7.1（Chelsey Walden-Schreiner）。
章节协调人：Glen Hvenegaard。

美国夏威夷火山国家公园高生物多样性区域的一条小径（摄影 © 梁宇晖）

俄罗斯克罗诺基火山喷泉谷的观景点（摄影 © Elena Nikolaeva）

概要

支持自然保护地的旅游

自然保护地是所有全球保育策略的核心内容。旅游为促进访客与自然保护地价值的联系搭建了一个重要又独特的桥梁，使之成为一种潜在的保育支持力量。访客在自然保护地的体验可以彻底改变个人的成长和福祉，也能增加访客对自然保护地价值的认识度和支持力度。

自然保护地旅游的经济收益也可以作为自然保育的一个有力的支持，而经济收益的多少取决于保护地的自然美景、健康的自然与野生生物以及原生文化。自然保护地旅游是全球旅游业的重要组成部分，而全球旅游业的规模与影响是不可限量的。巨大的访客量也意味着需要一定规模的基础设施建设、就业岗位和服务人员等，这些都对经济、社会、文化和环境带来了一定的影响。

可持续旅游能直接推动全球协议目标的实现，如《生物多样性公约》的"2011—2020年生物多样性战略计划"、联合国的可持续发展目标，以及马斯喀特旅游和文化宣言（Muscat Declaration on Tourism and Culture）（UNWTO and UNESCO，2017）。然而，不恰当的、管理不善的旅游可能会对自然保护地的生物多样性、景观和资源基础造成负面影响。

本书的目标受众是从事自然保护地旅游的专业人士，包括行政人员、管理人员、规划人员、政府机构、非政府组织、社区团体、私人土地所有者和原住民群体。本书以IUCN世界自然保护地委员会最佳实践指南系列中以旅游为主题的前两版指南为基础，对关键问题提供指南，帮助管理者实现恰当的、管理良好的、贡献于保育目标的自然保护地可持续旅游。

本书介绍了自然保护地旅游和访客管理的基本概念，其中包括：

1. 探讨旅游和访客管理十项原则；
2. 案例专栏提供了在不同情况下实现可持续旅游的真实案例；
3. "最佳实践聚焦"：从选定的案例研究中提供具体的、可转换的知识，并在适当的案例专栏中呈现；
4. 在每章末尾都有最佳实践推荐列表（其中包括"最佳实践聚焦"）。

概述和最佳实践

自然保护地管理者面临越来越大的压力，既要为访客提供有意义、有教育价值的体验，实现用于保育管理的费用创收，同时也要确保旅游活动没有破坏自然保护地的生态完整性和相关的保育价值。管理自然保护地旅游是一项复杂的、需要高水平技能和知识的专业任务。本书分享了来自世界各地的最佳实践案例，并推动这些案例在更广的层面发挥作用。本书仅提倡有助于长期保育自然

概　要

的、能够推动地方和全球自然保护地保育的可持续旅游。

第1章介绍了自然保护地旅游的基本概念、其对全球保育的影响潜力以及相关的管理挑战，概述了界定自然保护地旅游最佳实践的关键特征。

自然保护地旅游对环境、经济、当地社区和访客自身都会产生诸多影响。第2章总结了旅游的正面和负面影响，而不同价值观的利益相关者的认知也会因人而异。最佳实践包括：

- 鼓励有助于自然保育的、能为自然保护地管理机构和当地社区带来经济利益的国家旅游政策。
- 支持以社区为基础的、与市场相关的旅游服务。
- 将业务发展和管理技能培训纳入以社区为基础的旅游服务。
- 重新构想自然保护地内的娱乐活动，将其视为可以满足社区需求并实现更大的社会目标的一个途径。

通过总结研究和实践经验中的教训，本书列举了十项旅游和访客管理原则，采用这些原则可以提高管理的有效性，并提升来自公众和社区的支持度。第3章概述了原则1至原则6，重点内容是将自然保护地的管理目标与旅游所产生的正面和负面影响关联起来。本章阐述了对旅游基础设施、商业旅游、参观游览及访客活动进行主动规划和管理的积极影响。该领域的最佳实践包括：

- 选择能够最大限度地减少破损并具有耐用性、可回收性、可及性和可持续性等特性的施工材料开展设计和建设。
- 使用基于标准的、以自然保护地价值和管理目标为核心的管理框架及其相关指标和标准。
- 采用能够相互补充、相互加强的访客活动管理工具和技术。

第4章探讨了原则7至原则10，主要内容为可持续旅游的适应性管理。适应性管理是一种侧重于监测访客活动、体验和影响、公众参与、伙伴关系、教育和交流、信息技术和营销的创新管理方法。适应性管理的最佳实践包括：

- 通过公民科学活动调动志愿者的技能和热情。
- 利用适当的技术和充足的资金监测对环境和社会的影响。
- 在选择访客管理工具或实践之前，充分了解需保护的价值及其操作环境。
- 在环境教育和解说项目中策略性地选择需强调的自然保护地价值。
- 利用环境教育和解说项目引发访客情感共鸣，帮助他们理解自然保护地的价值。
- 通过将保护地的管理问题与全球类似问题相关联，推动访客从更广的角度理解当前问题。
- 在参与营销战略之前，通过研究和分析，深刻理解不同组分的内容。
- 遵循国际认可并采用的有关旅游和生物多样性的指南，这些指南为与旅游相关的政策和规划，以及对旅游及其影响进行管理和监测提供了框架。

概　　要

第 5 章侧重于提升管理者、社区和其他利益相关方管理访客、伙伴关系和旅游所产生的收益的能力。有效开展能力建设工作，需要以全面的技能和知识评估为基础，所有的利益相关方都对培训目标和预期成果有清晰的认知，同时需要有创造性的合作伙伴关系和合适的技术。能力建设最佳实践包括：

- 确保旅游场所的规划是一个系统化的过程，能够建立背景基线、概念模型、监测和评估体系，以便自然保护地进行适应性管理。
- 与受影响的利益相关方合作制订旅游管理计划。
- 评估当地社区提供旅游服务的能力。
- 确保所有与伙伴关系相关的工作都得到了正式的说明与认可。

第 6 章列举了全球各地通过旅游获得可持续资金来源的自然保护地案例，并阐述了其获得成功的条件。其中，共同的要素包括：系统的财务评估，对所有费用类型、特许经营和许可证进行的考量，以及透明、公平、有效的收入分享机制。这其中的最佳实践包括：

- 在对门票费用定价之前，对自然保护地（或更广泛的自然保护地体系）进行系统的财务评估。
- 调查游客和旅行社对每项费用的支付意愿，为具有类似景点的当地和区域自然保护地划定费用基准。
- 在与旅游经营者签订的合同中明确其对开展可持续行动和自然保护地保育目标的支持。
- 在与特许经营商签订的协议中明确其需要雇用一定数量的当地员工，尽可能地在当地消费并将服务外包给当地企业。

第 7 章探讨了人口增长和气候变化等全球变化如何影响自然保护地的旅游需求、活动类型和使用模式，激励管理者确定适当的适应和减缓气候变化的策略以及沟通策略。

厄瓜多尔加拉帕戈斯群岛，海鬣蜥（*Amblyrhynchus cristatus*）和游客们在海滩边散步（摄影 © 梁宇晖）

秋天在意大利卡森提内国家森林公园（Foreste Casentinesi）步行（摄影 © 梁宇晖）

自然保护地可持续旅游管理指南 | xi

目　　录

译序 ··· i
前言 ·· iii
鸣谢 ·· v
概要 ·· ix

1　自然保护地旅游和参观：可持续性面临的挑战　　　　　　　　　　1

　　1.1　追求自然保护地可持续旅游 ·· 2
　　1.2　自然保护地可持续旅游潜能 ·· 4
　　1.3　国际大背景下的自然保护地旅游 ·· 8
　　1.4　自然保护地旅游最佳实践：关键特征 ··· 10
　　1.5　编制新指南的必要性 ·· 11
　　1.6　本书的结构 ··· 12

2　自然保护地旅游的影响　　　　　　　　　　　　　　　　　　　　15

　　2.1　权衡积极和消极的影响 ··· 16
　　2.2　直接保育效益 ·· 19
　　2.3　间接支持保育的经济效益 ·· 24
　　2.4　间接支持保育的社会效益 ·· 28
　　2.5　提升社区和个人福祉的旅游效益 ·· 29
　　2.6　旅游的缺点 ··· 34
　　2.7　对环境的负面影响 ·· 37
　　2.8　负面的社会和文化影响 ··· 40
　　2.9　最佳实践 ·· 43

3　根据旅游影响调整管理目标　　　　　　　　　　　　　　　　　　45

　　3.1　旅游管理就是应对不确定性 ·· 46

目　录

3.2　原则 1：恰当的管理取决于目标和自然保护地的价值 ·················· 48
3.3　原则 2：旅游和访客管理的前摄性规划能够提高有效性 ················ 49
3.4　原则 3：改变访客活动的条件是不可避免的，也可能是明智的 ········ 54
3.5　原则 4：资源和社会状况承受的影响，是人类利用产生的不可避免的后果 ··· 54
3.6　原则 5：管理就是影响人类行为，将旅游引发的改变降到最低 ········ 57
3.7　原则 6：影响可以由多种因素造成，因此限制使用只是众多管理方案中的选择之一 ·· 63
3.8　最佳实践 ·· 65

4　可持续旅游的适应性管理　　67

4.1　原则 7：监测对专业管理至关重要 ··· 68
4.2　原则 8：决策过程应区分技术性描述和价值判断 ································ 82
4.3　原则 9：受影响的群体应该参与进来，因为共识和伙伴关系是实施规划的前提 ··· 82
4.4　原则 10：传播对有关可持续性的知识积累和支持至关重要 ············ 84
4.5　认证 ·· 93
4.6　旅游和访客管理的三重框架 ··· 97
4.7　最佳实践 ·· 100

5　可持续旅游管理的能力建设　　103

5.1　能力的构成 ·· 104
5.2　管理人员的能力建设 ·· 106
5.3　当地社区的能力建设 ·· 107
5.4　依托合作伙伴开展能力建设 ·· 110
5.5　最佳实践 ·· 116

6　加强旅游收益管理与成本控制以提升保护效益　　117

6.1　生物多样性保护资金缺口 ·· 118
6.2　基于使用费的旅游创收渠道 ·· 120
6.3　基于特许经营的旅游创收 ·· 128

6.4 基于慈善的旅游创收 ··· 133
6.5 成本控制与效率提升的方法 ······································ 134
6.6 更多经济效益及其与保护成果的联系 ····························· 138
6.7 最佳实践 ··· 140

7 自然保护地旅游的未来   143

7.1 旅游可以帮助实现主要保育目标 ·································· 144
7.2 可持续旅游已见成熟 ·· 144
7.3 未来趋势 ··· 144
7.4 结论 ·· 149

参考文献   153

附录   179

专业词汇表 ·· 179
参编作者 ·· 198
本书作者 ·· 200

专栏目录

案例专栏 1.1   主要术语定义 ··· 3
案例专栏 2.1   卢旺达火山国家公园的山地大猩猩旅游带来的多重效益 ········ 18
案例专栏 2.2   公益治理的自然保护地：旅游和保育的合作伙伴 ············· 20
案例专栏 2.3   非政府组织运营的自然保护地：约旦皇家自然保护学会 ······· 22
案例专栏 2.4   将生物多样性与生计联系起来：可持续的自然保护地——
              社区伙伴关系 ·· 23
案例专栏 2.5   通过伙伴关系培养商业技能 ································ 25
案例专栏 2.6   世界地质公园和自然保护地旅游（中国香港特别行政区和
              巴西） ··· 26

目　录

案例专栏 2.7	通过政策支持自然保护地的可持续旅游：博茨瓦纳案例研究	30
案例专栏 2.8	保护自然遗迹和当地村庄的可持续旅游业：塞尔维亚索波特尼察瀑布	31
案例专栏 2.9	与医疗保健合作：澳大利亚维多利亚州公园管理局、Medibank 私营医保公司以及国家心脏病基金会	33
案例专栏 2.10	旅游对秘鲁马丘比丘的影响	35
案例专栏 2.11	与基础设施相关的影响	37
案例专栏 3.1	自然保护地商业化操作手册包含的主题	50
案例专栏 3.2	酒店和度假村选址与设计的生物多样性原则	51
案例专栏 3.3	面向保护和启智型访客体验的设计范例：埃及鲸鱼谷世界遗产地	52
案例专栏 3.4	承载力简史	56
案例专栏 3.5	美国大峡谷国家公园的规划和分区	60
案例专栏 4.1	作为公民科学家和监控员的公园志愿者	70
案例专栏 4.2	纳米比亚基于社区的自然资源监测：活动手册系统	71
案例专栏 4.3	标准化的访客监测：北欧和波罗的海地区的几个国家之间的协调努力	73
案例专栏 4.4	美国约塞米蒂国家公园访客活动和影响的监测指标	76
案例专栏 4.5	使用多种技术进行访客监测：加拿大威莫尔野生公园	78
案例专栏 4.6	监测捷克普鲁洪尼斯公园的访客体验模式	79
案例专栏 4.7	规划过程案例研究：越南丰芽 – 格邦国家公园	83
案例专栏 4.8	哈萨克斯坦阿拉木图自然保护地如何改变当地人对自然保护地的感知	85
案例专栏 4.9	中国九寨沟世界遗产地的信息技术应用	87
案例专栏 4.10	向游客传播世界遗产：马来西亚姆鲁山国家公园	88
案例专栏 4.11	秘鲁国家自然保护地体系中的解说中心	89
案例专栏 4.12	参与式历史：加拿大通过基于知识和技能的解说吸引访客参与	90
案例专栏 4.13	加拿大公园管理局的市场调研数据和体验式营销的应用	92
案例专栏 4.14	通过欧洲可持续旅游宪章促进伙伴关系	94

案例专栏 4.15	全球可持续旅游理事会标准	96
案例专栏 5.1	自然保护地社区管理保育项目（COMPACT）	107
案例专栏 5.2	缓冲区社区的能力建设	110
案例专栏 5.3	加拿大育空地区的尼荫里恩吉克（钓鱼河）自然保护地的合作规划与管理	112
案例专栏 5.4	资源非洲依托合作伙伴关系，开展能力建设	113
案例专栏 5.5	旅游管理的合作伙伴关系：来自美国国家森林局的案例	114
案例专栏 6.1	关联旅游支出与保护成果	119
案例专栏 6.2	利用游憩赛事宣传跨境自然保护地：纳米比亚的沙漠骑士赛	122
案例专栏 6.3	利用旅游为自然保护地管理提供资金：蒙古国呼斯泰音国家公园	122
案例专栏 6.4	坦桑尼亚联合共和国境内门票费用的差异	125
案例专栏 6.5	卢旺达火山国家公园的大猩猩观赏活动费	128
案例专栏 6.6	南非国家公园管理局的旅游特许经营合同	131
案例专栏 6.7	成功的旅游合同：秘鲁坦博帕塔研究中心和坦博帕塔国家自然保护区	135
案例专栏 6.8	社区共享经济效益：纳米比亚的达马拉兰营地和托拉保护区	138
案例专栏 6.9	印度科比特国家公园的旅游管理融资	139
案例专栏 7.1	秘鲁自然保护区的旅游和气候变化：潜在影响评估和适应指南	148

图目录

图 3.1	游憩机会谱简化示例	55
图 3.2	旅游和访客活动的管理策略	58
图 4.1	项目管理周期	68
图 4.2	IUCN 网站上的"世界遗产展望"用户界面	81
图 6.1	填补保护资金缺口	118
图 6.2	外包还是内包：指导决策的三个关键问题	134

表目录

表 1.1	IUCN 自然保护地管理类别及其旅游与访客管理方法	5
表 1.2	自然保护地旅游管理面临的机遇和挑战	7
表 2.1	自然保护地旅游业潜在效益摘要	17
表 2.2	与自然保护地旅游支出相关的潜在收入来源	28
表 2.3	旅游活动潜在的环境和生态负面影响	40
表 2.4	对自然保护地东道主社区的潜在负面影响：社会、文化和经济	41
表 3.1	自然保护地旅游和访客管理十原则	47
表 3.2	访客限额制的不同类型	61
表 3.3	直接和间接管理实践的范例	64
表 4.1	访客影响指标的共同监测方法摘要	74
表 4.2	自然保护地旅游管理社区参与的不同类型	84
表 5.1	能力建设中社区参与的评估标准	109
表 6.1	自然保护地的融资机制（单位：10^9 美元）	119
表 6.2	南非国家公园管理局不同旅游使用费的类型和价值	121
表 6.3	自然保护地门票费比较	125
表 6.4	新西兰特许经营分类及其管理措施	129
表 6.5	五个国家的特许经营规模和范围案例	132
表 6.6	南非国家公园的收入来源（2016 年）	141
表 7.1	指南最佳实践案例汇总	150

自然保护地旅游和参观：可持续性面临的挑战

1

© Chelsey Walden-Schreiner

1.1 追求自然保护地可持续旅游

旅游是保育事业重要的对外交流渠道。世界人口数量增长，交通状况日益改善，使远距离快速通行成为现实，旅游业因此走向繁荣，人们越来越关注现存的自然和文化景观，而这些景观往往位于自然保护地。与许多采掘业不同，旅游业要求有美丽的自然区域、健康的野生动物和自然生态，以及真实的人类文化。旅游业所能创造的国民收入和就业机会，使之成为保护和管理原生自然区域的重要推动力，而不是为了生产其他商品而改造或破坏这些自然区域。

本书旨在帮助规划人员、政策制定者、公园管理者和其他保育专业人士为自然保护地旅游提供良好的管理，并支持其保育目标的实现。

良好的政策对选择合适的旅游方式至关重要。就全球范围而言，许多自然保护地管理层面临着巨大压力，因为他们要实现多重目标，而这些目标之间有时又会相互冲突。人们期待自然保护地既能提供有意义的教育体验，又能给保护管理带来收入；既能保障社区的参与和收益，又能避免因旅游业可能带来的拥堵、污染或过度开发而破坏自然保护地的完整性。本书选取了当前的一些最佳实践案例，以期帮助规划人员和自然保护地管理人员在上述目标之间实现艰难的动态平衡。

这其中的核心问题是管理者所面临的可持续性挑战。在自然保护地，我们希望发展的是可持续旅游，而不是任何类型的旅游。所谓可持续旅游，即"充分考虑其当前和未来的经济、社会和环境影响，尽量满足访客、行业、环境和东道主社区需求的旅游"（UNWTO and UNEP，2005）。该定义对旅游的潜在效益和负面影响做出了全面和前瞻性的描述，可持续旅游必须建立在一个基本原则之上——自然保护地旅游业要想实现可持续发展，其首要目标应立足于长期的自然保育，而非短期的或暂时的自然保育，并且要保证保育事业不因访客使用不当或管理不善等因素而受到影响。上述原则直接来源于 IUCN 对"自然保护地"的基本定义：

> 一个明确界定的地理空间，通过法律或其他有效方式获得承认、得到承诺和进行管理，以实现对自然及其所拥有的生态系统服务和文化价值的长期保护（Dudley，2008）（更多关键用语的定义请参见案例专栏 1.1）。

铭记这一基本原则，我们可以从政策制定、规划编制到日常管理的不同阶段将自然保护地可持续旅游的管理过程细化为下述工作要点：

- 维护基本的生态过程以及自然保护地在精神层面的美学价值，助力自然遗产和生物多样性的保护，从而保护吸引游客的环境和/或文化品质；
- 尊重原住民和当地社区的权利、社会文化的原真性，保护其现存文化遗产及传统价值观，促进跨文化的

案例专栏 1.1

主要术语定义

谨在此列出本书所出现的重要术语的定义。这些定义已针对自然保护地的工作背景做出调整；其原始定义，以及本书所使用的其他术语的定义，请参见本书最后的"专业词汇表"。

当地（或东道主）社区：不限规模、其成员居住在自然保护地内或其周边地区的社会团体。该团体属于同一个政府，并可能拥有共同的文化与历史遗产。

访客：就自然保护地而言，访客是指以自然保护地允许的目的参观访问自然保护地的陆地与水域的人。访客进入自然保护地不以获取报酬为目的，自然保护地也非其永久性居住地。自然保护地通常允许人们出于休憩、教育或文化的目的对保护地进行参观访问。

游客：旅行到自然保护地并至少停留一夜的访客。

访客活动：访客在自然保护地停留期间所开展的各类活动。

旅游：人们离开日常居住地到其他地区（本书特指自然保护地）旅行和居住，且一次不超过一年的行为。

可持续旅游：对自然保护地而言，可持续旅游指的是充分考虑其当前和未来的经济、社会与环境影响，尽量满足访客、行业、环境和东道主社区的需求的旅游活动。

资料来源：Hornback and Eagles，1999；UNWTO and UNEP，2005；Spenceley，et al.，2017b；UNWTO，2018。

理解与包容；
- 确保可行的长期经济运行，将旅游业产生的社会经济利益在受其影响的所有权利持有者和利益相关方中公平分配，包括稳定的就业和创收机会以及为东道主社区提供社会服务，扶贫减贫；
- 提供有意义、高质量的访客体验，增强人们对大自然和自然保护地的守护意识（改编自 UNWTO and UNEP，2005）。

所有开发和管理自然保护地旅游的从业人员都应遵循上述基本目标。对于那些无法实现上述目标的不可持续旅游，则不应出现在自然保护地边界内。

确定何为自然保护地内可持续和适宜的旅游活动极富有挑战性，需回答诸多复杂问题。例如：

- 自然保护地及其周边或所在区域是否存在规划方面的法律法规？基础设施是否到位，是否可对预期的访问量进行可持续管理？
- 是否了解自然保护地景点所有的价值并将其记录在册，以作为规划和影响监测工作的基准？
- 自然保护地的使命和目标对旅游开发或利用有哪些限制因素？
- 基础设施的种类和规模是否符合自然保护地的实际？应该配置在什么地方（如住宿设施）？
- 考虑到自然保护地的使命和目标，何种程度的生物物理影响是可以接受的？
- 宣传促销活动应该瞄准哪些访客分众市场？
- 管理层应创造什么样的访客体验机会？哪些访客体验不适用于保护景点？
- 由谁提供旅游服务？是营利性的公司、非营利组织，还是自然保护地员工？
- 考虑到自然保护地的使命和目标，应该将（旅游）对生物多样性和自然环境的影响控制在什么程度？
- 周边社区应该提供什么类型的服务？应该开展什么样的公众参与活动？
- 自然保护地及其周边社区如何积极参与自然保护地的旅游开发活动，并从中受益？
- 怎样确保旅游业和访客的收益，并将其分配到管理、保育以及社区发展等领域？
- 为积极应对上述问题，保育规划和旅游部门该怎样影响现有政策？
- 管理层应如何确定可接受的影响的程度？什么是适当的体验机会，并进行相应的规划？
- 如何监测管理行动及其后续工作成果？

自然保护地在准备开放旅游之前都应积极应对诸如此类的问题，而问题的答案必须和自然保护地的保育目标密切相关。表1.1列出了IUCN自然保护地的七大管理类别、每一类别的管理方向与旅游业的联系，以及可能的访客类型。编撰本书就是为了帮助规划人员和管理人员设计和管理与自然保护地目标契合的旅游业。

1.2 自然保护地可持续旅游潜能

在现实中，管理人员通常不得不面对不甚理想的困境。自然保护地的运营和各种政治、社会和经济条件息息相关。管理者往往没有足够的资金、人员和其他资源，且在任何时候几乎都不可能掌握作出最理想的决策所需要的全部信息。在充满妥协的现实社会，要想在自然保护地内实现可持续旅游的目标，就意味着要在最大化旅游收益的同时将其负面影响降到最低，并不断调整策略以适应形势变化。

自然保护地旅游的独特性可能有助

表 1.1　IUCN 自然保护地管理类别及其旅游与访客管理方法

IUCN 自然保护地管理类别*	主要目标和保护价值	旅游与访客利用管理方法	访客类型					
			个人	研究者	商业用户	游客及游憩者	精神与文化用户	纪念性用户**
严格的自然保护地	保护生物多样性或地质遗产（生态和科学价值）	• 通过有组织的科研、公民科学活动或志愿者服务项目，方可安排公众访问	√	√			√	
荒野保护地	保护未经人类改变或仅有微小改变区域的自然特征与状态（荒野和生态价值）	• 低密度、独立型访客利用通常是其管理目标 • 通过活动总量、团队规模和活动类型等严格控制公众访问 • 限制和高度规范旅游活动（如通过颁发特别利用许可证）	√	√				
国家公园	保护生态系统及大尺度的生态过程（生态、游憩和社区价值）	• 访客利用和体验通常是其管理目标 • 通常利用空间分区、设施开发和访客服务等手段提供广域游憩机会（就自然保护地旅游接待而言，世界各国存在明显的态度差异）	√	√	√	√	√	√
自然历史遗迹或地貌	保护某一具体的自然特征（生态、游憩和社区价值）	• 访客利用和体验通常是其管理目标 • 通常通过提供游憩机会，促进特色保护和公众理解	√	√	√	√	√	√
栖息地/物种管理区	通过管理干预实现保育目标（生态、社区和游憩价值）	• 游憩访问和商业旅游通常是其管理目标 • 依托相关设施和服务，提供一系列游憩机会 • 普遍为观赏野生动物之类的商业旅游	√	√	√	√		√
陆地景观/海洋景观保护地	陆地景观/海洋景观保育（社区、生态和游憩价值）	• 旅游通常是其管理目标 • 依托相关设施和服务，提供一系列游憩机会 • 商业旅游很普遍	√	√	√	√		
自然资源可持续利用的自然保护地	自然生态系统的可持续利用（社区、游憩和生态价值）	• 游憩访问和商业旅游可以是主要的管理目标 • 依托相关设施和服务，提供一系列游憩机会 • 商业旅游很普遍	√	√	√	√		

* 根据 Dudley，2008；Dudley et al.，2013；Spenceley et al.，2015 改编；
** 指因纪念性目的而到访自然保护地的用户，如返回自然保护地边界内具有文化意义的地点的访客；参考 Spenceley et al.，2015。

1 自然保护地旅游和参观：可持续性面临的挑战

自然保护地边界内的旅游活动的表现形式各不相同。访客正在美国华盛顿特区附近波托马克河畔的切萨皮克和俄亥俄运河国家历史公园进行户外步行游览（左）（摄影 © 梁宇晖）；肯尼亚马赛马拉国家保护区内的野生动物观赏旅游（右）（摄影 © Anna Spenceley）

于推动保育事业。许多自然保护地从构想阶段开始就与旅游、游憩和访客活动发生了错综复杂的关联。访客接触、体验并感知自然和文化遗产，这些体验可以彻底改变个人的成长和福祉，也能增加访客对自然保护地价值的认识度和支持力度（Walker and Chapman，2003）。为实现有效运营，旅游业需要诸多经济部门投入资源，但同时也可产生收入，支持当地和全国的经济。旅游业也因此会对关系到自然保护地未来的公共政策产生影响。简而言之，自然保护地边界内的旅游业既带来了种种机遇，同时也隐藏着诸多挑战（表 1.2）。

在人口增长和自然资源需求不断给自然保护地施加压力的时代，自然保护地旅游所产生的经济收益可以成为支持保育事业的强有力论据。全球旅游业规模巨大、影响深远，而自然保护地旅游则是全球旅游产业的重要组成部分。联合国世界旅游组织估计，2017 年全球的国际游客到访量已经超过 13.3 亿人次，国际旅游收入超过 1.34 万亿美元，对全球 GDP 的贡献率高达 10%（UNWTO，2018）。该组织（UNWTO，2017）还预测，国际旅游仍将以 3.3% 的年均增长率持续增长至 2030 年，而国内旅游业的发展将远远超过这一增速。如此庞大的访客流量意味着需要建设基础设施、需要就业和服务人员，这都会对经济、社会、文化和环境造成一系列影响。自然保护地正受到这些趋势的影响。

开发可持续旅游为在全球范围内增加自然保护地的数量、增强其有效管理提供了强有力的支持。旅游业可直接贡献于《生物多样性公约》《2011—2020 年生物多样性战略计划》的实现，从而有助于宣传保育事业、推动社区发展和提升公众意识（McCool and Moisey，2008；UNWTO，2010；Buckley，2012a；Hvenegaard et al.，2012；CBD，2015；UNEP-WCMC and

表1.2 自然保护地旅游管理面临的机遇和挑战

机遇	挑战
通过提供主旨突出的、带有解说的访客体验，传递自然保护地多重价值，从而建设一支自然和文化保育事业的拥护者队伍	自然保护地单纯被转换成另一种"商品"或产业开发资源，人们更多关注利润、自然保护地的开放和所提供的新体验，而非支持保育事业
通过让访客参与管理任务，提供直接的资金支持（如访客收费、特许经营等）或其他非现金形式的支持来参与管理，对保育事业做出积极贡献	旅游利益集团强制推行有损于自然保护地保育或文化目标的利用方式、经济收益或开放权限，破坏自然保护地的管理
认识自然保护地旅游对当地和区域经济的重要意义，为管理机构寻求政治支持和更多的资金	自然保护地旅游的重要性，会让人们在政治上支持自然保护地边界内或其周边地带的过度开发
通过精心规划基础设施，矫正已有的损坏，以及实施访客影响减缓技术（如步道硬化），降低旅游业产生的负面影响	对环境产生诸如污染（如垃圾处理、碳排放）、不可持续的资源利用（如水资源利用）、对脆弱区域的破坏（如粗放开发或随意布置基础设施）等负面影响
通过推广和保护文化景点，展示当地文化（如故事、工艺品、设计作品、音乐、食物），以及提供恰当的解说服务和教育体验机会，增强自然保护地的社会和文化效益	对当地人民产生负面影响（如文化商品化、传统生活受扰、新增犯罪、过分拥挤、旅游开发造成的当地社区的人们流离失所、利用传统资源机会的丧失、对圣地的毁坏或亵渎，以及高强度游客到访造成的心理压力）；因旅游业产生的生活成本增加，出现通货膨胀
通过直接的社会或经济收益为保护地或其周边社区提供重要奖励，激励其保护野生动物，容忍一些野生动物造成的负面影响	因无法受益，许多贫困人口出于自我保护或为了保护其财产或利润收益，继续消耗野生动物资源
通过当地旅游资产的所有权、旅游企业管理、就业、替代生计、旅游业供应链中的创业机会（如导游服务、工艺品制作、餐饮服务，以及交通服务等），促进当地的经济联系	因为缺少信息、机会、融资渠道、足够的政策支持或连续性的政策，无法实现积极的经济联系

IUCN，2016）。2004年，《生物多样性公约》采用了《生物多样性和旅游发展工作指南》（*Guidelines on Biodiversity and Tourism Development*）（CBD，2004），并于2015年出版了应用该指南的最佳实践案例手册（CBD，2015），继续推动《生物多样性和旅游发展工作指南》的使用。旅游业也贡献于联合国可持续发展目标（SDGs）——这17个目标旨在消除人类贫困、保护地球、确保人类社会在2030年实现全面繁荣。可持续发展目标是联合国可持续发展议程的核心内容，第8项目标（可持续经济增长）、第12项目标（可持续消费和生产）和第14项目标（海洋海域资源的保育和可持续利用）中都突出了旅游；在第15项目标（保护、恢复和促进陆地生态系统的可持续利用，可持续管理森林，防治土地沙漠化，阻止和扭转土地恶化，遏制生物多样性丧失）中也有所体现（http://www.un.org/sustainabledevelopment/sustainable-development-goals/）。

每一个自然保护地都有其独特的价值，需要访客、其他权利持有者和利益相关方以及一般公众与其直接接触、现场欣赏。那些国际指定的自然保护地，如联合国教育、科学及文化组织（简称联合国教科文组织，UNESCO）的生物圈保护区、世界遗产地、世界地质公园和国际重要湿地，还需要展示代表全球自然与文化遗产杰出样本的其他价值特征。可持续旅游是成就这一重要工作前景最光明的方法之一。

1.3 国际大背景下的自然保护地旅游

管理人员应在更广域的国际背景下来管理旅游业。自然保护地保育事业的国际合作与协作正在成为全球趋势，直接表现为自20世纪70年代以来出现的各种国际自然保护地的认定和倡议。这些倡议既包括《世界遗产公约》《拉姆萨尔公约》《生物多样性公约》（CBD）等有约束力的协议，也包括一些民间志愿组织行动，如联合国教科文组织的人与生物圈计划，以及生物圈保护区和自然保护地组成的国际网络，还有新近组建的生物多样性关键区伙伴关系（IUCN，2017c）。所有这些倡议都确定了保育标准，以及监测和修复要求。这些要获得国际认可，候选自然保护地必须满足相应标准，同时还应遵守各级的适用法律。所有这些倡议都涉及旅游。

世界遗产地

《保护世界文化和自然遗产公约》是世界上认定和保护自然、文化遗产地，以及自然和文化双重遗产地的主要工具。联合国教科文组织主持的秘书处负责监管由193个缔约国签署的国际协议，并接受世界遗产委员会的领导管理。IUCN是《保护世界文化和自然遗产公约》三大授权咨询机构之一，就自然资产是否列入《世界遗产名录》提供咨询。列入《世界遗产名录》是自然保护地可以获得的最高荣誉，通常留给那些被认为具有"突出的普遍价值"的地方。缔约国通常将世界遗产地作为本国最重要的旅游目的地加以推广；很多遗产地也因此引发了有关旅游容量和类型的种种忧虑。与此同时，进入世界遗产地的旅游的确是向访客传递其突出价值的一种机会（案例专栏4.10）。联合国教科文组织创建了一个可持续旅游在线工具箱，专门为世界遗产地的管理者提供特别服务；这一工具箱经改编也同样适用于其他自然保护地。工具箱帮助管理者逐步了解基础知识（如战略、治理），同时也涵盖人际沟通、基础设施和其他方面核心业务运作的最佳实践指导（http://whc.unesco.org/sustainabletourismtoolkit/how-use-guide）。

生物圈保护区

生物圈保护区也是自然保护地国际网络的组成部分，和世界遗产一样，它也接受联合国教科文组织的监管。每一个保护区都鼓励面向生物多样性保护和可持续利用协同并进的工作方案，同时强调应用交叉学科工作方法来理解和管理变化，以及包括冲突防控和生物多样性管理在内的社会与生态系统之间的交互作用。可持续旅游在履行生物圈保护区的功能方面发挥着重要作用；在一些生物圈保护区对改进旅游发展的方法加以测试检验，已成为保护区管理的重要组成部分（http://www.unesco.org/new/en/natural-sciences/environment/ecological-sciences/biosphere-reserves/）。

世界地质公园

世界地质公园是由联合国教科文组织管理的另一个自然保护地认定体系。世界地质公园是指"一个统一的地理区域，在这里，将具有国际重要意义的地质遗迹和景观作为保护、教育和可持续发展整体概念的一部分进行管理"（http://www.unesco.org/new/en/natural-sciencesenvironment/earth-sciences/unesco-globalgeoparks/）。截至2017年，联合国教科文组织世界地质公园网络包括38个会员国的140家世界地质公园（GGN，2018）。世界地质公园因此成为"地质旅游"的中心，既包含戏剧场景般的地貌、化石和矿石等多样的异质景观，也包含历史矿坑和葡萄酒产地之类的景点（案例专栏2.6）。

国际重要湿地

国际重要湿地也叫拉姆萨尔湿地，是依据《拉姆萨尔湿地公约》认定的具有国际重要意义的湿地。许多拉姆萨尔湿地被认为是旅游"目的地型湿地"，而《拉姆萨尔湿地公约》的重点是要符合联合国世界旅游组织对"可持续旅游"的定义。湿地对游客，特别是对观鸟者和其他野生动物爱好者极具吸引力。《拉姆萨尔湿地公约》还就物种与生境保育编制了旅游开发运营的指南，并采用了相应的旅游政策（Ramsar Convention and UNWTO，2012）。

区域性自然保护地网络

区域性自然保护地网络遍布世界各地，它们将特定地理区域内相邻国家的自然保护地联系在一起。这其中的典型包括欧盟的 Natura 2000 自然保护区网络，以及东盟遗产公园网络。这些国家在区域层面上编制了与可持续旅游相关的工作指南与准则规范，如《欧洲自然保护区可持续旅游宪章》（*the European Charter for Sustainable Tourism in Protected Areas*）（EUROPARC Federation，2010）和《东亚公园和自然保护地旅游业工作指南》（*Guidelines for Tourism in Parks and Protected Areas of East Asia*）（Eagles et al.，2001）。景观尺度上的生态连通性保育（connectivity conservation）区域也是一种形式的跨国区域网络，如特莱低地弧形景观地带（the Terai arc landscape）就包括了印度和尼泊尔的十几个自然保护地。目前，围绕这样的区域网络组织开展的旅游也越来越多。生态连通性保育策略认识到，只有在一个有自然保护地和周围的半自然、自然景观相互连接的大型网络中，才能最好地发挥物种和生境的生态功能（https://www.protectedplanet.net/c/connectivity-conservation）。

《生物多样性公约》

《生物多样性公约》也是一项国际条约，它本身并不直接认定自然保护地，而是通过其"保护区工作方案"对全球特定区位的保育产生最重要的影响。保护区工作方案为在全球范围内创建综合全面、管理有效和资金来源可持续的全国性或区域性自然保护地体系，提供了全球公认的构架（https://www.cbd.int/protected/）。经过全面的国际协商和起草过程，《生物多样性公约》组织编撰了旅游工作指南（CBD，2004），至今仍是《生物多样性公约》在有效应对旅游业可能对生物多样性产生诸多负面影响方面所做出的重要贡献。

《保护迁徙野生动物物种公约》

《保护迁徙野生动物物种公约》（CMS）是迁徙动物及其栖息地保育和可持续利用的全球性工作平台（CMS，2018）。该公约认识到休闲娱乐的访客通常高度关注这些物种，因此和联合国环境规划署合作，协力开展了研究旅游业对迁徙野生动物带来利益与风险的重要课题（UNEP and CMS，2006）。

世界旅游组织

世界旅游组织是联合国的一个专门职能机构，负责宣传推进可持续的全面无障碍旅游。世界旅游组织倡导旅游业是实现联合国可持续发展目标的一种方式。世界旅游组织积极赞助可持续旅游倡议，如设立全球可持续旅游理事会，并制定了相关标准。各国政府和自然保护地管理机构可以通过达到这些标准而赢得市场对其可持续旅游业务的认可（案例专栏4.15）。此外，该理事会还编写了可持续旅游10年工作框架计划（10YFP），为实现联合国可持续发展目标的第12项目标——可持续消费和生产做出了应有贡献。

1.4 自然保护地旅游最佳实践：关键特征

为帮助管理者和其他决策者实现自然保护地可持续旅游，本书提供了一系列最佳实践范例。我们可以将其看作通往可持续旅游目标沿途的标杆：只要跟随这些标杆，旅程就会越快捷、越顺畅。

明白了有些案例被看作最佳实践典范的原因，有助于理解所有案例共有的关键特征。最佳实践的特征包括：

- **遵循"三重底线"原则**。这是一个会计学专用术语，目前也广泛地应用于其他领域。在衡量某项工作成功与否时，"三重底线"原则不仅要考虑这项工作的经济收益，同时也要考虑它所创造的环境和社会价值。这里的"三重底线"原则是指自然保护地旅游应该：①对自然保育事业有贡献（环境价值）；②为自然保护地管理机构和所有者带来经济利益，有助于降低管理成本，支持当地社区的可持续生计机会（经济价值）；③对社会和文化繁荣有贡献（社会价值）。

- **契合自然保护地的背景**。自然保护地旅游的最佳实践是根据每一个自然保护地的独特情况量身定制的。在某一自然保护地被认为是最佳实践的具体行动，在另一个自然保护地也许只能成为备选项之一。换言之，本书提供的最佳实践具有一定程度的灵活性；管理人员在将本书应用到具体工作环境时，需做出批判性评估并享有自由裁量权。

- **认识到高品质体验的重要性**。要让旅游业成为保育事业和社区发展的有效工具，必须维护旅游"产品"，即访客体验的质量（McCool，2006）。访客体验被定义为"人与其内在状态、正在进行的活动，以及所处的社会和自然环境之间的复杂互动"（Borrie and Roggenbuck，1998）。通过实现访客参与某些游憩机会的心理动机，可以创造出高品质的访客体验；这些动机可能是为了完成体能挑战，可能是为了寻求学习体验，也有可能是为了建立社交联系（McCool，2006）。

- **寻求建立一定的保育伦理观**。管理者和旅游经营者在自然保护地边界内提供的访客体验类型，在本质上应当有别于其他目的地所提供的产品。自然保护地可持续旅游的首要目标不应局限于让顾客满意，而应在访客中鼓励和培养保育伦理观。访客应该意识到自然保护地怎样开展保育活动，以及为什么要开展这些保育活动，这种认知或能够成为经久不衰的支持力量。有些情况下也可以鼓励游客通过慈善基金或其他形式，积极支持他们所喜爱的目的地的保育工作。

- **考虑负面影响的同时也想到收益**。自然保护地边界内的任何一项管理行动，即便源于最佳实践，都会有一定的成本。最佳实践的部分目标就是要公开承认这一事实，并清晰区分成本与收益。对于旅游相关决策所产生的社会和环境影响都应清楚说明，并加以分析和监测。

- **尊重当地社区的特殊需求**。来自自然保护地旅游业的收益，应当同时惠及当地社区及外来的旅游活动组织者。同样地，旅游所产生的负面影响，也不应该不成比例地落在当地社区头上。

1.5 编制新指南的必要性

本书建立在从业者、学术研究人员和理论家多年积累起来的丰厚知识的基础之上，书末的文献列表证实了这一点。尤其是它更新了较早年出版的两套自然保护地旅游指南。其中，第一套指南是由联合国世界旅游组织和联合国环境规划署联合出版的《国家公园和自然保护地旅游开发指南》（McNeely et al.，1992），这是该领域具有开拓性的专业尝试。第二套指南是 IUCN 组织出版的自然保护地最佳实践指南系列读物之一的前一个版本——《自然保护地可持续旅游规划与管理指南》（Eagles et al., 2002）。二者仍具有现实意义，也是重要的信息来源。然而，和自然保护地管理的所有领域一样，在过去15年间，事物迅速发展，新问题不断涌现——解决这些问题的新观点也在不断涌现。最近的出版物中有两点特别重要：一是前面提到的《生物多样性公约》组织编制的针对生物多样性和旅游发展的工作手册（CBD，2015）；二是IUCN编制的《自然保护地治理与管理手册》中有关旅游的章节（Worboys et al.，2015）。本书吸纳了前者的营养，受益于有关自然保护地可持续旅游最佳实践管理最新思想，并采取措施促使这些新观点能被更多人看到，并有益于他们的实践。

1.6 本书的结构

本书的目标读者是在自然保护地旅游行业工作的专业人士和其他利益相关方（包括权利持有者），其中包括来自政府机构、非政府组织（NGOs）、当地社区组织、私有土地业主和其他实体单位的行政人员、管理者和规划师。为了保持语言简洁，我们将其统称为"自然保护地管理者"。我们借鉴了世界各地的范例，目的是增强与各类不同背景管理者之间的关联度，而不受制于各地的资源状况。

接下来本书将探讨自然保护地可持续旅游更广阔的背景，以及具体的过程、工具和技能技巧，详述如下：

- 第2章"自然保护地旅游的影响"，阐述了自然保护地旅游业潜在的积极影响和消极影响，展示了旅游在保育、经济和社会方面的效益及弊端是如何交织在一起的。
- 第3章"根据旅游影响调整管理目标"，介绍了访客与旅游管理的十项原则，并在针对管理和规划工具及技术的讨论中详细介绍了前六项原则，以确定自然保护地的工作目标和价值特征，然后根据这些目标和价值特征对旅游可能产生的负面影响做出积极回应。
- 第4章"可持续旅游的适应性管理"，继续讨论最后四条原则，内容涵盖综合性旅游管理项目的基本要素：资源监测、重复性自我评估、公众参与和社区传播。本章结尾部分讨论了认证项目以及自然保护地旅游和访客管理三重框架，汇集了对自然保护地旅游业进行可持续管理的适应性方法的关键要素。
- 第5章"可持续旅游管理的能力建设"，阐释了自然保护地管理者、自然保护地组织机构和当地社区可以获取他们所需知识和能力，以及物质和社会资源的方式方法，从而实现可持续旅游管理计划。
- 第6章"加强旅游收益管理与成本控制以提升保护效益"，关注旅游活动收入、自然保护地门票收入和特许经营收入如何帮助自然保护地融资，促进完成其保育使命。本章也讨论了特许经营者签约管理，以及围绕游客慈善捐赠而涌现的新融资机会。
- 第 7 章"自然保护地旅游的未来",简述了可持续旅游在当今世界事务中的地位,预测了管理者应如何面对未来的几种主要发展趋势,最后还就管理者应当如何阐释和实施本书中包含的最佳实践建议提出了意见与建议。

每一章都设置了案例专栏,简略描述了一些自然保护地或自然保护地管理机构成功开展的工作,或提供了案例研究素材。在部分案例专栏的末尾还会出现"最佳实践聚焦"。这些案例在每一章结尾处都有总结,并在第 7 章做了全面归纳。这些"最佳实践聚焦"并非面面俱到;它们只是提供了在当今自然保护地旅游管理中正在发生的一些最佳实践案例的样本。它们与其他指南(CBD,2015)中提供的案例一起,形成了全球最佳实践案例汇编。

本书还附有在线资源目录(online resource directory,http://go.ncsu.edu/iucn-sustainabletourism-bpg),为读者提供了文献资源,以及报告和分享良好实践案例的反馈机制。本书也因此具有了一定的"生命力",使用者能够有机会协作并为指南创造有新意、有意义和有趣味的内容。《全景画卷:健康星球解决方案》(PANORAMA: *Solutions for a Healthy Planet*)记录了更多有关成功方法的范例。这一合作伙伴关系由 IUCN 和德国国际合作机构进行协调,旨在分析和宣传最佳实践(www.panorama.solutions)。

贯穿各章的讨论,以及遴选出来的案例研究都强调了最佳实践,以确保适宜的旅游活动不会损害自然保护地的保育目标。这些最佳实践不仅展现了技术诀窍,也体现了管理者、旅游行业各类实体、社区和游客自身的度、付出的努力和责任担当,这都将有助于旅游支持实现自然保护地的保育目标。

自然保护地旅游的影响

2

2 自然保护地旅游的影响

2.1 权衡积极和消极的影响

自然保护地的旅游业可能会产生各种积极和消极的影响。这些影响的类型很多、范围很广，会涉及自然保护地资源、当地经济、当地社区和游客。本书突出介绍了许多旨在最大限度地发挥旅游业积极影响，同时尽量减少其消极影响的最佳实践。

有时候平衡是很难实现的。随着访问量的增加，一些自然保护地内建立了很多基础设施；人们很担心游客以及为游客提供服务所需的设施所产生的环境和社会负面影响。例如，在黄石国家公园（美国）热门的钓鱼桥区域，人们认识到大部分基础设施都位于棕熊（*Ursus arctos*）的重要栖息地，而这些基础设施吸引了更多的游客，进而造成了人与熊之间的冲突日益频繁。对于管理者来说，这是一个经典难题：如何衡量积极影响（受欢迎的游客体验）与消极影响（对栖息地的冲击以及人类与野生生物之间的冲突）？一方面，自然保护地需要对其辖内的自然遗产进行保护；另一方面，自然保护地也面临着人们希望访问游赏这些自然遗产的社会需求，甚至产生创收创汇的机会。各国努力尝试整合这些需要和机会，但人们时常面临类似的焦虑。

当一个有吸引力的自然保护地被"发现"或为游客推广时，常常会出现这种情况：当地人不可避免地希望受益；然而，如果没有充分的规划和规定，住宿的旅馆会建在不适当的地方，破坏氛围和野生动植物栖息地；污水、固体废物和垃圾得不到妥善处理；自然保护地内的热门景点过于拥挤，破坏了环境和访客体验。

旅游业对自然保护地的影响分为环境、经济和社会三大类，且通常会有重叠（"环境"一词包括生物物理影响，而"社会"包括文化、社区和其他与遗产相关的影响）。本章通过案例概述了上述影响，并探讨最佳实践原则如何帮助决策者尽可能扩大积极影响，减少消极影响。后面的章节将介绍执行此操作的具体最佳实践工具和技术。部分讨论涉及如何使用适应性管理和监测来应对不可预估的消极影响。

正面还是负面影响——谁来决定? 谁受益?

请注意，根据定义，"影响"是一个中性词，因为被某个人或某个群体视为正面的影响可被另一个人或群体视为负面影响。在本章和本书中，至关重要的是要牢记以下问题："谁决定影响是正面的还是负面的？"

游客支付门票、住宿、旅游活动（如带导游的驾车游和徒步游）费，购买食品、饮料和工艺品，在自然保护地内或与自身相关的活动上花费了大量资金。这笔钱可以由政府、自然保护地管理机构、旅行社、旅馆、零售商、服务提供商和当地社区居民累计计入。如何分配这些收益？这个问题的答案决定了特定自然保护地的旅游业是否可持续。

考虑到自然保护地开展旅游的总体目标是必须有助于保护自然和相关的文化价值，我们就会了解自然保护地可持续旅游业的保护效益是与其经济效益和社会效益交织在一起的。表2.1提供了主要效益类型的摘要。请注意，表格上方列出的环境效益也暗含着经济和社会效益；对于其他两个类别也是如此——所有三个类型的效益都互相重叠。通常，所有三种形式的效益在一个旅游目的地都能实现（案例专栏2.1）。在自然保护地可持续旅游最佳实践项目中，三者在每一种治理类型中都能做到相互加强（Borrini-Feyerabend et al., 2013）。考虑到这一点，接下来将依次考察自然保护地旅游的保育、经济和社会效益。

表2.1 自然保护地旅游业潜在效益摘要

效益的类型	保护地潜在效益的实例
环境效益	• 提供有关自然保护及其需求的公众教育 • 通过体验、教育和解说，传递对自然价值和资源的理解，激发更多的欣赏 • 认识自然资源的价值，从而对那些被居民视为没有什么价值甚至是包袱而没有效益的资源也能加以保护 • 支持良好的环境实践和管理系统的研发，以影响旅游和观光业务的运营以及目的地访客的行为 • 通过公民科学志愿者支持环境和物种监测
经济效益	• 为国家、地区或社区带来经济利益，以加强对自然区域及其野生动植物的保护 • 增加当地居民的工作机会和收入 • 刺激新的旅游企业，带动当地经济多样化 • 改善当地设施、运输和通信，提高可持续性 • 鼓励产品生产销售和服务的本地化 • 进入新市场，外汇创收 • 增加地方税收 • 员工学习新技能 • 通过收取旅游及其相关费用，为自然保护地提供资金支持
社会/社区效益	• 提高当地居民的生活水平 • 鼓励人们重视并以当地文化和自然保护地为荣 • 支持对访客和当地居民的环境教育，增加对文化遗产价值和资源的了解 • 为景区、居民和访客建立有吸引力的环境，可能支持其他兼容的新活动（如基于服务或产品的产业） • 通过社会接触与交往，改善跨文化理解 • 鼓励发展和保护文化、手工艺和艺术 • 鼓励人们学习其他地方的语言和文化 • 提升与福祉有关的美学、精神、健康和其他价值 • 通过休闲运动（例如步行、骑行），改善身体健康 • 通过减轻压力和舒缓疲劳，促进心理健康 • 在地方、国家和国际层面提升保育的形象 • 为访客解释当地的价值观以及与保育和管理相关的议题

资料来源：Eagles et al., 2002；CBD, 2004；Maller et al., 2009；IUCN, 2010；Spenceley et al., 2015。

案例专栏 2.1

卢旺达火山国家公园的山地大猩猩旅游带来的多重效益

在卢旺达火山国家公园 160km² 的区域内，濒临灭绝的山地大猩猩（*Gorilla beringei beringei*）是主要的旅游目标。在卢旺达，自然旅游得到了政府和环保主义者的热烈支持，并为保护山地大猩猩发挥着至关重要的作用。然而，卢旺达有些地区的人口密度达到每平方千米 820 人，是非洲人口密度最高的地区之一；而生活在该国家公园周围的都是极端贫困的农民。因此，山地大猩猩受到农业开发和资源非法利用（如用陷阱狩猎）的严重威胁。确保当地社区获得切实利益对于山地大猩猩的生存至关重要。

山地大猩猩旅游的一些益处包括：

卢旺达火山国家公园（上图）的山地大猩猩导游之旅（© Anna Spenceley）；游客观察到的山地大猩猩种群之一（下图）（© Mei Yee Yan）

- **环境上**：虽然还有许多影响山地大猩猩种群数量的变量，但 Fawcett（2009）认为游客的存在可以对偷猎者形成威慑作用。
- **经济上**：可以为当地居民（包括曾经的偷猎者）提供做向导、做追踪和反盗猎警卫等就业机会。
- **社会上**：2005～2010 年，约有 428000 美元直接投资于卢旺达社区项目，包括建设学校、环境保护项目（如植树、土壤侵蚀控制）、安装 30 多个服务于 1250 余人的水箱，并实施粮食安全举措。这些项目的资金来自收益共享计划——5% 的公园旅游收入用于公园周围的社区项目。

第 6 章中的案例专栏 6.5 进一步讨论了这个国家公园收取的访客许可费

和观看活动费。IUCN 物种存续委员会（Macfie and Williamson, 2010）提供了类人猿旅游业的潜在效益和成本以及管理指南的更多细节。

资料来源：Plumptre et al., 2004; Bush et al., 2008; Fawcett, 2009; Uwingeli, 2009; Macfie and Williamson, 2010; Nielsen and Spenceley, 2011。

2.2 直接保育效益

自然保护地的旅游业可以对保育相关工作产生重要的积极影响（Buckley, 2010a）。根据具体情况，自然保护地的旅游业可能构成保育工作的一小部分或大部分（Pegas and Stronza, 2008; Steven et al., 2013）。在有些情况下，包括公益治理的自然保护地内运营的企业（案例专栏 2.2）在内的旅游企业，会直接支持目标物种栖息地的保护或恢复。在澳大利亚菲利普岛，观看小蓝企鹅（*Eudyptula minor*）收取的费用有助于购买该物种的关键栖息地（Harris, 2002）。在其他情况下，旅游活动（或其产生的收入）可以帮助减少对稀有物种的偷猎或促进收集野生动物监测的科学数据。许多人参与自然保护地及其附近的"公益旅游"项目，为科学家收集数据并支持自然保护地的保育项目。例如，非政府组织全球视野国际（Global Vision International）在塞舌尔组织针对国家海洋公园和其他自然保护地保育项目的"保护探险"。志愿者为特内湾国家公园和屈里厄斯国家公园的生物研究和珊瑚礁监测做出贡献。研究数据的副本每两年发送至塞舌尔国家公园管理局（Spenceley, 2016）。有时仅仅是自然保护地内的游客存在就能减少破坏性活动和非法活动。在中非，桑加保护区的管理者为了减少偷猎活动而促进了观赏大猩猩（*Gorilla* spp.）的旅游活动（Greer and Cipolletta, 2006）。在卢旺达的维龙加火山，大猩猩旅游区和研究区的猎套和偷猎者足迹密度比其他没有这些旅游和研究活动的地区少 25%～50%（McNeilage, 1996）。

在国家层面，自然保护地的旅游收入可以提高外汇收入和促进国际收支平衡（Mathieson and Wall, 1982），这证明了保育支出的合理性。旅游业还可以直接向自然保护地管理机构提供用于保育的收入，激励当地居民保护自然资源，并鼓励私营部门保护生物多样性（Bushell and McCool, 2007; Buckley, 2010a; Hvenegaard, 2011）。这三个要素的概述如下。

支持自然保护地管理的收入

如果是政府管理的保护区，来自旅游的资金很多时候会进入中央财政部，但有时候这些收入可以直接用于自然保护地的管理。门票费或使用费是最常见

案例专栏 2.2

公益治理的自然保护地：旅游和保育的合作伙伴

长期以来公益治理的自然保护地一直是保育运动的一部分。除了私人土地所有者，信托、基金会和许多非政府组织，如保护国际基金会（CI）、大自然保护协会（TNC）和非洲自然保护领袖网络（Leadership for Conservation in Africa Network），都已获得可由他们自行保护和研究的土地。

现在，私营企业、土地所有者、信托、基金会、非政府组织和社区组织有许多模式，可以单独或以各种伙伴关系拥有或管理全部或部分用于保护的土地。由于土地使用历史、权责制度、法律法规和文化等因素，这些模式在各国之间存在很大差异。

自然保护地在景观层面上的多样性和连通性都能带来更有效的保育成果，不论它是政府治理还是公益治理（包括社区治理）的自然保护地，如肯尼亚和坦桑尼亚所示，自然保育可以从利用公益保育运动的企业家精神、技能、管理有效性、效率、创新和冒险以及激情、奉献精神和承诺中受益。私人保护区也可以发挥补充作用，利用旅游带来的资金保护一些受威胁的物种，如黑犀牛（*Diceros bicornis*）和白犀牛（*Ceratotherium simum*）、非洲野犬（*Lycaon pictus*）、猎豹（*Acinonyx jubatus*）和塞舌尔绣眼鸟（*Zosterops modestus*）。

总之，私营部门可以成为保育的强有力伙伴，能补充但不能替代政府治理的自然保护地。这些努力的共同点是使保育的经济效益更加切实和明确，从而给予自然保护地应得的价值。最近 IUCN 世界自然保护地委员会出版的《公益治理自然保护地的未来》一书为公益治理自然保护地描绘了良好实践的初步框架和案例。

资料来源：Spenceley, 2008; Buckley, 2010a, 2010b, 2012a, 2014; Sheail, 2010; TNC, 2013; Leménager et al., 2014; Stolton et al., 2014; Mitchell et al., 2018。

的旅游收入。这些费用还可以帮助管理访客数量，提供学习机会，甚至补贴自然保护地系统中的其他单位（Lindberg, 1998）。旅游收入还可直接资助和维护本自然保护地和东道主社区内的可持续基础设施（如太阳能发电）。

旅游业的总收入会有一定数量直接反馈至自然保护地的管理机构，这部分资金体量是十分可观的，正如下面这些非洲案例所示：

- 2002～2012 年，南非的国家公园来自园区内的住宿、独木舟和船屋特许经营费，以及商店和餐馆租金的总收入合计 5800 万美元（SANParks，2012）。
- 莫桑比克 Niassa 保护区管理部门年收入 65000 美元，来自该保护区的12 个特许经营场所（Rodrigues，2012）。
- 纳米比亚自然保护地和保护区的 170 万美元收入来自 45 个获得特许经营权的旅游点（Thompson et al., 2014）。

有效管理这些收入对于自然保护至关重要。例如，在一些目的地，自然保护地的运营利润可能会被庞大的、中央管理的自然保护地总部的运作成本所侵蚀（Aylward，2004）。为了应对加拿大政府补助金的减少，安大略省的公园管理局采取措施，改善组织结构，加强特殊支出账户管理，并提高自身的决策能力、落实接收捐赠的法律地位。通过提高收费，为不同质量的产品建立价格等级，并从更多的旅游产品和服务获取收入，它的旅游收入在十五年的时间里从 1470 万美元增加到了 5280 万美元（增长了 259%）（Eagles，2014）。

但是，由于旅游收入差异很大，自然保护地体系的管理人员和规划人员必须仔细评估每个保护地的收入能否作为整个系统可靠的资金来源。许多自然保护地体系中包含那些根本不会（并且可能永远不会）从旅游业中获得大笔资金的保护地；而其他一些自然保护地体系的全部或绝大部分旅游收入很可能只来自少数几个最受欢迎的自然保护地。这可能导致艰难的决策——该如何分配这些收入，才能使整个体系受益？

给当地社区带来经济效益，推动居民支持自然保护地及其周边的保育工作

为附近居民带来效益的旅游业可以促进对自然保护地的管理和对当地的支持（Pegas and Stronza，2008；Biggs et al., 2011）。例如，在中非公园的大猩猩旅游增加后，附近居民的态度变得更加有利于自然保护地和大猩猩保护（Weber，1987；Blom，2000；Lepp，2002）（案例专栏 2.1）。另一个来自约旦的案例显示，非政府组织运行的自然保护地通过旅游产生了经济效益，详情请见案例专栏 2.3。对这种关系的最新回顾表明，还有许多其他因素促成了当地居民的支持（de Vasconcellos Pegas et al., 2013；Hayes et al., 2015）。一般而言，当地社区内达成共识以支持保育需要多年的承诺（案例专栏 2.4）。

私营部门直接支持自然保护地内外的保育工作

一些旅游经营者通过捐赠（如运营费用、公园护林员工资或设备）、实物支持（如免费旅行、交通或住宿）或代表保育机构进行游说等方式促进自

案例专栏 2.3

非政府组织运营的自然保护地：约旦皇家自然保护学会

约旦皇家自然保护学会成立于 1966 年，由已故国王侯赛因赞助，是一个致力于保护约旦自然资源的非政府组织。它是中东为数不多获得公共服务授权管理公共土地的组织之一。

约旦皇家自然保护学会于 1994 年在佩特拉附近的达纳生物圈保护区引入了以人为本的创新方法来管理自然保护地。他们启动了与当地村庄和贝都因人社区直接合作、利用自然保护地的美景和野生动物进行创收的项目，创造就业机会，包括支持小型工艺品企业和一系列旅游设施，如露营地、旅馆和生态旅舍等。这些探索不

游客在约旦瓦迪拉姆自然保护地体验沙漠景观（摄影 © Mei Yee Yan）

但继续保持了自然保护地对达纳居民生活的重要性，而且在当地为达纳生物圈保护区提供源源不断的支持。约旦皇家自然保护学会最近的一项创新探索是授予企业特许经营协议，管理位于达纳生物圈保护区西边、拥有 26 间客房的费南生态旅舍。达纳拥有丰富多样的野生动植物、地质特征和景观，夜间还能观赏璀璨的星空，可以提供多种多样的活动。2009 年 9 月，商业公司"生态酒店"（EcoHotels）获得了管理和运营费南生态旅舍的特许经营权，为旅行者提供了体验约旦荒野、风土人情，并探索其古老历史的机会，同时最大限度地减少对环境的影响。

作为约旦皇家自然保护学会的社会经济发展和生态旅游部门，"野趣约旦"的使命是在约旦皇家自然保护学会的保护区及其周边地区开发可行的、以自然为基础的商业，以便为当地社区带来切实的经济和社会效益，并为整个约旦的自然保护提供财政、政治和民众支持。约旦皇家自然保护学会和"野趣约旦"管理着许多自然保护地，其中许多都有住宿服务。

资料来源：Feyna Ecolodge，2017；RSCN，2017。

案例专栏 2.4

将生物多样性与生计联系起来：可持续的自然保护地——社区伙伴关系

垦丁公园成立于 1982 年，是中国台湾最受欢迎的自然保护地之一，可以接待数百万前来欣赏公园海岸线、珊瑚礁、湿地和生物多样性的游客。垦丁公园面临着周边沿海大范围旅游开发的威胁。为了保护宝贵的自然资源，同时支持当地社区的发展，垦丁公园管理办公室与社顶社区发起了一项生态旅游项目，以促进基于社区的绿色旅游。生态旅游项目的一个重要合作伙伴是社顶文化发展协会——这是一个与当地志愿者共同组织生态旅游活动的社区组织。

社顶社区位于垦丁公园的地理中心，是高山族的定居点之一。社顶社区有 60 户居民，人口约 400 人。过去，他们通过狩猎、捕鱼和刀耕火种维持生计。渐渐地，社区转向纪念品销售和为访客提供餐饮服务。现在，大约 70% 的村民从事林业和农业部门的季节性工作，或从事旅游零售业。一些持续的传统活动造成了垦丁公园与当地社区之间的紧张关系。

自 2009 年以来，垦丁公园管理办公室一直在整个园区推广和扩展社顶模式，建立生态旅游网络。2010 年，约有 4000 名访客参与了社顶生态旅游活动；2011 年为 7000 人，2012 年则有 10000 多人参与。该项目的成功因素

垦丁公园的管理部门与当地人合作，在社顶社区保护森林、发展生态旅游（左图）。经过培训和认证的当地志愿者穿着制服为在社顶社区的生态旅游团提供导游服务（右图）。（摄影 © Dau-Jye Lu 和 Chih-Liang Chao）

包括：
- 社顶文化发展协会围绕生态旅游发展组织当地社区；
- 管理层对垦丁公园管理办公室的支持，积极带动当地社区参与，建立互信；
- 通过长期参与以建立当地对生态旅游发展的共识并提供支持；
- 将保育与生态旅游活动联系起来，包括收集生态监测数据和反偷猎工作；
- 为当地人提供全面的能力建设，包括巡护、测量、监测、解说、组织、宣传和营销。

尽管取得了这些进展，但该项目仍面临一些问题，因此需要不断进行自我反思和批判性思考，以确保它仍然是实现可持续发展的正确道路。

资料来源：Huang, 2011；Shih, 2011；Liu, 2013。

最佳实践聚焦

支持与市场相关的旅游服务尽量由社区提供。考虑建立社区企业与私营部门之间的合作伙伴关系，以提高商业成功的机会。

然保护（Buckley, 2010a；Bottema and Bush, 2012）。Goodwin 等（2009）对旅游慈善事业的回顾发现，29 个旅游公司一共提供了价值 1.594 亿英镑的捐赠，其中包括以下公司对野生动物以及自然保护地项目的捐赠：andBeyond（2007 年为 451000 英镑）、Friends of Conservation（保育之友）（2007～2008 年为 158152 英镑）、Robin Pope Safaris（每年 63000 英镑），以及 Tour Operation for Tigers（每年 15000 英镑）。举例来说，Lindblad Expeditions 制定了精准的宣传策略，以寻求其参加加拉帕戈斯之旅的游客对达尔文基金会的慈善支持。Lindblad 的努力使每个加拉帕戈斯旅行团的慈善捐赠平均翻了两番，从 1800 美元增加到了 6700 美元。在十年的时间里，旅行慈善计划一共筹集了 450 多万美元，用于支持达尔文研究站和加拉帕戈斯国家公园在当地开展的保护工作（Ham, 2011）。

Earthwatch 等公益旅游组织也将每个参与者支付费用的一定比例用于支持保育工作。其他旅游经营者可能会鼓励客户为保育事业或碳补偿项目捐款捐物。

2.3 间接支持保育的经济效益

自然保护地的许多保育效益间接来自旅游业对当地经济的积极影响。游客的消费可以通过多种方式让中间机构和当地社区受益，如通过旅游运营中的工作机会，以及在配套的商业和衍生服务中的就业机会，或直接或间接地刺激就业和创业。例如，旅行社或在线预订网站为游客安排住宿、旅行和活动，从而获得报酬；零售商向游客售卖当地手工艺品或当地生产的食品；以及为旅游企业、零售商和游客提供支持的产品和服务供应商。这种就业增长对当地的整个经济产生影响，不仅带来更多的产品和服务的购买支出，同时增加了税收。旅游活动还可以帮助员工学习到可运用在其他行业的新技能（案例专栏2.5）。这些效益通常会促进支持保育工作的良好意愿和社区的支持行为，例如巴西和中国香港特别行政区的两个地质公园的示例（案例专栏2.6）；而社区支持往往会转化为政治支持。

案例专栏 2.5

通过伙伴关系培养商业技能

许多保育组织认为旅游是最有可能将保育与当地社区经济发展联系起来的行业之一。然而，由于许多当地社区的商业经验有限，他们的旅游产品和服务可能无法通过市场测试，从而对保护工作产生负面影响。相反，旅游行业有丰富的知识和经验，可以支持保育组织设计经济上可行的生态旅游产品。此外，两者之间已经形成了若干合作伙伴关系，以支持旅游业务技能的转移。

旅游业务技能包括保障访客的交通安全（摄影 © Giulia Carbone）

IUCN "商业和生物多样性"项目以及IUCN荷兰委员会于2008年在巴塞罗那举行的IUCN世界自然保护大会期间，组织了一次试点培训，随后在柬埔寨（2010年）、肯尼亚（2011年）、老挝（2012年）和韩国（2012年）相继举办了四场区域培训。

这些培训课程的目标受众是保育组织、社区组织和保护地管理者。这些活动旨在为参与者提供完善的商业技能基础，使他们能够成功地设计和经营旅游业务。在针对自然保护地管理者的目标中，次要目标是确保以经济可行的方式开发和管理自然保护地内的旅游和游憩活动。培训课程侧重于提升商业开发和管理的关键领域中的技能，如了解市场背景、商业规划、健康和安全且可持续运营、营销、销售和客户服务。

从 2011 年开始，IUCN "商业和生物多样性"项目与欧洲领先的旅游运营商 Kuoni 合作组织了培训。Kuoni 在培训设计方面提供了支持，还提供了技术资源传授培训课程。Kuoni 的健康与安全、营销和产品开发等专家参加了培训，分享了他们的专业经验，并通过真实的案例和专业的讲解，打造了引人入胜的培训课程。作为培训的具体后续行动，Kuoni 的当地合作伙伴为参与者提供了对其旅游产品进行正式"宣传"、并纳入 Kuoni 未来套餐的可能性。有关此合作伙伴关系和培训研讨会摘要的概述，请访问 http://www.iucn.org/ecotourism。

最佳实践聚焦

将商业开发和管理技能培训纳入以社区为基础的旅游服务培训，并将社区成员、非政府组织代表和自然保护地管理人员纳为培训对象。

案例专栏 2.6

世界地质公园和自然保护地旅游（中国香港特别行政区和巴西）

旅游业的保育和经济效益在联合国教科文组织世界地质公园模式中得到认可，并已在若干地区成功实践，尽管在一些受欢迎的地点也面临着访客管理方面的挑战。中国香港特别行政区的香港联合国教科文组织世界地质公园和巴西的阿拉里皮地质公园展现了如何通过可持续旅游业实现地质遗迹保护和经济效益的双赢。

香港联合国教科文组织世界地质公园于 2009 年成为国家地质公园，并于 2011 年列入联合国教科文组织的《世界地质公园名录》。世界地质公园的目标是保护重要的地质遗产，通过教育和解说增进对地质的认知与兴趣，促进可持续旅游业的发展。它与中国内地的地质公园形成鲜明对比，后者更注重旅游开发和生计改善。香港联合国教科文组织世界地质公园由国家和海洋公园管理局管理和保护，禁止任何会对生物、地质和文化资产造成干

香港联合国教科文组织世界地质公园里巨大的非玄武岩六角形岩柱群（左）（摄影 © David Newsome）；当地手工制作的地理产品，标签为巴西阿拉里皮地质公园（右）（摄影 © Jasmine C. Moreira）

扰和破坏的活动。香港联合国教科文组织世界地质公园的称号使该地访问量每年增加5%，目前约为100万人次。本地商店、餐厅和的士服务直接受益于与旅游相关业务的增加，本地商户成为保护香港地区地质遗产的有力支持者。

阿拉里皮地质公园成立于2006年，是南半球第一个获得联合国教科文组织批准的地质公园，也是巴西唯一的地质公园。该公园的基础设施每年为来到北茹阿泽鲁市的250多万游客提供支持。地质公园常见的旅游活动包括徒步旅行、爬树、骑自行车和垂降。

阿拉里皮地质公园拥有超过59个以其科学、教育和旅游价值而闻名的地质景观。新奥林达镇拥有巴西最著名的地质遗址，鼓励当地人管理旅游业。新奥林达镇是壮美家园（Casa Grande）基金会的所在地，这是一个致力于教育当地青年进行文化遗产管理的非政府组织。2006年，该基金会总部接待了28000名游客——三倍于该镇人口。

阿拉里皮地质公园是实现塞阿拉州南部可持续发展的重要工具。2007年，巴西文化部向阿拉里皮颁发了巴西最负盛名的文化奖，即Rodrigo Mello Franco de Andrade奖。

资料来源：Araripe Geopark，2005；Cabral and Mota，2010；McKeever，2010；Moreira，2011；Ng，2011；Newsome et al.，2013；AFCD，2017。

直接和间接旅游支出的多样性和规模

表 2.2 概述了与旅游支出直接和间接相关的潜在收入来源。一般而言，最佳实践就是要把这部分收入最大限度地留在当地社区。

旅游业经济影响的规模受到许多因素的影响，其中包括：

- 自然保护地的性质、设施、可达性和对游客的吸引力；
- 目的地旅游支出的数量和强度；
- 自然保护地的经济发展水平和经济基础的规模；
- 旅游支出在目的地内重新流通的程度（Mathieson and Wall，1982）。

表 2.2　与自然保护地旅游支出相关的潜在收入来源

游客直接支出	运营商或自然保护地管理机构的间接支出
住宿和活动预订费	制服生产
交通（如公共汽车、汽车、飞机、船、停车）	耗材、建筑材料
门票费	家具制造
住宿（由自然保护地管理机构或私营部门运营的）	酒店客房内用于室内装饰的当地工艺品
导游服务和教育费用	垃圾处理（包括回收）
食物和饮料（餐馆和商店）	私营部门为访客提供服务的特许经营费
信息（旅行指南、电影、书籍、视频）	销售品牌商品的版权税费
游憩服务费、特殊活动和特别服务	税费
设备租赁	
商品（如设备、服装、纪念品、工艺品、社区制作的野生生物和文化产品）	
燃料（木材和木炭）	
自愿捐赠、碳补偿	

资料来源：DFID，1998；van Sickel and Eagles，1998；Drumm，2007；Eagles，2014。

2.4　间接支持保育的社会效益

旅游业积极的社会影响也可间接有利于保育事业。在特定自然保护地及其周边地区，针对访客和当地居民开展保育教育活动，可以增加他们对保育事业的支持（Beaumont，2001；Zeppel and Muloin，2008）。对于访客和居民而言，参与旅游活动可能会增加他们对当地所面临的威胁、保育问题和管理解决方案的意识和关注（Hill et al.，2010）。旅游运营商和导游通过增加知识，表达对保育问题的支持态度，以及鼓励环境友好行为和慈善捐助（Powell and Ham, 2008；Weaver, 2013），在提供支持保育的旅游体验方面发挥着重要作用（Powell et al., 2009；Curtin, 2010）。

旅游的社会和经济效益的结合可以鼓励指定新的保护地，扩大现有保护地的管理范围或改善其管理现状（Dabrowski, 1994）。肯尼亚（Sindiyo and Pertet, 1984）、加拿大（Sewell et al., 1989）和澳大利亚（Harris, 2002），以及私人自然保护地（Moore, 1991）证明了这些影响。

2.5 提升社区和个人福祉的旅游效益

积极的社会和经济影响不仅加强了支持保育和自然保护地的合理性，也为访客和当地居民提供了其他好处。本节将讨论两个主题：带给当地社区的益处以及对个人的健康效益。

对当地社区的益处

当地社区的发展可以通过旅游等各种方式实现。在某些情况下，如在博茨瓦纳（案例专栏 2.7）和塞尔维亚（案例专栏 2.8），自然保护地旅游可以成为当地社区发展的关键驱动因素（Eagles et al., 2002；Telfer and Sharpley, 2008；Mitchell and Ashley, 2010；Snyman, 2013）。当旅游运营有了合理的规划和设计时，就有可能获得可观的积极回报。可持续的自然保护地旅游可以：

- 帮助维持和改善当地社区的生活水平和生活质量，这可以通过一系列举措来实现，包括改善基础设施和通信、教育、培训及医疗保健；
- 通过强调当地艺术和文化的价值，以及当地环境景观和野生生物的重要性，以助力当地社区的可持续成长，提升该地区旅游的内在品质和动力；
- 通过技能开发和治理改进，支持和增强当地社区；
- 成为向偏远社区提供基本医疗保健、社会基础设施和其他发展机会的工具。

加拿大密克隆湖（Miquelon Lake）省立公园位于比佛山生物圈保护区，是重要的鸟类栖息地，提供了多种接近自然的方式与机会（摄影 © Glen Hvenegaard）

为了使社区能够实现这些社会经济效益，旅游目的地必须具备可达性（Spenceley, 2008），并拥有适当的基

案例专栏 2.7

通过政策支持自然保护地的可持续旅游：博茨瓦纳案例研究

博茨瓦纳的旅游业主要是自然旅游，游客被各种野生动物和风景秀丽的景观所吸引，如卡拉哈迪大沙漠、草地、热带稀树草原和奥卡万戈三角洲。旅游业现在是博茨瓦纳的第二大经济来源。自 20 世纪 70 年代以来，博茨瓦纳出台了政策，将大片土地划为合法的自然保护地，以保护季节性野生动物迁移，保护生态恢复力，推广基于社区的可持续旅游的市场，并支持提高当地社区的效益。

博茨瓦纳自然保护地内的非洲野水牛（*Syncerus caffer*）（摄影 © Ralf Buckley）

1990 年博茨瓦纳的旅游政策将当地社区与野生动物旅游带来的益处联系起来，包括农村就业机会和获得旅游特许经营权。考虑到旅游业对自然资源特别是野生动植物的影响，博茨瓦纳在 1992 年颁布了《旅游法》，并在 1996 年通过了《旅游条例》。两部法律法规都鼓励低容量、高价值的旅游企业。这些政策对摄影旅游尤其具有影响力，摄影旅游往往是和人数更多的旅游团队以及更高的基础设施水平联系在一起的。在这些政策指导之下，当地依据 1992 年《野生动物保护和国家公园法案》中列出的质量标准和流程，对旅游公司进行了分类、分级，并授予了相应的执照。虽然这种方法引起了对外资飞地旅游业扩张的担忧，但这一政策还是鼓励了生物多样性保护。

特许经营权合同的平均期限为 15 年，要求采取措施管理和应对可能的环境影响（如基础设施发展、垃圾管理）和社会影响（如能力建设、当地就业、社区收入共享）。一些国家公园和野生动物自然保护地的公共露营地，在第三方运营和管理的招标过程中要求投标人在开发和运营阶段进行环境影响评估，并在签署协议时进行货币履约保证。

2002 年的国家生态旅游战略和 2005 年的基于社区的自然资源管理政策进一步支持了社区参与和对当地社区利益的保护。国家生态旅游战略强调生态和经济可持续性，并奖励对保育做出突出贡献的旅游企业。基于社区的自然资源管理整合了保育和农村发展的目标，并下放管理权限，从而形成了几个社区信托基金，可以租赁区域、与私营部门签订法律合同，并接收用于当地社区的拨款。研究发现，基于社区的自然资源管理可以为社区发起的项目提供收入、增加社会资本，并成功参与自然保护地的社区共管。

基于社区的自然资源管理面临的挑战包括基层保护组织与私营企业（通常是外资企业）进行竞争的能力、某些群体的边缘化，以及为社区创收的数量等。

为了保护野生动物种群，博茨瓦纳政府于2014年禁止商业狩猎，指定的狩猎区转为摄影区。奥卡万戈三角洲内的社区特许经营权过渡为摄影旅游，并增加了租赁费用，以弥补不能狩猎的损失。对于野生动物数量较少，仅靠摄影旅游可能在经济上不太可行的社区，政府正在寻求其他策略来实现市场多元化（C. Brooks，个人通信），包括建立由博茨瓦纳旅游组织操作的博茨瓦纳生态旅游认证系统。

最佳实践聚焦

鼓励实现"三重底线"的国家旅游政策，主要包括：要求自然保护地旅游活动明确促进自然保育；为自然保护地管理机构和当地社区带来经济效益；考虑并尽量减少负面社会影响。

资料来源：IUCN Botswana，2002；Hachileka，2003；Mbaiwa，2005；Thakadu，2005；Blaikie，2006；Magole L I and Magole L，2011；Mbaiwa and Stronza，2011；Wyman et al.，2011；TIES，2013。

案例专栏 2.8

保护自然遗迹和当地村庄的可持续旅游业：塞尔维亚索波特尼察瀑布

壮观的索波特尼察瀑布坐落在塞尔维亚西部哈多弗尼克山（Fadovnik Mountain）的山坡上，它保持了原始和未开发的特征，低调神秘。与此同时，附近依靠农业为生的索波特尼察村经历了高失业率，导致一些居民向外迁移。2005年，该瀑布被国家官方法令指定为自然遗迹（IUCN 管理类别的第 III 类），以保护其自然、教育、文化、旅游和游憩价值，并委托给非政府组织 Kamena Gora 登山俱乐部管理。除了瀑布，游客还可以在利姆河上漂流，徒步探索其他自然遗迹，如洞穴、落水洞、峡谷、树林和泉水，或参观13世纪的米列赛瓦修道院。

今天，当地雇用的持证护林员在村里生活和工作，为可持续资源和游客管理做出贡献。游客使用有标记的环保袋来收集废物，因此这里还没有垃圾桶和垃圾。自然爱好者和科学家团体可以选择由摇摇欲坠的老旧学校建筑翻新而成的登山小屋。当地社区也通过旅游业重新焕发活力，吸引更多的居民留守或返回家乡。一些家庭会为客人提供住宿和当地健康的特色美食。索波特尼察村受保护的自然和文化遗产被认为是当地可持续发展战略的重要组成部分，该战略正在通过各种利益相关团体的参与加以执行。

资料来源：Miljkovic and Zivkovic，2012；Filipović et al.，2017。

索波特尼察瀑布及其周围美景，塞尔维亚
（摄影 © Ivana Damnjanović）

础设施，以维持所寻求的旅游水平和当地人口的相关增长。淡水供应、污水处理系统和垃圾管理都是最基础的，同时还要养护升级道路，推广往返于自然保护地的可持续交通方式，建设通信网络，如接入固定电话、电信塔和互联网。这促进了游客、当地社区、自然保护地和外界之间必要的虚拟和物理联系。

旅游企业通常会与现有的非营利组织合作，或创建新的非营利组织，目的在于筹集资金，支持当地社区项目，如增加清洁水源、改善农业实践、建立社区中心，或为当地学校、儿童和有需要的家庭收集捐赠的基本材料和用品（Wilderness Holdings，2013）。提供这些服务和资源是旅游业对社区发展产生有益影响的直接途径。

有时，旅游企业为员工提供基本的语言、读写和算术培训，从而提高当地社区的教育水平。这些可转移的技能可应用于更大的社区，也有助于未来的就业（Snyman，2013）。

对个人的健康效益

就个人而言，长期以来，到自然保护地旅游都是与积极的健康和福祉效果联系起来的。人类的健康依赖于自然提供的多种生态系统服务，包括清洁的空气和水。和健康同样重要的是，大自然滋养我们的心理、情感、美学和精神需求（例如，游客出于各种动机去自然保护地，包括寻求快乐、冒险、休息、灵感和创造力）。这些元素对我们个人的幸福至关重要（SHSD，2008）。这些健康效益综合起来，可以成为启动社会计划的动机，这些计划解决了如抑郁症、新移民安置、难民创伤恢复、处于危险中的儿童和惯犯等问题。

来自许多领域（如生态学、生物学、环境心理学、景观设计、精神病学和医学）的大量证据证实了大自然的诸多健康益处（Maller et al.，2009），如可以缓解一系列与生活方式有关的问题。人类处在自然的环境中，有助于降低肥胖、心血管和肺病、糖尿病、中风、癌症、肌肉骨骼疾病、抑郁症、骨质疏松症、焦虑症、睡眠问题、行为状况和退行性疾病的风险（Sparkes and Woods，2009；

巴西奇久卡国家公园游客中心里，一名游客正在欣赏其他访客拍摄的照片（摄影©梁宇晖）

Lemieux et al.，2012；Romagosa et al.，2015）。定期访问自然保护地现在被视为一种预防医学。近年来，一项名为"健康的公园，健康的人类"（HPHP）的全球运动如雨后春笋般涌现，展现了自然保护地作为基本的保健资源的价值（HPHP，2017）（案例专栏2.9）。

案例专栏2.9

与医疗保健合作：澳大利亚维多利亚州公园管理局、Medibank私营医保公司以及国家心脏病基金会

缺乏运动是澳大利亚的一个主要社会问题，超过一半的成年人没有足够

的运动来确保身体健康、避免肥胖。2008～2009年，肥胖及其相关疾病的直接和间接成本约为377亿澳元。此外，据估计，每年有7200名澳大利亚人因肥胖及其相关疾病而死亡。

为了解决这个问题，维多利亚州公园管理局通过"健康的公园，健康的人类"（HPHP）模式，围绕增强人类健康的使命开展活动，以鼓励更多人访问州立公园和自然保护地。为了扩大HPHP项目的范围，维多利亚州公园管理局与澳大利亚医疗保健服务系统的两个主要参与者——Medibank私营医保公司和国家心脏病基金会建立了合作伙伴关系。

这种伙伴关系对Medibank私营医保公司和国家心脏病基金会是有意义的，因为公园能改善和维持个人与社区的健康。它们为人类提供锻炼的场所，改善人们的身心健康。绿色空间也被证实是幸福健康的贡献者，因为大自然可以缓解人类的压力、延缓精神疾病的发展。HPHP计划的Rob Grenfell博士指出，在Medibank私营医保公司的支持下，维多利亚州公园管理局可以鼓励更多人去往澳大利亚的自然保护地和开放空间锻炼身体。国家心脏病基金会首席执行官Lyn Roberts博士证实，每天步行30 min或更长时间，可以将心脏病和中风的风险降低一半。

作为合作伙伴关系的一部分，Medibank私营医保公司社区基金正在与HPHP一起试行另一项计划，为医疗保健专业人员提供资源和支持，鼓励他们把在自然保护地内进行运动作为主动预防疾病的手段之一。

资料来源：HPHP，2017。

更多有关自然保护地对人类健康和福祉作用的信息，请参阅https://www.iucn.org/sites/dev/files/import/downloads/natural_solutions_pas__health_and_well_being.pdf。

最佳实践聚焦

重新构想自然保护地内的游憩活动，把它们视为满足社区需求，并解决更大的社会目标，如与人类健康和福祉有关的目标的手段之一。

2.6 旅游的缺点

虽然自然保护地的旅游业可以带来许多益处，但如果管理不得当，也可能会对环境和当地社区造成许多负面影响（案例专栏2.10）。自然保护地的任务是保护自然环境，因此管理者必须及早发现负面影响，以避免、减轻或最大限度地减少问题（CBD，2015）。自然保护地旅游活动也会对当地社区和当地土地所有者产生负面影响。管理者和旅游业有责任与当地社区成为好邻居和合作伙伴。管理者应不断监测自然保护地及其周边地区旅游活动的环境和社会影响。这对于帮助识别潜在问题，跟踪不断变化的外部条件，在必要时采取缓解措施，以及评估应对措施的有效性至关重要。本节概述了旅游可能产生的负面影响类型，研究了如何评估这些影响，并提供了管理影响的建议。

案例专栏 2.10

旅游对秘鲁马丘比丘的影响

马丘比丘是联合国教科文组织认定的世界遗产，是秘鲁的主要旅游目的地（摄影 © Brendali Carrillo Barrera）

秘鲁著名的古代印加的城市马丘比丘是国家级历史保护区和联合国教科文组织认定的世界遗产地。尽管该地的旅游业蓬勃发展，但越来越多的游客及其相关发展的压力，有可能破坏该地区的生态完整性和文化真实性，对自然的影响包括：

- **对生物多样性的影响**。该地区目前和拟议的旅游开发威胁到南美洲最后一片安第斯云雾林区。历史悠久的印加古道（一个重要的入口处）上游客访问量的增加，导致人为垃圾的增加，造成了对高海拔脆弱的帕拉莫草原的破坏。在许多对野生生物的负面影响中，噪声污染导致了安第斯秃鹰（*Vultur gryphus*）的消失，旅游基础设施破坏了濒危的眼镜熊

（*Tremarctos ornatus*）的迁徙廊道和山地栖息地。
- **对地形的影响**。马丘比丘独特的地形和地质不稳定性特别容易受到旅游压力的影响。古城的部分地区已经沿坡道下滑，在山顶建造更多的游客设施可能会导致乌鲁班巴河谷沿岸的山体滑坡。
- **对考古遗址的影响**。这座城市建于公元1470年左右，已无法承受目前的使用强度。在印加时代，居住在马丘比丘的人口不到500人，但现在每天的访问量通常超过2000人。尽管有法规指导监督，但许多历史建筑都遭到损毁。
- **基础设施和游客体验**。在马丘比丘，由于对基础设施发展的自然限制以及不断增长的旅游人数，拥挤和堵塞（包括实际和感觉上的拥堵）是主要问题。为了最大限度地减少影响并保持游客满意度，管理机构希望建立并实施适当的承载力限制。目前，已在相邻地点如印加古道实施出入许可证和配额；高需求迫使许多有志的徒步旅行者需要等待六个月或更长时间才能进入。

本案例强调了旅游对马丘比丘长期存续和恢复能力的威胁。在马丘比丘实现资源保护和旅游之间的平衡，对保护这里长期的自然和文化价值至关重要。

资料来源：LaFranchi，2001；INC，2005；Sassa et al.，2005；Collyns，2007；Larson and Poudyal，2012。

在厄瓜多尔加拉帕戈斯国家公园的巴托洛梅岛上进行有向导的徒步参观（摄影 © 梁宇晖）

2.7 对环境的负面影响

所有与旅游相关的活动，无论是提供访问和住宿的大型基础设施项目，还是小型露营地或游客小径等中小型设施，都可能对自然保护地的保育价值产生负面影响。在任何建设之前，管理层应进行环境影响评估，以分析和减轻可能的影响。

生物物理影响

潜在的生物物理影响包括景观层面的影响，即可能波及整个自然保护地（及其他区域）的影响，如空气和水质下降、用水量增加、建设大量的基础设施而导致的地貌永久性变化（案例专栏2.11）、矿产和能源消耗、野生动植物栖息地的扰乱或破坏、动物行为习惯化、外来入侵物种的引入、陆地污染、对景观的一般美学影响、暗夜星空的减少和其他形式的光污染，以及对自然生境的损害。这些情况也可能会出现在某个地点（即在自然保护地的特定位置上发生，而其他地方没有），如果出现的次数超过一次，则其强度和严重程度可能会因地点而异。

塞尔维亚索波特尼察村的原始自然风光（摄影 © IvanaDamnjanović）

负面影响是不可避免的

需要牢记的一点是，即使是管理良好的旅游活动也会产生一些负面影响。例如，即便只是简单地前往自然保护地，游客也会留下碳足迹，因此要对区域内的访客活动加以管理，以避免破坏脆弱的栖息地。

案例专栏 2.11

与基础设施相关的影响

自然保护地基础设施涉及开发建设项目，如徒步小径、栈道/栈桥、桥梁、空中走廊、观景台和标示、露营地、小木屋和游客中心。一些自然保护地的管理机构提供旅游住宿；其他自然保护地则有私营的住宿、餐饮和/或活动基础设施，包括滑雪缆车、海洋停泊浮桥和风景优美的交通基础设施，如索道。

基础设施的环境影响包括水污染、视觉和声音干扰，以及外来物种入侵，其环境足迹超出了基础设施本身。施工影响包括照明、施工噪声、车辆搬运、土方作业、土方工程产生的斜坡水和浑浊径流、水和空气污染、废弃物、杂草种子和病原体的引入，以及野生动物的引入。大规模的游客基础设施可能导致栖息地破碎化、车辆撞上野生动物、交通噪声和光污染，而新的道路和游客小径可能导致外来入侵物种的传播。新的基础设施增加了游客访问量，给这一地点的进一步硬化带来更多的影响和压力。

Buckley（2004，2009，2011，2012b）回顾了影响管理方法，并发现其在规模上有很大差异。例如，污水和废水处理技术可以适用于温暖湿润气候下访问量较低的基础设施的小型堆肥厕所，也可以适用于以人工湿地作为收尾池的、访问量较高的基础设施的多阶段工业化污水处理系统。更难的是控制扩散性影响，如为了防止土方设备或徒步旅行者的靴子和帐篷传播真菌孢子，需要将其冲洗和灭菌，但这一操作很少能达标，因为杂草种子会散布在车辆和衣服上。

对于访问量大的自然保护地，需要一些基本的大型访客基础设施才能确保访客的安全和舒适度。将访客集中到可以使用技术手段的特定区域，可以减少负面影响，但这种基础设施也有其自身的影响。最好是将多数大型基础设施，如住宿、餐饮和交通枢纽，放置在自然保护地大门区域以外的私人土地上。高尔夫球场、住宅开发区和滑雪胜地等娱乐基础设施对保育造成了严重的负面影响，也无助于游客欣赏自然，完全不适于修建在自然保护地内。对于与保育或游憩无关的基础设施，如电力线、电信塔、主要干道和水力发电大坝，也会对环境产生重大不利影响，不利于保育或游憩。

资料来源：Liddle，1997；Buckley，2004，2009，2011，2012b。

对动植物及其栖息地的影响

对动植物的潜在影响遵循相同的模式：一些可能会影响整个自然保护地，而另一些只影响个别地点。对植被的负面影响可能包括无意中引入外来入侵物种或病原体、踩踏、形成没有规划的小径，以及故意移除有价值的物种。对野生动物的影响可能直接发生，如野生动物因汽车致死现象、狩猎和捕鱼以供应旅游市场、引入病媒，以及杀死已经习惯人类的动物。后者是一些自然保护地的主

危地马拉圣马科斯村围栏和坡道导致进入受限
（摄影 © Sandra De Urioste-Stone）

要问题，原因可能是游客投喂，也可能是这些动物去捡食被丢弃或未清理的人类食物。与之相关的则是游客对野生动物的骚扰（通常是无意的）的问题。游客与野生生物这种负面的相互作用也可能产生间接影响。例如，某些物种的行为变化，甚至可能随着时间的推移改变自然保护地内整个物种群体的构成。除此之外，其对通常未被视为"野生生物"的重要物种（如微生物和土壤生物群）也会产生影响。

此外，影响的程度也与栖息地类型及其对干扰的敏感性有关。例如，在具有抗性表面且没有敏感植物的岩石区域过度踩踏对植被的负面影响往往小于在具有敏感基质和植物群的湿地中的踩踏。

同样，必须根据其他背景条件综合考虑旅游带来的任何影响，如气候变化带来的生态系统脆弱性。

环境影响评估

环境影响研究在旅游研究中很常见（Gutzwiller，1995；Buckley，2004）。表2.3概述了旅游活动潜在的环境和生态负面影响。

环境影响评估（环评）应运用于自然保护地和/或其缓冲区内的特定旅游开发计划。项目或开发工程需开展环评，预测关键的环境影响及其意义，促进公众咨询和参与，建议适当的缓解方法，并记录决策、监测和项目后审计的过程（Bagri et al.，1998）。国家立法框架通常会包括有关环评的规定，而自然保护地管理计划中通常会明确规定对保护地的严格要求。例如，在莫桑比克，国家公园和自然保护地内的开发建设需要详细的"A类"环评，这是最严格的评估形式。

战略环境影响评价（战略环评）会在更大的范围内评估一项政策、计划或项目及其替代方案的环境影响。在自然保护地，战略环评可用于评估所有旅游开发和活动的总体影响，并用作旅游特许经营权的预备规划工具（Therivel et al.，1992）。环评适用于评估单个项目的影响（如一个酒店的开发建设），而更具战略性的战略环评，则适用于与多个具有全球或区域性累积协同效应的项目相关的政策（Therivel and Thompson，1996）。

表 2.3　旅游活动潜在的环境和生态负面影响

影响范围	旅游活动	潜在后果示例
空气	交通和电力	• 车辆的空气和噪声污染 • 二氧化碳排放量增加
光	设施内和附近的照明	• 光污染会干扰海龟幼仔向海里爬行
声音	修建或运营旅游设施	• 车辆噪声污染会影响鸟类的成功繁殖
水	垃圾处理	• 增加环境中的矿物质、营养素、污水、固体废弃物、汽油和毒素 • 垃圾污染会降低水质 • 增加用水量
地质和土壤	采集、蓄意破坏、侵蚀	• 去除矿物质、岩石、化石，或在其表面涂鸦 • 土壤中的物理和化学变化
景观	开发建设	• 定居点对景观视觉的影响
栖息地	清理、利用自然资源、污染	• 自然栖息地（如湿地）的破碎化 • 原生植物和入侵植物之间的竞争 • 改变火灾频率，导致栖息地变化（包括意外火灾） • 破坏栖息地和清理土地（如红树林） • 过度捕捞，以便为访客提供食物 • 富营养化和沉积
	行人和车辆交通	• 植物生根、生长和繁殖发生改变，对其多样性、组成和形态（如通过踩踏）产生影响
野生生物	打猎和捕鱼	• 物种构成、繁殖和行为的变化 • 杀死已习惯人类的动物
	污染	• 心理压力、行为改变、生产力下降 • 在垃圾处理区觅食 • 富营养化
	人类观看和摄影对它的干扰	• 行为改变（如避免、适应或吸引人类） • 生理变化（如心率、生长率和丰度） • 物种变化（如组成、多样性和丰度、分布和种间相互作用）
	自然区域内的高速公路和小径	• 对食肉动物的阻隔效应、冲撞，增加偷猎者的可及性 • 在旅行廊道中增加喜阳植物 • 死亡或致残的野生动物（即道路杀戮），使食腐动物受益

资料来源：Knight and Cole，1995；Sun and Walsh，1998；Buckley，2004；CBD，2004；Spenceley et al.，2015。

2.8　负面的社会和文化影响

对旅游的社会和文化影响的研究重点关注游客（如对游客服务的需求、动机、态度和期望）、东道主社区（如就业、服务和机会成本），以及游客与东道主社区的相互关系（如接触的性质和后果）（Deery et al.，2012）。确定对社区的影响是负面的、良性的还是积极的，部分取决于所选择的时间或空间尺度。

表2.4总结了旅游业对自然保护地内外的东道主社区（相当于我们的"当地社区"）的潜在的社会、文化和经济影响。

表2.4 对自然保护地东道主社区的潜在负面影响：社会、文化和经济

影响范围	潜在后果示例
社会和文化方面	
传统	为游客重新表演的仪式庆典，不仅将其商品化，而且有损其尊严，会造成为了展示而改变传统的艺术、工艺品、节庆
	干扰文化和宗教仪式的传统模式和时间安排
	手工艺品的工艺水平随着游客数量的增加而下降
心理	"示范效应"，即人们通过观察他人来改变自己的行为，以期实现他们所认为的更高地位；可能会引导当地人模仿游客，但会带来失望
	游客对其文化的错误描述和解读，或游客的不当行为会冒犯当地居民，进而导致仇外心理以及社区和游客之间的冲突
犯罪和稳定性	社区不稳定，导致犯罪、卖淫、赌博、乞讨，以及酒精和毒品使用的增加
	对妇女和青年的性剥削
	被视为与旅游业发展不相容的当地社区被迁移和重新安置
角色	紧张和失去自尊，特别是对于没有积极参与旅游业的男性和老年人
经济方面	
就业	就业机会可能都是技术含量低的工作，工资低和技能要求低，几乎没有为当地人提供晋升和培训的机会
	淡季时的季节性失业
当地商业发展	当旅游创造的大部分外汇收入返回国内时，容易造成经济漏损，阻碍当地的商业发展
	商业的季节性可能会在淡季给企业带来困难
多样化	放弃可能与旅游业不相容的其他创收产业的机会成本，如农业或矿业
	对旅游的依赖使经济变得脆弱；如果访问量下降，服务和产品供应商将面临风险
	利益分配不均，如利益集中在小部分精英群体
	通货膨胀，旅游业增长地区的目的地对于工作人员而言可能变得过于昂贵

资料来源：Mathieson and Wall，1982；Krippendorf，1987；Diaz，2001；Spenceley et al.，2015。

其中，一些影响可能特别严重，但却很微妙。例如，原材料（如能源、食物和水）需要优先考虑游客的需求而不是当地人或其他当地产业的需求。一个潜在的威胁是当地社区可能改变他们的传统生活方式，试图满足游客对"真实"文化、艺术和工艺体验的需求。这种"文化稀释"甚至可能影响宗教和语言领域。社会影响评估（SIAs）可以成为评估相关法律法规背景下特定政策、行动或开发建设可能带来的社会后果的工具（Burdge and Vanclay, 1995; Esteves et al., 2012）。可持续的自然保护地旅游能够正确地教育和告知游客当地的价值观和文化，并让游客以适当的、尊重的和非侵入性的方式与当地居民互动。

如果以谨慎周到的方式来处理上述问题，不仅能提高跨文化理解，还有助于当地文化身份保持完整。即便只是表面上的优势，如来自自然保护地旅游的直接收入和相关的间接有利影响，也会在社区内就如何分配这些利益而造成严重的紧张关系。

访客本身也无法置身事外。值得注意的是，高度开发的旅游可以通过多种方式影响访客体验。想要独处的访客可能不得不离开自然保护地内他想去的地点，因为那里人潮汹涌，这会导致用户群体之间的不满甚至冲突（Needham and Rollins, 2009）。更为微妙的是，高度开发的旅游甚至可以在游客到达之前改变游客的期望，影响他们当前或未来体验的性质（McCool, 2006）。管理人员可以通过标牌和小册子对访客行为提供

游客在克罗地亚十六湖国家公园体验 16 个水晶般的湖（摄影 © Mei Yee Yan）

充分的指导，也可以通过管理访问量的分布来避免拥堵。这可以通过各种方式完成，包括与各旅游经营者协商其日程安排，或限制关键地点停车场的规模以限制访问量。高质量的游客体验对于维持社区和自然保护地旅游的保育效益非常重要。

要减少旅游对当地社区和访客的影响，基础是发展旅游经营者、客户、自然保护地管理机构及其管理人员，以及与当地社区之间的伙伴关系。这种伙伴关系有助于推进连贯一致的旅游计划、识别潜在影响、支持自然保护并提升长期关系和游客满意度。

如果客户不满意，任何旅游运营都不会成功。在社交媒体和易于访问的在线评论时代，客户很快就可以与他人分享不良体验，导致旅游业的可持续性受到损害。当地居民如果感到不满意，会出现更复杂且同样致命的后果。

一个心怀不满的当地社区会造成不稳定的社会环境（如犯罪或骚扰游客），阻碍旅游业发展。不了解自然保护地能带来效益的居民，更有可能破坏该地区的保育目标，如通过不可持续或非法的手段从自然保护地获取资源。另外，一个支持性的社区为可持续旅游打开了大门。在南非的圣卢西亚湿地公园，一位受益于公园旅游和商业发展的当地居民指出，"我们现在知道旅游业在我们当地发挥着关键作用，因此我们需要协助圣卢西亚保护和发展该地区旅游业"（iSimangaliso Wetland Park，2017）。

2.9 最佳实践

- 鼓励实现"三重底线"的国家旅游政策，包括要求自然保护地旅游活动明确促进自然保育，为自然保护地管理机构和当地社区带来经济效益，考虑并尽量减少负面社会影响。
- 支持与市场相关的旅游服务尽量由社区提供。考虑建立社区企业与私营部门之间的合作伙伴关系，以提高商业成功的机会。
- 将商业开发和管理技能培训纳入以社区为基础的旅游服务培训，并将社区成员、非政府组织代表和自然保护地管理人员纳为培训对象。
- 重新构想自然保护地内的游憩活动，把它们视为满足社区需求，并解决更大的社会目标的手段之一，如与人类健康和福祉有关的目标。

根据旅游影响调整管理目标

3

3 根据旅游影响调整管理目标

3.1 旅游管理就是应对不确定性

本书所列的指南都有一个总体前提，即能实现可持续管理的自然保护地旅游和访客活动可成为自然保育和社区发展的积极推动者。通过应用最佳实践，可持续旅游还可以帮助自然保护地实现广泛的自然价值和社会价值，有助于保护地实现其保育使命，并尽可能为当地社区带来效益。在此有两个关键问题：第一，如何在不威胁保护地核心自然价值和相关精神文化价值的前提下提供访客活动支持；第二，如何在保护地内提供适当的、高质量的并能为所有利益相关方带来效益的游憩和旅游机会。这两个问题在本质上重申了指南开篇时提出的有关保护地面临可持续性挑战的观点：如何最大限度地提高旅游的效益，同时尽量减少其负面影响。

旅游和游憩都是复杂的人类行为，并且受到重大不确定因素的影响（Lausche，2011），如源于游客偏好和经济条件变化的市场需求波动，以及私营部门开发商对旅游相关公共基础设施投资模式的改变。如今，自然保护地已成为许多国家的重要旅游目的地；在肯尼亚、澳大利亚、新西兰等国家，自然保护地更是主要的旅游胜地。

IUCN 的指南强调所有权利持有者和利益相关方广泛参与的重要性，采用当前可及的最先进科学技术和其他信息，以及采取适应性管理（IUCN-WCPA，2007）。

旅游和访客管理十原则

表 3.1 总结的十项原则（McCool，1996；Eagles et al.，2002；EUROPARC Federation，2012），为自然保护地可持续旅游和访客管理的关键议题提供了决策指导。本章余下部分是在 IUCN 前指南有关访客管理部分（Eagles et al.，2002；Spenceley et al.，2015）的基础上编撰而成的，重点介绍了其中的前六项原则，讨论了可以将保护地的目标和价值与规划管理实践相契合的工具和技术，以及对旅游业可能产生的负面影响。随后介绍了与相关原则相对应的四项旅游管理框架：①游憩机会谱；②承载力；③可接受变化边界；④质量指标和标准。

美国加利福尼亚州约塞米蒂国家公园热门景点隧道点瞭望台处的访客（摄影 © 梁宇晖）

3 根据旅游影响调整管理目标

表 3.1　自然保护地旅游和访客管理十原则

原则	概述	措施
1. 恰当的管理取决于目标和自然保护地的价值	• 自然保护地管理计划中列出的目标清晰，表述了对自然保护地进行管理的预期结果 • 它们确定了管理行动的适宜性，指明了可接受的资源与社会状况 • 它们可以对管理措施的成功与否进行评估	• 确保管理计划包括明确而恰当的目标，坚持保育目标至上 • 通过公众参与确立目标，并获得认同
2. 旅游和访客管理的前摄性规划能够提高有效性	• 前摄性管理开始于保护地价值和管理目标的清晰表述。与这些价值相关联的政策和管理决策能得到更有效的执行 • 前瞻性思维有助于更好地发现可进行游憩和旅游活动的新机会	• 通过信息咨询和规划为访客提供了解保护地价值的机会 • 察知可能具有管理意义的新兴访客活动或利用模式
3. 改变访客活动的条件是不可避免的，也可能是明智的	• "适宜条件"的影响、利用程度和心理期待往往有所不同（如建在保护地外围和中心区的营地所产生的影响是不同的） • 环境变量会影响访客活动和受损程度（如地形、植被、可进入性等）	• 运用分区策略管理不同的游憩机会 • 利用有关多样性的知识，决定具体地点的旅游发展意愿（要区分技术决策与价值判断决策）
4. 资源和社会状况承受的影响，是人类利用产生的不可避免的后果	• 任何程度的游憩利用都会产生某种影响；通常情况下，最初的较小程度的利用会产生最大影响。在保育和其他目标存在冲突时，保育应为首要目标 • 确定对影响的接受度的过程，是所有关于访客活动的规划与管理的核心 • 影响的证据可以用于对保护地访客的环境教育	• 管理者必须自问："根据保护地的价值和目标，多大程度的影响是可以接受的？" • 管理者必须采取合适的行动，将影响控制在可接受的范围内
5. 管理就是影响人类行为，将旅游引发的改变降到最低	• 自然保护地往往保护的是自然过程及其特征，因此保护地的管理通常致力于管控人类活动导致的改变，因为这是引发众多干扰的原因 • 人为改变可能导致不符合自然保护地预期的窘况 • 某些改变是受欢迎的，甚至是成立自然保护地的原因，如很多保护地的创建就是为了提供游憩的机会与促进地方经济发展	• 管理行动决定了哪些措施对影响改变的程度、类型和位置最有效
6. 影响可以由多种因素造成，因此限制使用只是众多管理方案中的选择之一	• "利用程度"之外的很多变量都会改变对自然保护地的利用与产生的影响之间的关系（如访客行为、旅行方式、团队规模、季节和生物物理环境等） • 访客活动或者管理活动产生的影响可能发生在保护地之外，或者在一段时间后才会显现（如禁止使用某些区域可能会导致其他区域被利用，或者低水平的水处理可能导致下游的水污染） • 规划者必须具备关于利用与影响之间的关系的扎实知识，以预测未来不同时空尺度上的影响	• 教育与信息咨询，旨在限制访客行为的法律法规都可能派上用场
7. 监测对专业管理至关重要	• 监测是所有适应性或前摄性管理模式的关键步骤，能够产生有关资源、社会、社区和经济条件的数据，为管理决策提供信息 • 监测不必太复杂或昂贵，通常有多种可选方案	• 通过鼓励参与监测活动，来加强公众参与和访客教育

续表

原则	概述	措施
8. 决策过程应区分技术性描述与价值判断	• 许多自然保护地的管理决策都是技术性的（如步道选址和游客中心设计），但另一些决策则反映了价值判断（如有关是否和如何限制使用的决策，使用什么类型的设施，提供何种旅游机会等）	• 决策过程应该区分"现有条件"与"理想条件"的问题
9. 受影响的群体应该参与进来，因为共识和伙伴关系是规划实施的前提	• 所有管理决策都会影响某些个人和群体，在决策过程中要尽早明确这些群体	• 自然保护地的权利持有者和利益相关方应当参与到确定保护地价值和制定（监测）指标的过程中来 • 通过适当的培训，权利持有者和利益相关方应当能够参与到监督、管理和教育中来
10. 传播对有关可持续性的知识积累和支持至关重要	• 宣传游客对自然保护的影响的监测结果以及社区获得的效益，可以帮助解释做出管理决策的理由	• 需要制定宣传策略以支持前摄性或适应性管理过程

资料来源：引自 McCool，1996；Borrie et al.，1998；Eagles et al.，2002；CBD，2004；EUROPARC Federation，2012。

每一种管理框架都有独特方法来评估和管理其潜在的负面影响。

一旦准备好了这些工具和技术，管理者就需要一个综合性的，包括资源监测、反复性自我评价、公众参与和传播推广在内的适应性管理方案。这些要点被纳入后四项原则中，将在第 4 章进行阐述。

3.2 原则 1：恰当的管理取决于目标和自然保护地的价值

适宜且可持续的自然保护地旅游的基石是确定清晰的旅游和访客管理目标，这些目标要与同样清晰的保育价值相关联。如果有一个旅游管理的框架加以指导，则更容易在实践中建立起目标和价值之间清晰而不断重复的联系。旅游管理的框架可以成为支持和捍卫管理决策的有效工具，其中涉及的一些典型主题包括：

• 与自然保护相一致的旅游策略和规划；
• 在特定地区可以开展的旅游开发建设和旅游活动的类型与规模，以及不允许开展旅游的区域（即分区）；
• 管理旅游开发与旅游活动的实际和预期影响的措施；
• 对旅游开发、旅游活动及其相关影响进行监测与汇报；
• 确保遵守允许旅游开发和旅游活动的协议的措施；
• 与原住民和当地社区的利益共享；
• 保护生态系统服务功能的益处。

3.3 原则 2：旅游和访客管理的前摄性规划能够提高有效性

自然保护地需要管理旅游活动的规划、开发、运营和退出。与原则 1 一样，旅游管理的框架在这里也可以起到作用。一般有两种类型的规划：针对商业旅游的规划和针对散客的规划。接下来将重点探讨前者。

商业旅游管理的三大支柱

商业旅游管理建立在三大支柱之上（Eagles et al., 2002）：政策框架、开发计划书和运营阶段。

- 政策框架规定了如何定义和规范项目的最佳实践。政策框架一般指满足公共利益和集体需要的公共管理指南和实施战略，如土地所有权、私营部门参与程度、可持续性组成部分、生物多样性和环境管理、当地社区的权利和收益、高质量的访客体验等。此外，法律框架涉及一系列分层级的规定和条例（Spenceley and Casimiro, 2012）。
- 开发计划书概括了商业机会是如何定义、设计、定价和引入市场的，以及如何通过要求运营商提交提案来选择合适的运营商。开发计划书还包括商业协议的模板（Spenceley and Casimiro, 2012）。要求提交相关提案可以激励高端运营商。
- 在签订商业合同之后便是运营阶段，即对合同或特许经营权进行管理的一个漫长时期（如 10 ~ 30 年）。管理合同不仅涉及合同技术条款，而且涉及合同当事人之间的关系。在运营阶段，自然保护地管理机构需要工具和机制，以实现：①管理和监测商业运作，确保业绩令人满意；②履行共同协商的激励措施。

商业化操作手册

商业化操作手册可以成为指导这一过程的有效工具，并向各方提供应如何执行合同每一部分的清楚明确的信息（案例专栏 3.1）。关于特许经营的详细信息将在第 6 章提供，关于旅游特许经营的详细指导可以参考其他书目（Eagles et al., 2009; Spenceley, 2014b; Thompson et al., 2014; Spenceley et al., 2015, 2017b）。

衡量商业旅游的影响

商业旅游基础设施对自然保护地的影响在很大程度上取决于在哪里和以何种方式布局设施。解说中心、卫生设施、酒店、小木屋和露营地、餐馆、停车场、步道口，以及其他许多设施都可以归类为旅游基础设施。关键的挑战是确保它们的可持续性，并与当地生态系统和文化保持一致。

进行环境影响评估（详见第 2 章），是确定设施开发的恰当位置和规模的第

3 根据旅游影响调整管理目标

> **案例专栏 3.1**
>
> ## 自然保护地商业化操作手册包含的主题
>
> - 合同法律方面（包括义务和权利、期限、续约的备选方案、权利转让、风险、冲突解决、知识产权所有权）；
> - 项目生命周期；
> - 宣传渠道；
> - 环境和保育要求（包括综合环境治理、环境管制人员的设置、文化和自然资源的保护、操控野生生物栖息地的可接受度、游猎管控、监测与研究、巡护、火情管理、问题动物和外来生物种群的处理、枪支规定、员工问题、飞机和车辆使用、驾车游猎和有导游陪同的徒步游览的程序、行为准则、安全程序）；
> - 基础设施管理（包括建筑和设计、电力、取水、通信基础设施、垃圾管理、道路开发）；
> - 环境和技术监测；
> - 社会和赋权要求（包括股权、培训和晋升、当地社区的商业机会）；
> - 财务要求（包括特许经营费、最低租金、固定费用、年费、监测）；
> - 违反协议规程（包括与财务、赋权和环境有关的内容，以及补救行为的规程，如履约保证金、通告和解约）；
> - 确定罚款金额和处罚方式；
> - 行为准则（包括与特许经营者、常住和暂住居民的工作关系）；
> - 背景信息（包括自然保护地的政策法规、报告模板、申请模板）。
>
> 资料来源：SANParks, n. d.。

一步。自然保护地管理层、当地社区、开发商以及游客的投入至关重要。可持续设计致力于在旅游设施与其所在的生态系统之间建立密切的联系（案例专栏3.2）。为现场建筑开发人员提供了解自然生态系统的机会，将有助于避免后期出现代价高昂的生态系统退化问题，并有利于将重力、风力、水源、植被等自然资源转化为资产。在开发新的旅游服务设施和场所时应考虑的因素包括：景观、自然灾害、传统活动、员工和游客的交通通达性、气候、坡度、自然和文化特征的可及性、能源和公用设施、邻近相关商品和服务以及员工的可获得性和住房供给。充分考虑这些因素不仅可以产生美学效果，增强访客体验，同时

3 根据旅游影响调整管理目标

案例专栏 3.2

酒店和度假村选址与设计的生物多样性原则

IUCN 确定了五个生物多样性原则，以帮助参与酒店和度假村开发选址及设计的利益相关方。这些原则提供了一种整体视角来综合考虑生物多样性问题，同时强调了权利持有者和利益相关方参与的重要性。

1. 在旅游发展规划中采用基于生态系统分析的方法。
2. 管理酒店开发对生物多样性的影响，努力实现整体的积极贡献。
3. 自然设计，采用基于自然的解决方案。
4. 尊重、参与和帮助当地社区。
5. 在权利持有者和利益相关方之间建立合作。

由绿色地球（Green Globe）和澳大利亚生态旅游协会（Ecotourism Australia）认证的澳大利亚昆士兰州弗雷泽岛上的翠鸟湾度假村（摄影© 梁宇晖）

资料来源：IUCN，2012b。

能大大降低成本，节约开支（Sweeting et al.，1999）。

规划可持续基础设施

通过有意将设施控制在最低限度或根本不提供设施，自然保护地可以减少访客过度拥挤和不必要的使用，提供高品质体验（Pedersen，2002）。案例专栏3.3提供了一个很好的例子，讲述了埃及的鲸鱼谷世界遗产地是如何以最少的设施设计来加强环境保护和访客体验的。在美国阿巴拉契亚国家步道沿线区域，自然保护地通过关闭和修复平坦区域受影响严重的露营地来限制访客活动，并用山坡侧边较小的露营地取而代之。这些露营地提供了更多的私密空间，并且不鼓励扩建，从而减少环境干扰总面积，提高访客满意度（Daniels and Marion，2006）。美国阿卡迪亚国家公园内的步道两侧都设置了象征性的绳索围栏，可以防止访客走出小径（Park et al.，

自然保护地可持续旅游管理指南 | 51

案例专栏 3.3

面向保护和启智型访客体验的设计范例：埃及鲸鱼谷世界遗产地

鲸鱼谷世界遗产地位于埃及开罗西南部170km处的沙漠地带，于2005年列入《世界遗产名录》，是世界上展示始新世（距今3800万～4200万年）鲸鱼从陆生动物到海洋动物演变过程的最重要遗址。在成为世界遗产地之前，这里没有任何形式的监督管理，化石收集行为和四轮驱动车辆肆意进出严重威胁它的价值。世界遗产的认可以及捐助者的资金才使有效的规划、管理和生态旅游活动得以开展。

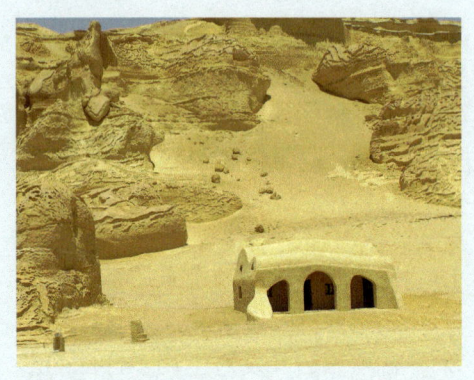

具有生态建筑特色的鲸鱼谷世界遗产地（摄影 © Dan Paleczny）

其中的一个关键因素是项目计划的编制，该项目计划的主要内容涉及场地设计、基础设施和交通建设，具体如下：

- **遗产地进出线路**：通过环境影响研究，用以下五个标准对遗产地的五条替代线路进行评估，即道路长度和施工便利性、对保护地价值的影响、运营效率、对当地社区的经济效益潜力、访客适用性。
- **保护化石价值**：通过物理屏障和关闭山谷来保护核心化石区域，建立了引导标志和有针对性的宣传，并进行日常执法巡逻。
- **访客需求**：访客调查和访客管理计划考虑了应该提供的服务类型，如避免日晒的遮阳建筑、定向区域、停车场、洗手间、餐厅、内部交通、工艺品商店和露营地。
- **解说**：核心区域规划为露天博物馆，采用当地手工材料；道路上铺满了沙漠里的沙子；化石遗址用黏土柱、手工编织的棕榈绳和烤黏土标志勾画出来；解说台由泥砖和石膏制成，模拟周围地形。
- **核心区游览**：考虑到夏季的极端炎热、访客年龄和遗产地的荒野特征，核心区域内的潜在旅行方式经过了仔细的筛选。最终选择的旅行方式包括步行、骑骆驼和骆驼车，因为这些方式都具有可持续性和清洁性，并

- **场地规划**：场地规划确定了基础设施的精确布局，同时考虑了预期的访客数量、访客在设施周围的活动以及车辆的类型。
- **设施的设计、材料和方法**：制定建筑规划和指南来应对砂岩悬崖、炎热气候这些独特的特点，并且利用了社区的复合型创新人才和艺术家，通过模仿大地色调、纹理和形状，泥砖和石膏结构对化石或景观的视觉影响极小。泥土结构既耐用又易降解，当它们分解时会重新融入地下，不会给景观留下疤痕。
- **场地建设**：进行建筑工作时极为谨慎，尽量减少影响，并使用当地工匠和劳动力，这不仅提供了就业福利，还在社区内培养了主人翁意识和自豪感。
- **评估工具**：评估工具包括对化石资源和访客的监测以及执法巡逻。对管理的效果进行评估，有助于为世界遗产地现状报告提供真实背景。

资料来源：http://egyptheritage.com/Eco%20Hitan%20Open%20Air.html。

> **最佳实践聚焦**
>
> 场地设计和施工材料要尽量选择那些破坏最小并具有耐久性、可回收性、可得性和可持续性等特性的材料。设计需与当地文化和自然景观以及气候条件相融合，并利用当地植物物种进行景观美化和病虫防治。

2008）。这种方法比园内的有些信息咨询、公众教育更有效。良好的设施开发、设计和维护可以促成有意义的体验，从而带来访客回访，并且更易形成自然保护地的积极口碑以及其他相关的访客忠诚行为。

棘手的交通问题

交通方式和基础设施可能是商业旅游管理中最重要的问题，因为它们可能对自然保护地和当地社区造成严重的负面影响。尽量减少能源消耗、碳排放和基础设施足迹，同时保持高质量的访客体验，这样的可持续交通倡议在美国国家公园系统中受到特别关注。交通专家一直在与美国国家公园管理局合作，力图通过改善公共交通通道（如园区大巴系统）、建造自行车道以及全面安装引导标志来限制汽车的使用（Manning et al., 2014）；《美国国家公园管理局拥堵管理工具包》（National Park Service Congestion Management Toolkit）（USNPS, 2017b）提供了大量工具指

3 根据旅游影响调整管理目标

导解决问题；加拿大的加蒂诺公园和荷兰的高费吕韦国家公园鼓励访客停下汽车然后租用自行车穿越保护地。

3.4 原则3：改变访客活动的条件是不可避免的，也可能是明智的

不同的自然保护地适合的旅游和游憩类型也会显著不同，更重要的是，适合的类型还可能会随时间而改变。游客活动的新需求对保护地管理者来说是一个挑战，但也可能是一个有助于保护地保育和调整访客体验类型的机会。游憩机会谱这个旅游管理框架可以帮助管理者应对这些新的需求。

游憩机会谱（ROS）

游憩机会谱是一种广泛应用的管理框架，通过自然保护地分区的方法来促进保护地旅游和户外游憩的多样性（McCool et al., 2007；Manning,

德国托夫豪斯国家公园游客中心处的木雕（摄影© 梁宇晖）

2011）。游憩机会谱将质量指标和标准（下文将详细介绍）应用到公园和户外游憩的三个组成部分：资源、体验和管理，展示了多种类型的游憩机会。例如，图3.1中，"存在野生动物"代表了户外游憩的资源要素，其范围可以从野生动物扩展到驯养动物。同样，"独处的机会"代表了从高到低不同程度的户外游憩的体验要素。设施的"开发程度"代表了户外游憩的管理要素，其范围可以从无开发扩展到高度开发。自然保护地管理者可以使用这种结构化方法，将满足访客不同需求的分区与适合各分区的保护管理目标、资源和社会条件的游憩机会相匹配。

3.5 原则4：资源和社会状况承受的影响，是人类利用产生的不可避免的后果

承载力

前面我们已经强调了在自然保护地

管理荷兰高费吕韦国家公园内的自行车（摄影© 梁宇晖）

54　自然保护地可持续旅游管理指南

3 根据旅游影响调整管理目标

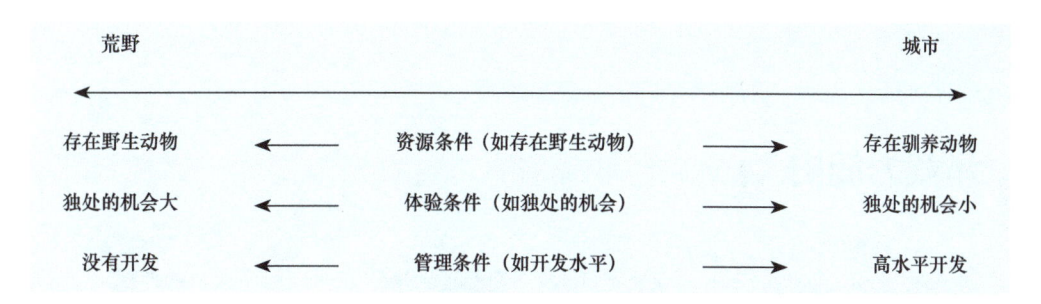

```
荒野                                                                              城市
←─────────────────────────────────────────────────────────→

存在野生动物   ←────  资源条件（如存在野生动物）  ────→   存在驯养动物

独处的机会大   ←────  体验条件（如独处的机会）    ────→   独处的机会小

没有开发      ←────  管理条件（如开发水平）      ────→   高水平开发
```

图3.1 游憩机会谱简化示例
资料来源：Manning et al., 2017

内开展旅游和访客活动必然会产生某些程度的影响。正是管理者不断尝试最佳实践来最大限度地减少负面影响、发挥积极作用，才使这些活动得以持续进行。关于如何在自然保护地实现这一目标的大部分讨论都考虑了访客承载力这一概念。各项研究也记录了旅游和游憩对保护地资源和访客体验质量的多种影响。随着访客人数的增加，保护地变得更加拥挤，导致环境和社会影响日益增加，对保护地的价值构成威胁。到了一定时候，根据物理证据或访客对其经历的评估，这些影响可能变得不可接受（Shelby and Heberlein，1986；Whittaker et al.，2011）。换句话说，访客的数量可能超过了访客承载力或访客容量。案例专栏3.4简要介绍了这个概念的由来并加以说明。

可接受变化边界

现代对访客容量的理解和应用依赖于可接受变化边界的确定。可接受变化边界与游憩机会谱一样，是一个成熟的旅游和访客管理框架。可接受变化边界为保护地自然环境和社会环境的人为变化建立了可测量的限度，并利用这些限度制定适当的管理策略，以维持或恢复可接受的条件。可接受变化边界结合了合理规划、质量管理和公众参与，以识别质量管理中可测量的环境因素，并监测质量是否得到保持。这是一种目标管理方法，也被称为"基于指标"或"基于标准"的框架（Leung et al.，2008；McCool et al.，2007；Manning et al.，2017）。

人们的价值观、文化以及其他

印度尼西亚科莫多国家公园帕达岛一条受欢迎的徒步小径上看到的全景（摄影 © Mei Yee Yan）

案例专栏 3.4

承载力简史

在旅游背景下，术语"承载力"是指在不造成旅游目的地（这里指自然保护地）物理、经济和社会文化环境的破坏，以及不造成访客体验质量不可接受地下降的前提下，旅游目的地同时所能容纳的最大访客数量。

该概念于 20 世纪 60 年代首次应用于自然保护地和户外游憩活动，最初的重点是研究户外游憩活动对环境的影响。它被用来回答这一问题："在自然资源受到不可接受的损害之前，保护地可以容纳多少访客活动？"然而，很明显，保护地的承载力也包含社会或体验因素，即"在访客体验质量下降到不可接受的程度之前，保护地能容纳多少访客活动？"与其相关的概念"访客容量"，通常用来描述访客管理方面的挑战，其目的是确定一个保护地可接受的访客数量。

克罗地亚十六湖国家公园等待乘船的游客（摄影 © Mei Yee Yan）

掌握不同观景点的访客容量是有用的，并且有时是必要的（如确定任一时刻游客中心的最大人数）。如今对这一概念的应用主要通过基于标准的管理框架来实现；这些框架受到保护地价值、管理目标及相关指标和标准的驱动。近年来，随着"过度旅游"一词的出现，人们又重新审视了这场争论。但是这个问题应该用"可接受变化边界"和"游憩机会谱"来解决，并设置访客活动的限制边界，而不是把"承载力"这一概念作为解决问题的基础。

最佳实践聚焦

应用基于标准及由自然保护地的价值、管理目标以及相关指标和标准驱动的管理框架，来解决保护地在平衡游览人数和自然保护时面临的管理挑战。

资料来源：Lucas, 1964；Wagar, 1964；Graefe et al., 1984；Shelby and Heberlein, 1986；McCool and Cole, 1997；Manning, 2007, 2011；McCool et al., 2007；Whittaker et al., 2011；IVUMC, 2016, 2017。

与访客活动的数量和类型相关联的因素会对可接受变化边界产生强烈影响（Manning，2007，2011；Manning，et al.，2017）。自然保护地在应用可接受变化边界的框架时，管理目标就是关于保护地和户外游憩的理想条件的陈述，包括资源保护水平和游憩体验的类型及质量，以便使保育始终处于首要地位。

质量指标和标准

质量指标反映了管理目标的实质，可以将它视为可量化的管理目标。质量标准则界定了指标变量的最小可接受条件。例如，关于独处的机会，研究发现，荒野游客一般能接受在步道上遇到的人群每天不超过六拨，他们希望露营地远离其他群体的视线和声音（Manning，2011）。因此，可以将至少部分荒野地区的管理标准定为"在步道上与其他团队的相遇最多不超出五次，且在其视线以及听力范围之内没有其他团队露营"。制定管理目标并用量化指标和质量标准来表达管理目标是访客管理的重要组成部分。《世界旅游组织指标指南》（UNWTO，2004）提供了有关可持续旅游指标的详细信息和大量实例。

3.6 原则 5：管理就是影响人类行为，将旅游引发的改变降到最低

由于自然保护地的旅游活动会对其自然价值产生负面影响，因此制定了四种基本的管理策略。四种策略都围绕着供给和需求的概念展开（图 3.2）。前两种基本策略对供需进行操纵，通过增加游憩机会的供应来适应更多的访客活动或让这些活动更均匀地分散在保护地内（图 3.2 左上方的方框），或者通过不是正式限制或直接禁止的措施来减少不适当的访客活动的需求（上排第二个方框）。另外，两种基本策略将供需视为固定的、专注于通过改变访客行为来减少访客活动的影响，或者增强保护地内敏感地带的耐用性（上排第三个方框），或者仅限制不适当的访客活动（上排第四个方框）。本节简要介绍四种基本策略，然后再回顾一些用于管理旅游影响的最常用工具：自然保护地分区、访客限额以及规章制度的执行。本节最后将讨论旅游管理工作根本——安全保障问题。

增加旅游机会的供给

可以从时间或空间上增加旅游机会的供给（图 3.2 中左上方框及其纵列）。在时间维度上，自然保护地内的访客活动通常集中在所有可用时间中的一小部分。如果一些高峰时期的访客活动可以

生物多样性提升了访客在巴西查帕达多斯维迪罗斯国家公园的体验（摄影 © 梁宇晖）

3 根据旅游影响调整管理目标

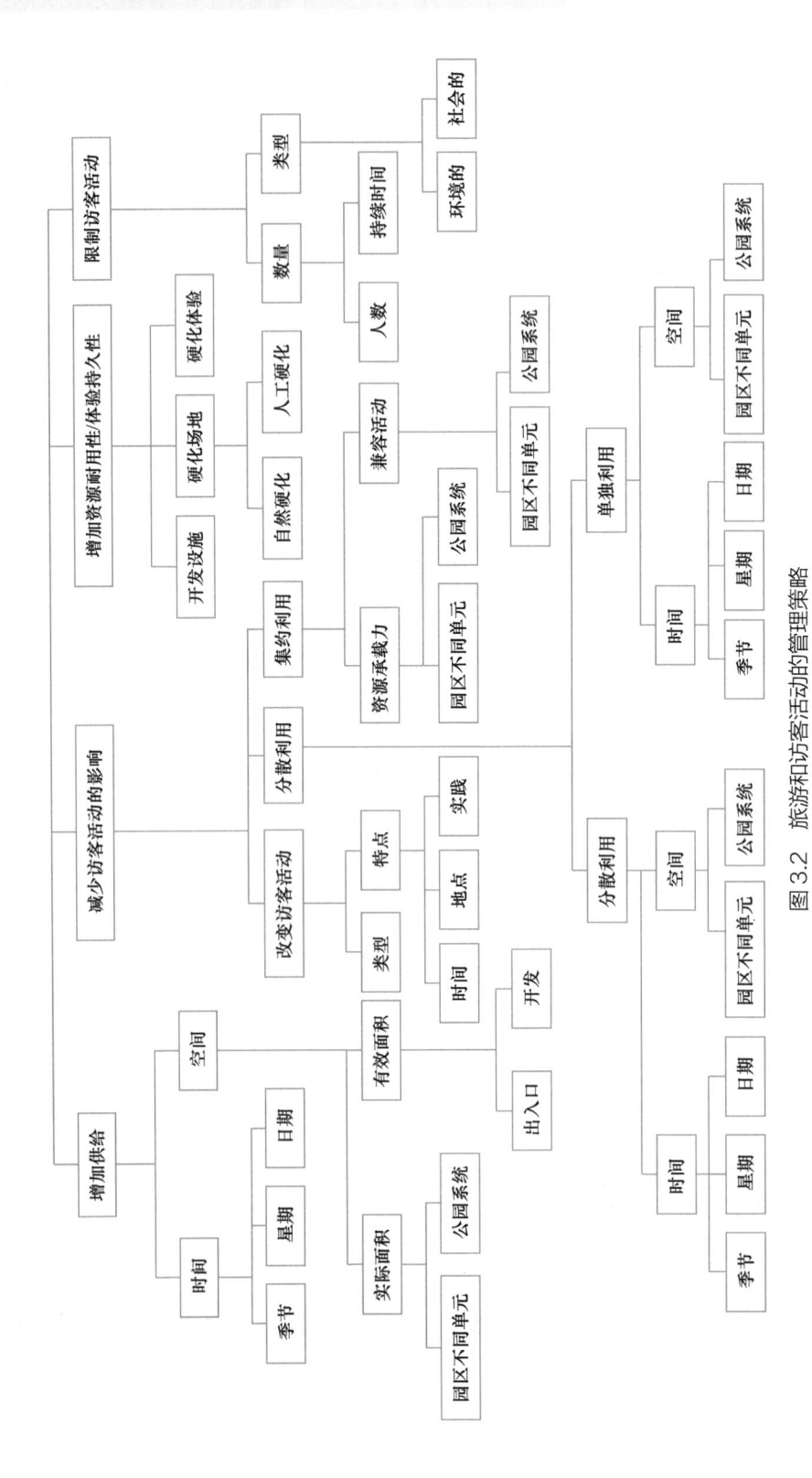

图 3.2 旅游和访客活动的管理策略
资料来源：Manning et al., 2017

转移到人流量较小的时间段，则可能缓解过度使用的压力。而增加供应的传统方式是扩大可供访客活动的物理区域（如创建更多或更大的保护地、更多或更完善的设施）。

减少不适当的访客活动需求

减少不适当的访客活动需求是管理旅游的第二种基本策略（图3.2中第二个方框及其纵列）。这可以通过修正访客活动的特性来实现，从而减少其影响。通过这种方式，无须彻底禁止或限制潜在的破坏性活动，而是对其时间（如印度的大多数老虎保护地在湿季开始时会关闭1～2个月）、位置（如只限于在林木线下的区域活动），或具体活动（如禁止篝火而不是露营本身）加以改变。另外一种方法是分散利用，使活动发生在更广泛的区域，从而"稀释"影响。分散游憩依据的假设是：在可能的情况下将访客活动扩散到更广的区域，或者将其按不同时间不同类型的团体分隔开。这样做的结果是没有单个区域受到不可接受程度的影响，同时减少或消除访客团队之间的冲突。当然，这种假设并不总是有效的。还有一种可能性是采取相反的方法，最大限度地集约利用，使其仅影响一小块区域，也可以叫作"牺牲区"。例如，可以将游憩活动引导至自然资源（如土壤和植被）对影响相对具有抵抗力的区域，或游客中心周围的区域；也可以依据兼容性来集中安排游憩活动，以便将具有相似活动、价值和动机的访客组合在一起。

"硬化"：增加资源的耐用性

第三种基本策略把供需视为固定的，旨在提高自然保护地内可能受到不当的访客活动影响的资源的物理耐用性（图3.2中第三个方框及其纵列）。这通常被称为"硬化"，因为它通常需要创建一个坚硬的路面来吸收访客活动（如驾驶、步行和露营）直接的物理影响。一个非常常见的例子是将穿过脆弱湿地的部分步道建为坚硬的木板路。也可以采用半自然的方式，如在有可能被踩踏的区域种植能适应恶劣环境的植物物种。还有一种"殊途同归"的方法，即直接告知访客他们的活动对资源造成破坏的状况，以此来激励他们减少其影响。我们也把此比喻为"硬化访客体验"。

限制不适当的访客活动

第四种也许是最常见的策略，其也将供需视为固定的，并对不适当的访客活动（图3.2中第四个方框及其纵列）设置强硬限制（包括禁令）。规章制度是一种常见的访客管理实践（Lucas，1982，1983；Monz et al.，2000；Manning，2011）。常用的规定涉及团队规模限制、指定露营地和/或旅行路线、区域封闭、停留时间限制，以及对资源或体验产生重大影响的游憩活动和行为的限制或禁止。

规章制度的有效性是自然保护地管理者需要考虑的重要因素。例如，在美国的几个保护地进行的一项研究调研了三种针对篝火的监管方法：禁止它们、将它们限制在特定地点，或者不予管制（Reid and Marion，2004）。调查结果显示，禁止篝火并没有显著降低它们的影响，但没有监管会导致资源过度退化。该研究的结果表明，指定篝火场地，同时禁用斧和锯，才是控制篝火影响同时保留访客们高度重视和喜爱的活动的最佳方式。管理者需要清楚地宣传和介绍相关规定，让访客们了解这些规定及其背后的原因，以及不遵守规定时的处罚（如罚款）。

自然保护地分区

自然保护地分区是管理旅游影响最常用的工具之一，是所有旅游和访客管理过程的重要组成部分（Manning，2011；Manning et al.，2017）。其最简单的形式是将某些游憩活动分配至选定的区域或特定的时间（案例专栏 3.5）。自然保护地分区也可以用来禁止环境敏感区域中的不适当活动，或隔离相互冲突的游憩活动。例如，在乌干达保护地的总体管理规划中，自然保护地分区系统确定了住宿类型、交通和游客活动，包括团队规模（Bintoora，2014）。自然保护地分区还可以用于创造不同类型的旅游和游憩机会，因此它是前面讨论的游憩机会谱中的关键概念。

案例专栏 3.5

美国大峡谷国家公园的规划和分区

大峡谷国家公园是美国国家公园皇冠上的一颗宝石，是联合国教科文组织认定的世界遗产地。科罗拉多河被誉为大峡谷跳动的心脏，是美洲原住民部落 12000 年以来的重要水源、艺术家和作家创作的灵感，同时也是美国历史上一些重大环境争议的焦点。近年来，科罗拉多河也成为激流冲浪的胜地，拥有近 480km 自由奔流的河流和 100 多条主要急流，其中一些需要相当丰富的专业知识和经验才能越过。

漂流穿越大峡谷（摄影 © Robert Manning）

该公园目前的管理规划旨在保护河流不被过度使用，其目标是"在加强河流游憩活动的同时保育公园资源和访客体验"。该规划依赖于一些管理实践，包括限制利用、规章制度，以及保护地分区。

3 根据旅游影响调整管理目标

为了最大限度地减少对自然和文化资源的潜在影响，以及保护访客的体验质量，大峡谷国家公园对河流的游憩活动进行了严格限制。这些限制既适用于商业旅行（即由特许公司领导的旅行），也适用于"非商业"用户（即私人）的旅行。非商业用户必须获得许可，该许可是由复杂的"加权抽签系统"分发的。之前的系统产生的等候期可以超过 20 年。目前的系统要求非商业的漂流人员每年提交带有下一年首选出发日期的申请，然后随机抽取成功的申请。不过，如果最近几年都没有在河上漂流，那么被选中的机会就会加大，这样有助于确保那些在抽签系统中运气不好的人更有可能被选中。

规章制度也是河流管理计划的重要组成部分。例如，商船乘客必须有国家公园管理局批准的导游全程陪同；为了保护受到威胁的植物物种，在特定季节不允许访客进入公园的某些区域。

最后，该计划还包括空间分区和时间分区。科罗拉多河被分为三个空间区域（"原始"、"半原始"和"乡村自然环境"），旨在提供三种不同类型的访客体验。时间分区可用于解决机动和非机动使用之间的冲突问题，仅在每年的 4 月 1 日至 9 月 15 日允许机动使用。

> **最佳实践聚焦**
>
> 使用各种访客管理工具和技术的组合，相互促进相互补充。

访客限额

限额分配访客和游憩机会是另一种管理选项（表 3.2）。例如，美国国家公园常用的一种管理方式就是通过抽签和拍卖获得出入许可（案例专栏 3.5）。访客限额、抽签和其他分配方法的关键要素是公正、效率和公平（如使用较高的价格来限制访客可能被认为是对某些处于特定社会经济地位的群体的歧视）。

表 3.2 访客限额制的不同类型

访客限额系统	特点
预订系统	要求潜在访客在参观之前预定位置或获得出入许可
抽签	随机分配机会或许可
先到先得或排队	要求潜在访客等待空出来的位置或许可
定价	要求访客支付出入许可的费用，这可能会"过滤掉"那些无法或不愿意支付的人
荣誉奖	要求潜在访客凭借所展示的知识或技能（如低影响的游憩行为）获得许可

资料来源：Stankey and Baden，1977；Cable and Watson，1998；Whittaker and Shelby，2008；Manning，2011。

"柔性"执法与"刚性"执法

限制访客活动背后的规章制度需要执法来维护。执法的策略有多种，具体选择哪一种取决于国家公园或自然保护地需要解决的违规类型。"柔性"执法包括鼓励人们遵守规则的管理措施。例如，公园的标牌和解说信息可以引导访客选择积极（Marion and Reid, 2007）和更安全的行为（如遇到野生动物该怎么做，了解可能具有一定危险性的道路或天气状况的信息）。行为规范也可用来影响访客活动数量、设施开发和建设，并限制某些活动，从而最大限度地提高安全性（Eagles et al., 2002）。旅游经营者和特许经营者是这些措施成功的关键，应该要求他们宣传推广这些措施。在"柔性"执法无效的情况下，就可能需要"刚性"执法，如发出传讯和罚单，在最严重的情况下，可能需要逮捕（Wynveen et al., 2007）。

国家公园或自然保护地必须仔细选择它要使用的执法类型，以求在访客安全、遵守规则和访客享乐之间取得平衡（Manning et al., 2017）。关于在保护地内实施强制措施应该有多严格存在很多争论，但对于不同类型措施的有效

厄瓜多尔加拉帕戈斯国家公园海龟湾（Tortuga Bay）小径入口处的游客信息和电子访客柜台
（摄影©梁宇晖）

性研究却很少。在美国的雷尼尔山国家公园进行的一项研究发现，穿着制服的护林员的存在会使不按园内规定路线徒步的人明显减少（Swearingen and Johnson，1995）。此外，当访客了解到需要一名穿制服的护林者来负责信息传播、访客安全和资源保护时，他们往往会做出积极的反应。同时，对菲律宾四个海洋保护地的长期研究发现，珊瑚礁生态条件得到改善，鱼类物种丰富度也有所增加，这要归因于执法的改善、管理活动的加强和社区的支持（Walmsley and White，2003）。

安全保障问题

安全保障是所有自然保护地访客都会担心的问题；他们所担心的威胁可能源于其他访客、野生动物、环境灾害和保护地内发生的非法活动。从最严重的情况来看，保护地的访客可能受到有组织的偷猎和游击战等活动的威胁，如刚果民主共和国的维龙加国家公园（Virunga National Park，2018）。设置执法官员（护林员、警员等）是减少所有安全问题的一种方法。研究发现，他们的存在增加了访客的安全感（Wynveen et al.，2007），但是这种方法的成本也很高。在发展中国家，与非政府组织和当地人建立伙伴关系来监测和巡护自然保护地是一种可行的解决方案（Coad et al.，2008）。

自然保护地还应该为居民、游客和旅游相关企业提供明确而有力的危机应急方案。这应该整合到国家公园的管理计划中，并且必须对内向访客和员工、对外向潜在的游客进行适当的传达。例如，南非的克鲁格国家公园经历了与厄尔尼诺相关的极端洪水，导致道路和桥梁受损。南非国家公园管理局将其网站和社交媒体作为两个重要的沟通工具，向旅游业和访客通报这种类似的安全隐患情况。

3.7 原则 6：影响可以由多种因素造成，因此限制使用只是众多管理方案中的选择之一

正如原则 5 所述，限制访客活动被认为是管理由旅游引发的改变的基本策略之一。实际上，限制访客活动是应对许多与旅游相关的管理问题时共同的第一反应。然而，正如原则 4 所示，数十年来对访客承载力的研究和实践使访客和旅游管理决策方面取得了重大进展，其特点是运用与保护地价值和管理目标相结合的基于标准的框架。自然保护地管理者越来越认识到负面影响可能受到多种因素（如交通方式、团队规模、季节）的影响，在许多情况下，简单地对不适当的访客活动施加限制可能无法找到根本原因。其他方法试图通过影响访客追求什么活动、何时何地进行这些活动的决定来获得更好的结果（表3.3）。一般来说，间接做法对访客体验不那么突兀，但当这些做法被证明无效，或者资源条件允许时，则需要采用直接方法（Hall and McArthur，1998；Manning et al.，2017）。

表 3.3　直接和间接管理实践的范例

类型	范例
直接管理 （强调行为规范、个人选择受限、高度控制）	• 增加区域监控 • 分区，将不兼容的活动在空间或时间上分隔开（如仅限骑自行车的区域、仅限徒步者旅行的日子、禁止使用机动车） • 一些露营地仅准住宿一晚 • 轮换使用（如开放或封闭道路、出入点、小径、露营地） • 要求预订 • 为偏远地区的每个露营团队分配露营地或旅行路线 • 通过出入点限制使用 • 限制团队规模（如马匹数、车辆数） • 将露营限制在指定的露营地 • 限制停留时间（即最长/最短） • 限制搭建篝火 • 限制钓鱼或狩猎 • 要求或鼓励访客租用导游 • 罚款
间接管理 （强调影响或改变行为、个人保留选择的自由、不完全控制可能会带来更多的利用变化）	• 改善（或不改善）行车通道、步道 • 改善（或不改善）露营地和其他集约利用的区域 • 宣传并鼓励保护该地区的特定属性 • 识别周边地区游憩机会的范围 • 教育访客了解生态和户外道德准则 • 宣传未充分利用的区域和通常的利用模式 • 收取门票费 • 收取差异费用（如按步道、区域、季节实行差异化价格） • 要求具备生态知识和游憩活动技能的证明

资料来源：CBD，2004；Manning et al.，2017。

利用定价管理访客量

除了简单的限制访客活动以外，也可以应用定价方案来管理访客量。例如，异质定价法，即按照访客不同客源地、年龄和其他因素确立不同的价格，这样有助于激励自然保护地想要获取的某些类型的访客。差异化定价的特点是根据提供的服务收取不同的价格。例如，位于风景秀丽的河流旁的露营地可能会比位于不太理想位置的露营地更贵。在旺季或者一些热门的景点收取较高的价格则可以减少拥挤。

问题的转移

访客活动的负面影响和管理响应带来的意外后果可能不会在保护地边界内立即显现，或者可能完全发生在保护地外。例如，禁止破坏性的访客活动可以在保护地内消除隐患，但是访客只要到附近的其他地方依旧可以开展那项活动，因此问题只是转移了，而不是真正解决了。保护地的规划人员需要充分了解访客活动和影响之间的关系，才能预测随着时间推移未来可能产生的后果以及可能在不同尺度上产生的影响。

教育项目、信息咨询，以及旨在规制访客行为的法律法规可能都是必不可少的。

3.8 最佳实践

- 场地设计和施工材料要尽量选择那些破坏最小并具有耐久性、可回收性、可得性和可持续性等特性的材料。融入符合当地文化和自然景观以及气候条件的设计，并利用当地植物物种进行景观美化和病虫防治。
- 应用基于标准并由自然保护地的价值、管理目标以及相关指标和标准驱动的管理框架，来应对保护地在平衡游览人数和自然保护时面临的管理挑战。
- 使用各种访客管理工具和技术的组合，相互促进、相互补充。

美属维尔京群岛维尔京群岛国家公园的划板和浮潜活动（摄影 © 梁宇晖）

俄罗斯波利斯托夫斯基自然保护地内穿着滑雪鞋旅行的游客（摄影 © Elena Nikolaeva）

马来西亚一个海洋公园的入场券（摄影 © Elizabeth Halpenny）

自然保护地可持续旅游管理指南 | 65

可持续旅游的适应性管理

4

第 3 章中提到的工具和方法一旦选定并就位，管理人员就需要设计并执行一个涉及资源监测、重复性自我评估、公众参与以及对外传播的项目。本章会从原则 7 开始继续介绍在表 3.1 中罗列的十条管理原则的后四条。接下来，本章会探讨不同的认证项目对提高旅游管理质量的潜在影响。最后，本章会以旅游和游客管理的三重框架作为收尾，在这个框架中，整合了提升自然保护区旅游可持续性的适应性管理办法的所有关键因素。

4.1 原则 7：监测对专业管理至关重要

监测的综合作用

任何旅游管理策略的重要组成部分都包括进行持续的监测、追踪当前状况、评估管理行动的效力，并为采取适当的补救行动和对管理计划进行必要的调整提供依据。项目管理周期的基本步骤如图 4.1 所示。持续有效的监测计划需要良好的设计，仔细选择的指标和衡量标准，以及对实施所需的融资、人员、设备和基础设施的长期投入（Miller and Twining-Ward, 2005; Gitzen et al., 2012）。

然而，许多自然保护地管理机构和保护组织无法部分或全部满足这些要求（Price and Daust, 2009; Groves and Game, 2016）。因此，随着资助重点或人员的变动，监测计划往往也是非常短暂的。在这种情况下，自然保护地管理者需要了解监测失败的原因以及如何避免失败。

鉴于监测和评估在保育中的重要性，人们已经制定了相应的指南，以提

图 4.1 项目管理周期
资料来源：Conservation Measures Partnership, 2013

高监测方案的质量、成本效益和可持续性。例如，Groves 和 Game（2016）提供了有关保护监测和评估的主要方法和设计思路概要，目的是帮助管理人员确定目标受众并对监测做出明智投资，以满足他们各自的信息需求。此外，诸如联合国环境规划署世界保护监测中心（UNEP-WCMC，2017）和生物多样性指标合作伙伴关系（BIP，2017）等全球计划和倡议，也推动了自然保护地的监测计划，并对相应指标的完善、数据报告及其共享给予特别关注。

要回答的基本问题

为了设计一个有效的监测计划，提供有用的产出，管理者应该考虑以下几个基本问题（Eagles et al.，2002）。

1. **为什么要监测**：监测是否旨在发现长期资源状况或使用趋势（通常称为"环境监测"）、支持管理框架，或提供管理策略的短期效力评估（通常称为"有效性监测"）？
2. **监测内容**：哪些指标与自然保护地价值或管理决策直接相关？哪种类型的影响（如环境的、经济的、社会的、文化的）最为重要？如果无法同时监测投入指标（如访客数量、游客行为）和产出（效益）指标（如经济效益、访客体验或生态影响），管理者应该追踪哪一类指标才是最关键的？
3. **监测的地点和时间**：应该在最敏感的栖息地还是在显示出快速变化迹象的区域进行监测？为了评估季节变化，是应该在敏感季节（如鸟类的繁殖季节）还是全年都进行监测？应该对哪些指标进行最频繁的监测？什么情况会触发监测频率的变化？
4. **谁来监测**：应该由管理人员（如护林员、巡护员）、研究人员还是志愿者来收集相关数据？当地社区是否可以承担监测计划中的部分或全部工作？自然保护地应该调动哪些机构和社区来支持一个持续的监测计划？需要进行什么水平的培训才能确保数据质量？旅游或特许经营者可以收集数据吗？
5. **谁来分析数据**：是由自然保护地管理人员、科研人员还是两者共同来分析监测结果？
6. **如何使用数据**：管理人员如何整合和使用监测结果？

全面彻底地思考这些问题有助于确保监测的有效性，能够产生效益并将成本控制在合理的范围内。许多指南和手册都提供了以旅游为导向的监测方法和项目的案例（Hornback and Eagles，1999；UNWTO，2004；Miller and Twining-Ward，2005）。

基于社区的监测

监测旅游和访客活动可能是一项昂贵的工作，通常会超出本来预算或人员有限的自然保护地的能力。不过，根据要监测的指标，有些计划是相对简单并有成本效益的。通过社区志愿者、访客或旅游/特许经营者参与数据收集（Miller et al., 2012；Chase and Levine, 2016），包括通过公民科学项目监测旅游人数和物种信息，能进一步降低监测成本（案例专栏 4.1）。

案例专栏 4.1

作为公民科学家和监控员的公园志愿者

保护地机构越来越依赖志愿者的援助来运作项目、维护基础设施和参与规划进程。这些志愿者活动帮助保护地实现他们的保护和游憩议程。了解志愿人员的动机对于设计有意义和有吸引力的方案至关重要。志愿服务还发挥重要作用，加强一国公民与其保护地之间的联系（参见 Waithaka 等人，2012 年最佳实践范例）。

在美国优诗美地国家公园培训志愿者如何收集访客活动数据（摄影 © Yu-Fai Leung）

公民科学是一种流行的基于保护地的志愿服务形式，或称之为公众参与有组织的研究工作。这种形式的规模可以从小型项目（例如由一个机构牵头，涉及一个志愿人员社区）到大型项目（例如与来自多个国家的志愿人员进行国际联系）。采样规则可以非常简单，只要求志愿者提供"快照数据（snapshot data）"，这些数据可用于识别模式和创建数据库。另外，规则也可以是非常严格的，在这种情况下，志愿者收集的数据旨在帮助解决一个特定的研究问题。公民科学家有时候是专门为此目的去保护地旅行的游客，但更多的时候他们是当地的户外游憩者，他们一边享受在保护地的休闲机会，同时将精力和技能为科学做出贡献。

保护地管理者可以使用公民科学来为资源管理问题制定有效的干预措施。例如，在澳大利亚，维多利亚海洋国家公园和保护地启动了海洋搜索公民科学项目，以收集有关

最佳实践聚焦

通过公民科学和其他项目，利用志愿者的技能和热情，开展所需的管理活动，但要确保提供适当的监督和质量控制。

维多利亚海洋国家公园和保护地网络健康状况的信息。同样，英国约克大学使用志愿者记录了 250 多种无脊椎动物的踪迹。

公民科学可以帮助发展机构间和社区伙伴关系，建立志愿人员管理机构，并促进社区参与；在提供充分的培训和指导时，公民科学尤其有效。

资料来源：Cassie and Halpenny，2003；Halpenny and Cassie，2003；Koss et al.，2009；Dickinson and Bonney，2012；University of York，2012；Waithaka et al.，2012；Follett and Strezov，2015；Parks Victoria，2017。

社区成员同样可以参与监测旅游对自然资源影响。案例专栏 4.2 介绍了纳米比亚一个主要由旅游驱动的、基于社区的野生生物监测项目。

案例专栏 4.2

纳米比亚基于社区的自然资源监测：活动手册系统

羚羊（*Oryx* spp.）在纳米比亚的保护地上移动（摄影 © Ralf Buckley）

基于社区的自然资源监测与传统监测计划不同，因为它是由当地社区成员来确定需要监测哪些资源，并且在数据收集和分析方面通常会有公众参与。

作为一种解决非法偷猎、促进旅游机会和支持野生动物保护的策略，基于社区的自然资源监测被引入纳米比亚。1996 年，保护区管理机构启动了基于社区的自然资源监测工作，赋予社区某些权利，使其能够受益于公共土地的野生动物保护。早期的监测系统由外部专家设计。保护区管理机构的成员收集数据，外部专家分析结果，但却没有将结果反馈给保护区管理机构。为此，保护区管理机构开发了活动手册系统，并从 2000 年开始运行该系统。在这个系统中，当地社区的成员决定监测什么，并收集数据和执行所有分析。

监测指数是根据社区自然资源管理的优先顺序确定的。保护区管理机构制定并分享了数据收集、报告和跟踪长期趋势的标准化流程。由外部的利益相关方提供技能培训并进行年度审计。数据收集需要获得保护区管理机构成员的许可，然后反馈给决策者，从而实现本地知识与外部专家的科学知识相结合。

活动手册系统通常有三个管理层级，包括社区护林员/巡护员、自然资源主管和保护区管理机构的经理或当选的主席。这种多层次结构有助于该计划的可持续性。截至 2010 年，在纳米比亚有超过 50 个基于社区的自然资源监测项目，并且在莫桑比克、坦桑尼亚、博茨瓦纳和柬埔寨也实施了活动手册系统。

资料来源：Ashley and Barnes，1996；Stuart-Hill et al.，2005；Conrad and Daoust，2008；Boudreaux and Nelson，2011；Stuart-Hill，2011。

接下来，我们将介绍一些与管理旅游相关的主要监测类型：访客活动监测、访客影响监测、访客体验监测，以及监测管理的有效性。

访客活动监测

反映访客活动的基本数据包括游憩和旅游访问的数量、类型和分布，但在许多自然保护地内没有定期或系统地收集这些数据（Hornback and Eagles，1999）。一些最常见的游客或访客活动变量包括以下几种。

- **访客人数**：无论停留时间长短，进入或离开自然保护地的访客人数；
- **过夜访客人数**：在自然保护地过夜的人数；
- **访客停留时间**：游客在自然保护地停留的总小时数；
- **访客停留天数**：游客在自然保护地停留的天数总和；
- **访客消费**：访客或访客代表在自然保护地访问停留期间购买商品和服务的总支出。

决定监测水平的因素包括可持续旅游在多大程度上作为管理目标，以及可用的工作人员和预算（Hornback and Eagles，1999）。案例专栏 4.3 详细介绍了一个由北欧和波罗的海地区的几个国家开发的访客活动监测计划。

案例专栏 4.3

标准化的访客监测：北欧和波罗的海地区的几个国家之间的协调努力

瑞典泰雷斯塔国家公园中基于步道的集约式访客活动（左）（摄影 © 梁宇晖）；爱沙尼亚索马国家公园中穿脚蹼穿越沼泽的分散式访客活动（右）（摄影 © Mark Ballantyne）

  区域性、国内和国际访客的数据能够在自然保护地规划和政策决策中发挥重要作用。定点收集访客信息的方法众多，对跨点、跨机构甚至跨国对比信息造成一定困难。开发监测访客活动的指南有助于确定共同的方法、关键指标和标准的报告参数，以便比较来自不同空间和时间尺度的可靠数据。

  为了开发有关访客活动数据收集和汇报的补充措施，北欧和波罗的海地区的几个国家协调起来共同开发了《自然区域的访客监测手册：基于北欧和波罗的海国家经验》。该手册由北欧部长理事会和瑞典环境保护局资助，详细介绍了现场访客监测的常用方法和建议采用的关键指标，并提出了北欧（丹麦、芬兰、冰岛、挪威和瑞典）和波罗的海（爱沙尼亚、拉脱维亚和立陶宛）自然保护地的监测结果报告格式。

  该手册介绍了该地区自然保护地的访客监测工作样本。例如，芬兰国家自然保护地管理机构——芬兰国家公园和野生动物管理中心在国内 40 多个自然保护地实施了一个访客监测计划，内容包括在 60 个自然保护地（如国家公园、国家游憩区、荒野区）连续统计访客人数，以及每五年一次的访客调查。开发监测计划时参照的就是该管理中心和《自然区域的访客监测手册：基于北欧和波罗的海国家经验》整合后的指导意见。

有些关键指标对自然保护地管理至关重要，且在多个尺度上相关的其中包括访客人数、基本信息、活动、支出、动机和满意度，以及旅行特征（即持续时间、分布）。此外，还包括标准问题，以帮助快速开发调查问卷以及调查的标准化。为便于比较调查报告，建议使用详细数据而不是类别信息。

该监测计划的数据库使各个自然保护地与整个国家之间能够进行比较，跟踪记录了当地和国家层面上的经济影响和总体访客满意度，并允许与其他数据库整合，以确保数据的广泛性和公开传播。

资料来源：Kajala et al.，2007；Kajala，2013。https://www.naturvardsverket.se/Documents/publikationer/ 620-1258-4.pdf。

访客影响监测

访客影响监测指标可以针对从整个生态系统到个别设施的不同环境条件（表4.1）（Buckley, 2003a; UNWTO, 2004）。监测重点可以集中于游憩基础设施的状况，即这些游憩基础设施经设计和管理后所能承受的访客影响；也可以集中在生态资源，特别是一些敏感的景观、栖息地或物种；还可以通过监测访客活动和行为，评估哪些行为可能造成影响，如乱扔垃圾和不按规定的路线行走。监测重点和具体指标的选择在很大程度上取决于管理目标。有一些指标，如土壤侵蚀在各地区或生态系统中很常见，而其他指标，如某些野生动物物种的干扰和独特的旅游基础设施可能是针对特定区域的（Leung, 2012）。

表 4.1 访客影响指标的共同监测方法摘要

监测重点	低成本	中成本	高成本
游憩基础设施（小径、露营地、观景点等）	重复摄影	固定地点剖面图	全面调查和评估
生态资源（土壤、植被、野生动物、水）	重复摄影	固定地点剖面图；红外照相机	详细的生态评估
访客活动和行为（如活动的类型和分布、不合规行为的证据）	访客计数	行为观察或绘图	相机或摄像机监测；访客调查

典型的低成本方案通常涉及在相同位置多次重复拍摄，这个位置通常称为"图像监测点"（Lucey and Barraclough, 2001; Augar and Fluker,

2015）。通过比较在较长时间内拍摄的一系列图像，可以发现或量化资源状况的变化。中、高成本方案需要野外设备，如全球定位系统（GPS）仪器、红外摄像机、卷尺、土壤测试工具和植被样方。训练有素的野外工作人员或志愿者采取分类或数字的方法，形成了更加丰富的数据集。此外，Cole，Marion 和 Wimpey 等也编制了针对游憩场所（Cole，1989）和步道（正式和非正式）（Marion and Wimpey，2011）的访客影响监测手册和规程。

有效的生态监测成本相对较高。例如，要对经过处理的污水流入具有生态意义的溪流系统进行适当的影响监测，要有足够的详细信息来发现生态威胁，这就需要对一系列参数进行频繁的全年测量，包括物理参数，如浊度；化学参数，如氮和磷；微生物参数，如粪大肠菌群及特定的原生动物和细菌；受威胁的鱼类和大型底栖动物的种群数量，如小龙虾的种群数量。这些参数需要在控制位置以及排放位置进行测量。处理这项工作的一种方法是将其委托给专家。例如，中国的张家界国家森林公园（张家界世界自然遗产地，目前尚未被批准为国家公园——译者注）与附近的一所大学签订协议，建立并运营一个水质监测实验室，以跟踪公园内各个旅游厕所设施上游和下游的所有相关参数。

监测扩散性影响则更加困难。例如，要监测可能因旅游活动而被意外引入自然保护地的新入侵物种，需要野外工作人员不懈地保持警惕。他们应具备足够的分类学专业知识以识别非本地物种，即使它们是隐存种。以下 4 个例子就足以说明这项任务的艰巨性：①确定野猫、野狗或野生狐狸的唯一证据可能就是通过被其捕杀的猎物残骸和偶尔看见的粪便；②只能通过常规诱捕才能发现外来入侵的鼠类，除非它们的数量已达到可能发生鼠疫的临界点；③入侵植物在开花和结种之前可能根本无法检测到；④除非侵入性病原体对本地植物或动物物种已经产生了广泛影响，否则可能无法检测到。这些艰巨性对海洋保护地甚至更加严重，因为海上的各种船只可以随意排放出未经处理的人类排泄物和压舱水，且很难被发现。

跟踪当地社区的社会影响也是访客影响监测的重要组成部分。当地居民对旅游的态度影响评估需测试诸多变量对居民对旅游的态度所产生的影响，如居住地、经济对旅游的依赖、旅游中心至居民家的距离、旅游决策中居民的参与程度、出生地、知识水平、与游客的接触程度、人口特征、旅游发展水平、居民察觉到的对当地户外游憩机会的影响，以及社区发展速度（Lankford and Howard，1994）。

访客活动和影响指标的汇编和指南可以帮助自然保护地管理者确定要测量的指标以及每种指标的测量方法，如机构间访客活动管理委员会的指标、阈值和监测指南（https://visitorusemanagement.nps.gov/VUM/Framework），以及美国国家公园管理局的指标和标准数据库（https://usercapacity.nps.gov/search.aspx）。案例专栏4.4介绍了美国约塞米蒂国家公园正在进行的访客活动和影响监测计划。

案例专栏 4.4

美国约塞米蒂国家公园访客活动和影响的监测指标

约塞米蒂国家公园成立于1890年，于1984年被联合国教科文组织列为世界遗产，其以生物多样性和为人称道的景观而闻名，每年吸引近400万游客。

2004年，约塞米蒂国家公园开始开发、测试和完善一套标准流程，用于收集自然和文化资源的健康状况和性能，以及影响访客体验状况相关的指标。这些指标是由约塞米蒂国家公园管理人员和规划人员、跨部门合作伙伴、承包商和学术机构组成的协作小组，根据公园及其河流管理计划中所识别的价值而选择的。随着时间的推移，这套流程在消除数据冗余和在适当情况下简化分类方面都做了改进，以提高可靠性和灵敏度。该计划对以下八个主要指标进行了监测。

1. **水质**：营养水平、大肠杆菌和总石油烃含量；
2. **河岸条件**：监测点的河道形态、植被状况、一次同时在岸的人数；
3. **访客制造的非正式步道**：范围、状况、破碎化效应；
4. **自然声景**：噪声水平、强度、持续时间、影响类型；
5. **考古现场的状况、稳定性和完整性**：人为干扰的类型和强度；
6. **访客活动变量**：一次同时参观访问的人数，每个景点的人数，一次同时使用的车、船数（转换成密度的概念）；
7. **荒野邂逅**：每天平均每小时遇到的团队、个人和牲畜数量，在步道不同的节段进行监测；

非正式步道和相关的受干扰区域是约塞米蒂国家公园（上图）选定的访客影响指标之一；约塞米蒂国家公园的热门景点之一——冰川点（下图）（摄影©梁宇晖）

8. **野生动物接触人类食物**：在露营地和停车场遵守食物储存规定的比例。

重复监测的基线测量结果可用于建立科学的长期规划和管理标准。可在约塞米蒂国家公园网站上公开获取包含了指标选择和监测时间表的《野外监测指南》，以及包含了监测结果和拟议标准的年度报告；这些信息也在公开会议上被广泛分享。为了确保大规模监测计划的可持续性，除了公园员工外，约塞米蒂国家公园还动员了公园合作伙伴和实习生收集数据，这已被证明具有时间和成本效益。

资料来源：Yosemite National Park，2015。

这一计划通过实施源自《访客体验和资源保护框架》（USNPS，1997）的适应性管理模型，对公园的访客活动规划工作提供了支持。

濒危的非洲野狗在博茨瓦纳利尼扬蒂地区的杜玛陶（Duma Tau）营地"款待"野生动物园的访客（摄影 © Wilderness Safaris 和 Russel Friedman）

访客体验监测

访客体验质量是反映自然保护地可持续旅游的重要指标（McCool，2006）。访客在服务反馈卡、访客日志或社交媒体上留下的非正式数据提供了一些有关访客体验的信息，但此类信息可能会偏向极端。更系统地监测访客信息的方法包括通常在游客中心或主要的旅游出入口处进行的现场调查；访问后的回邮、电子邮件调查或互联网调查也是可行的选择。案例专栏 4.5 和案例专栏 4.6 分别提供了来自加拿大和捷克的访客体验监测实例。

案例专栏 4.5

使用多种技术进行访客监测：加拿大威莫尔野生公园

骑马者是许多自然保护地的主要用户群，因此随着时间的推移，监测他们的数量和趋势对于公园管理者来说非常重要（摄影 © Debbie Mucha）

威莫尔野生公园位于加拿大落基山脉，面积约 4600km^2，是艾伯塔省最大的省级野生公园。威莫尔野生公园拥有多样化的生态景观，是多种动植物的家园，如貂熊（*Gulo gulo*）、渔貂（*Martes pennanti*）、灰熊（*Ursus arctos*）、白皮松（*Pinus albicaulis*）和波尔希尔德氏苔藓（*Mielichhoferia macrocarpa*）。威莫尔野生公园能够提供罕见而独特的荒野体验和各种游憩活动。

由于公园地处偏僻，荒野的分散利用给监测带来了挑战，以及资源有限，很少有人去尝试收集相关的访客信息。对访客没有注册要求（或使用费），因此也无法从许可证中收集信息。没有访客的数量和活动信息，管理人员很难准确地做出与公园相关的决定。

威莫尔野生公园现有的访客数据量少且过时，因此开始了一项新的监测计划。为了更好地了解公园访客，管理人员使用了传统的研究手段（如调查）以及最新技术（如户外摄像机和全球定位系统记录U盘、便携式位置记录仪）。首先，通过步道入口处的信息亭、当地访客信息中心和互联网分发自助式的步道调查。然后，公园向在步道调查中提供了联系方式的用户邮寄了深度调查表。通过在公园（位于艾伯塔省一侧）四个集结区中每一个集结区的主要入口处放置户外摄像机，公园获得了访客特征和访问信息。安装全球定位系统设备以捕获基于卫星的访客路线信息。最后，通过半结构化访谈了解访客与公园的关系。访谈对象是通过滚雪球抽样法选出来的，即根据前面的访谈对象的推荐来确定新的参与者。这项监测计划采用的多种技术为威莫尔野生公园提供了丰富的访客信息，管理人员可以利用这些信息来维护和改善公园内的访客体验。

这是在一个大型区域内利用有限的资源进行的研究计划，产生了珍贵的访客信息资料。更好地了解访客不仅让公园管理人员受益，也有益于商业运营商、公园访客、特殊兴趣小组和用户群体以及一般公众。但是，访客监测不能只是一时的快照，而是需要持续下去的。随着对公园用户的了解逐渐加深，这个持续的项目将有助于平衡公园内的保育目标与游憩目标。

最佳实践聚焦

利用适当的技术和充足的资金，协调和整合对环境和社会影响的监测。

案例专栏 4.6

监测捷克普鲁洪尼斯公园的访客体验模式

普鲁洪尼斯公园于1992年被列为世界遗产地，是布拉格历史中心的一部分，也是捷克使用强度最大的公园之一。它位于布拉格市中心东南15km处，占地面积约250hm^2，有30km的步道，其以生态和文化价值的独特组合以及

普鲁洪尼斯公园（左）的步道系统的全景；访客喜爱的活动主要集中在散步、拍照及观赏植物和花卉（右）（摄影 © Luis Monteiro）

重要的户外休憩活动场所而著称。该公园每年平均接待 155000 名游客，访问量最大的是 4 月和 5 月。由于公园的人气高，有些地区在某些时候特别拥挤。为了解决社会影响问题，普鲁洪尼斯公园管理层设立了一项研究计划，即监测访客体验、了解和分析访客的移动和行为模式。该研究使用的混合方法包含两个互补部分：问卷调查和全球定位系统调查。调查分三个主要阶段进行：数据收集、调查结果分析和数据综合。

2012 年 6 月的 11 天里，公园管理人员在公园的主入口处与访客接触，邀请他们在登记前自愿参加这项研究计划。他们向访客简要介绍了研究计划，并要求他们填写一份简单的社会人口统计调查问卷。之后，他们给每个参与者发放一台全球定位系统，要求他 / 她在公园里整个参观游玩期间都携带，并在结束时归还。之后他们下载全球定位系统里的数据进行空间和时间分析。所有全球定位系统都顺利收回，意味着总共完成了 112 次访客调查。全球定位系统的数据集和相应的问卷链接与访客类型严格对应，从而生成了最受欢迎的地点、首选路线、每个景点花费的时间以及旅行的距离和速度等相关信息。随后，管理人员再将这些结果与普鲁洪尼斯公园步道系统包括不同的景点和设施的地理信息系统数据清单叠加，生成了包括访客们在公园内的移动模式、偏好和行为在内的更加真实的情景。

正如预期的那样，对公园的使用集中在主入口附近，所有类型的访客在公园一般停留一到

最佳实践聚焦

在选择访客管理工具或实践之前，了解自然保护地的保育价值和运行环境。

两个小时的时间，每次访问的平均距离为 4.2km。访客活动最集中的是文化和自然景点附近的地点，如城堡建筑群、池塘和植物园。管理人员由此可以识别公园内有可能变得拥挤的区域，并采取措施避免过度拥挤和因人类活动而造成的退化。

资料来源：Pruůhonice Park，2017。

监测管理的有效性

人们越来越认识到评估自然保护地管理有效性的重要性。IUCN 世界自然保护地委员会已经建立了一个六要素评估框架及实施的详细指南，访问和旅游指标是其中一套重要的评估标准（Hockings et al.，2006）。这套标准会评估与旅游相关的法规和政策、治理、基础设施、支持访客管理的资源以及管理行动的有效性。对这些标准的重复评估可作为一种监测机制，跟踪记录自然保护地或自然保护地体系层面的旅游和访客管理绩效。

同样，IUCN"世界遗产展望"（World Heritage Outlook）项目中进行的"保护状况评估"对自然世界遗产地的现状、保护和管理的有效性，以及面临的威胁趋势进行了监测（IUCN，2014）。可通过"世界遗产展望"网页上的交互式地图访问遗产地的报告和分类（图 4.2）。此外，该报告还可向权利持有者和利益相关方传播世界自然遗产地的益处和保护工作（IUCN，2012a，

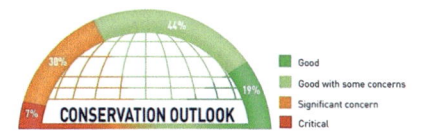

图 4.2 IUCN 网站上的"世界遗产展望"用户界面

资料来源：http://www.worldheritageoutlook.iucn.org/

2014，2017b）。

4.2 原则8：决策过程应区分技术性描述和价值判断

这个原则是对我们如何看待旅游管理问题的试金石。大多数决策中都有一个可以直接描述的技术成分，就像我们决定在哪里设计一条步道线路并在地图上标注一样。这似乎只是一个纯粹的技术决策，但实际上它取决于我们的价值判断。例如，我们可能会决定这条步道的线路应该避开我们认为值得保护的稀有植物群落。

每一项技术决策背后都有价值判断，人类价值观决定了我们包括自然保护地管理人员关心在乎的是什么。对于管理者而言，可执行的价值观是那些融入法律、法规和政策的价值观。技术信息和数据帮助管理人员了解自己可以采取的行动，从而帮助人们实现这些价值。明确技术性描述与其根源的价值判断之间的区别，有助于理解我们为什么会做出这样的决定。

4.3 原则9：受影响的群体应该参与进来，因为共识和伙伴关系是实施规划的前提

伙伴关系是自然保护地可持续旅游的一个重要组成部分。为实现成功的合作伙伴关系，管理人员必须确保做到以下内容：

1. 所有合作伙伴共同决定、都理解并同意他们的角色和职责，并形成书面文件；
2. 所有合作伙伴共同承担责任与义务；
3. 伙伴关系是相互受益的；
4. 存在伙伴关系的状况和效益进行评估的机制；
5. 以开放和真诚的沟通为先导。

建立自然保护地管理机构、非政府组织、原住民、当地社区和私有部门之间的伙伴关系非常有益，但同时也具有极高的挑战性，因为不同群体和组织的目标不同，实现方式也不同。通过参与式规划，共同制订管理计划和活动，才能建立多方利益相关方之间、与当地社区之间的有效合作伙伴关系。

目前已有关于旅游合作伙伴关系的专门指南。例如，加拿大旅游委员会出版了《自然保护地与旅游运营商合作的最佳实践指南》，其可作为记录世界其他地区最佳实践的样本（Pam Wight and Associates，2001）。

参与式规划与社区参与

可持续旅游和访客管理需要一个包含多个步骤的规划过程，以动员包括原住民和当地社区在内的众多权利持有者和利益相关方都参与其中（案例专栏4.7）。更多的旅游规划最佳实践案例在Melenhorst等（2013）和GIZ（2014）中有介绍。

协作规划是一种因管理旅游的正面和负面影响而建立社区共识、社区参与以

4 可持续旅游的适应性管理

案例专栏 4.7

规划过程案例研究：越南丰芽 – 格邦国家公园

丰芽 – 格邦国家公园东入口全景（左）（摄影 © Li Migura）；参与式规划会议的讨论（右）（摄影 © Maximilian Roth）

  丰芽–格邦国家公园位于越南中部的广平省。2003年，因其地质地貌价值，尤其是独特的石灰岩喀斯特地貌及其溶洞系统，其被列入了联合国教科文组织的《世界遗产名录》。丰芽 – 格邦国家公园的"世界遗产"之名促进了广平省的旅游发展，该省接待游客人数从1999年的8万人上升到2012年的40多万人。

  旅游的快速发展增加了区域内生态系统的压力，以及生活在国家公园缓冲区内的社区的压力，因为这些社区的生计很大程度上依赖于当地自然资源。2007年，越南政府开始同德国联邦经济合作与发展部合作，在丰芽 – 格邦国家公园实施合作发展项目。该项目重点关注公园核心区和缓冲区，覆盖13个乡（communes）和157个村庄【注：乡与镇（township）同级，是越南的行政单位，并非所有村庄都是行政单位】。该项目旨在开发丰芽–格邦国家公园管理计划，以保护其生物多样性和生态系统，支持当地居民实现缓冲区可持续发展，促进区域内的可持续旅游发展。

  包括权利持有者和利益相关方在内的参与式规划过程促进了《可持续旅游发展规划（2010—2020年）》的形成，该规划成为当地乃至省级政府的主要规划参考。政府部门、公园管理人员和当地社区的合作意义重大，是规划能够得到相互认可的关键原因之一。

  资料来源：GIZ，2014，2015a，2015b；Hubner et al.，2014。

及社区能力的前摄性方法。但也应认识到，当地社区真正参与旅游管理，仅仅是多种参与类型和参与程度中的一种。社区还可能以一种完全被动甚至被操控的方式进行参与。真正的参与合作需要多方互动，以共同制订或实施规划（表 4.2）。

表 4.2　自然保护地旅游管理社区参与的不同类型

类型	特点
操控式参与	参与只是走过场，人们无权参与决策
被动式参与	人们的参与只是被告知已经做出的决定或已经发生的事情
咨询式参与	人们通过接受咨询和回答问题进行参与，过程中不允许任何共同决策，专业人员不需要考虑人们的观点
物质激励式参与	人们通过提供资源（如劳动力）来参与，以换取食物、现金或其他物质奖励。在回报终止时，人们再无兴趣继续参与
功能性参与	参与被视为外部机构实现其项目目标的方式，也许会有共同决策，但仅在外部机构的主要决策已完成后
互动式参与	人们参与行动计划的共同分析和制订。参与是一项权利，涉及结构化学习过程
自我动员	人们掌握主动权，并独立于外部机构，他们保留对资源使用和决策的控制权

资料来源：Pretty，2005。

4.4　原则 10：传播对有关可持续性的知识积累和支持至关重要

自然保护地管理人员需要有清晰的传播策略以支持可持续旅游，他们需要根据不同的目标受众和沟通情景来确定要传达的信息内容。其中，反馈是传播的重要环节，通过这一环节才能证明所传达的信息是否如管理者所愿被接受和理解了。此外，利益相关方会议、面对面咨询、社交媒体和在线讨论都是重要的传播工具。而对文字性传播工具而言，清晰的、因人而异的信息传递十分重要，如公园引导标识、网站、简报及宣传册等。另外，自然保护地员工行为和形象以及旅游基础设施维护状况等也是间接传播交流的渠道。良好的传播与交流有利于建立公众对自然保护地保护管理的支持（案例专栏4.8）。

利用信息技术

卫星电话、启用全球定位系统的智能手机等导航设备有助于巡护人员执法，公园访客也因此能更轻松地进入偏远地区。例如，网上公园（WebPark）这项基于位置的服务目前可在欧洲使用，个人可使用移动设备获取有关自然保护地的信息，包括步道状况和雪崩警告（Krug et al.，2003），并可快速访问紧急服务。然而，研究表明，这也可能使访客冒更大的风险，因为他们会认为这些服务可以最大限度地减少荒野旅行的危险。

案例专栏 4.8

哈萨克斯坦阿拉木图自然保护地如何改变当地人对自然保护地的感知

阿拉木图自然保护地占地 71700hm^2，位于北天山山脉外伊犁阿拉套的北坡。保护地有 1100 种高等植物和 50 多种珍稀植物，其中 26 种被列入哈萨克斯坦的物种红色名录（一本类似 IUCN 濒危物种红色名录的出版物）。

该保护地成立于 1931 年，几十年来一直没有向公众开放，仅允许科学家进入从事科研活动，以及学校到保护地博物馆进行教学活动。这一保护主义做法使当地居民态度消极，因为在保护地建立以前，采摘浆果、蘑菇和水果对当地居民家庭收入的贡献很大。

一个自然保护地解说员在向孩子们展示自然博物馆的珍稀植物（摄影 © Alexandra Vishnevskaya）

为了转变当地居民对自然保护地的态度，保护地工作人员采取了一种包括环境、教育和公众三个方面的策略。

环境方面侧重于保护外伊犁阿拉套的天然山地综合体，包括其动物和植物；教育方面包括与塔尔加尔当地学校的密切合作；公众方面则包括类似"游行支持公园"（March for Parks）的活动、与媒体和公共机构的密切合作，以及制作出版物、传单和小册子等举措。

该做法推行 10 年后，当地居民对保护地的看法变得更为积极，一半以上当地居民对阿拉木图自然保护地表示赞许。未来保护地计划发展负责任的生态旅游，继续开展教育工作以及与世界各地的自然保护地和高等教育机构建立伙伴关系。

资料来源：Dzhanyspayev，2006。

此外，在露营地和解说中心使用移动电话服务和无线互联网同样有利有弊。一方面，年轻人可能更愿意与他们的父母一起到访拥有互联网和社交媒体服务的自然保护地；另一方面，与外部世界的持续联系可能会侵蚀自然所具备的促进康复的特性，破坏建立社会亲密关系的机会，减少体育活动。

自然保护地管理机构利用技术促进对保护地的参观游览也得到了进一步发展（案例专栏4.9）。例如，利用地理信息系统规划工具整合资源保护和访客体验两方面的目标，以及访客计数器设备启用卫星功能发出更新提示，确保更加准确及时地监测访客。访客可以通过互联网参加关于最喜欢的公园的在线博客讨论，通过公园举办的网络研讨会观察正在发生的保育行动，并对他们所选择的露营地进行全方位预览，实时预订。同时，自然保护地管理机构还可以使用脸书和推特等社交媒体来发布类似火山爆发一类的紧急新闻，并建立具有共同的公园利益的支持者社区。

教育和解说

教育和解说是许多自然保护地的关键目标。自然保护地具有重大价值，因为人们可以在自然保护地了解自然和文化，并培养对自然保护的积极态度。教育和解说计划有利于推动这一过程，同时也为规范游客行为、降低行为影响提供了宝贵的工具。案例专栏4.10介绍了一个旨在提高游客对世界遗产价值的认识和了解的宣传教育项目。

解说是一个能够在受众和资源的本质内涵之间建立情感和知识联系的沟通过程（NAI，2018），如果在有引导的参观游览、游客中心、出版物等不同情况下得到良好使用，这种沟通将非常有效（案例专栏4.11）。与之相对应，教育过程的涉及面更广，它更关注个人知识和理解力的培养或开发，这就涉及个人品格、道德修养和社会素养的成长。这是一个能力建设的过程，学习者能够将解说对象与自己先前的理解、态度以及更深层次的价值观联系起来。为此，对解说叙述的不同深度进行区分将是有效地提升解说效果的方式。

- 功能层：使受众理解如"物种"、"野生生物"和"生物多样性"等术语的字面含义；
- 文化层：使受众在特定文化背景下理解某事（案例专栏4.12）；
- 批判层：使受众从意识形态基础的角度来理解。

营销

作为一种专门的沟通形式，营销涉及创造和传递那些对顾客、客户和整个社会有价值的信息。传统的营销注重4P要素，即产品（product）、价格（price）、促销（promotion）和渠道（place）（Halpenny，2007）。对于涉及旅游的自然保护地管理人员，他们可能会把精力集中在市场调研上，以了解潜在访客的需求、特征和行为。但其实自然保护地的营销推广也可以面向权利持有者和利益相关方群体、员工以及许多其他受众（Wearing et al.，2007）。在实操层面，多数想做市场调研的自然保护地并没有相应的专业工作人员，一般需要通过委托专业公司实施。

案例专栏 4.9

中国九寨沟世界遗产地的信息技术应用

中国九寨沟世界遗产地的著名瀑布（摄影 © Chengzhao Wu）

　　九寨沟位于中国四川省，绵延 720km^2，缓冲区面积 598km^2。九寨沟景观绝佳，尤其以标志性的狭窄圆锥形喀斯特地貌、如同仙境的五彩池和壮观的瀑布而闻名。九寨沟也是许多濒危动植物的栖息地，是中国 13 个大熊猫（*Ailuropoda melanoleuca*）保护区之一（译者注：根据中国第四次大熊猫调查，目前中国有 67 个大熊猫保护区）。1992 年，九寨沟被联合国教科文组织列为世界遗产，它是中国到访人次最多的世界遗产地之一，也给管理者带来了严峻的旅游管理挑战。

　　鉴于此，这一自然保护地开始利用现代信息技术来加强管理，改善旅游服务。九寨沟国家公园建立了一个收集和管理信息并促进政策制定过程的平台，利用卫星导航和通信技术整合多种前沿技术，包括地理信息系统、遥感、全球定位系统/指南针导航卫星系统、射频识别、电子商务/商业和虚拟现实等。该平台有助于优化业务运营和公共关系、缓解旺季拥挤情况；其他功能还包括持续、准确地监测保护区内生态系统变化，以便迅速传播自然灾害相关警报，并做出更好的应急响应。

　　资料来源：IUCN，2017e。

案例专栏 4.10

向游客传播世界遗产：马来西亚姆鲁山国家公园

马来西亚姆鲁山国家公园中的世界遗产标志（左）和公园管理处外景（右）（摄影 © Lisa M. King）

马来西亚姆鲁山国家公园于 2000 年被指定为世界遗产，占地面积 52864hm^2，位于加里曼丹岛上马来西亚沙捞越州的北部偏远地区。姆鲁山的岩溶地貌特征多样，包括大型石灰石尖峰、巨型洞穴和超过 295km 的已探明的洞穴通道。公园生物多样性独具特色，包括 17 个植被区和 3500 多种维管束保护植物；而动物种类多样，包括马来熊（*Helarctos malayanus*）、云豹（*Neofelis diardi*）、穿山甲（*Manis javanica*）和许多种犀鸟等。

世界遗产在马来西亚是一个相对较新的保护名词，最早的两个遗址直到 2000 年才被指定。许多马来西亚人不了解世界遗产及其内涵。为解决这一问题，姆鲁山国家公园管理层开展了高质量的品牌推广活动，并采纳了全方位的传播策略。例如，世界遗产标志在国家公园旅游区的入口处和解说牌中均清晰可见；"世界遗产"品牌成为保护区标志的一部分，并在游客接待区突出展示；"世界遗产"图案出现在工作人员的制服上，并一直放在官方宣传册上。世界遗产和国家公园的突出普遍价值作为解说信息出现在各处的解说牌中，并向游客传达并争取让他们记住。

姆鲁山国家公园还拥有一系列世界一流的设施设备，通过提供现场体验，促进访客对其

最佳实践聚焦

通过与全球范围的类似问题、国际性的保护举措相关联，帮助游客在更大的背景下了解自然保护地的管理问题。

4 可持续旅游的适应性管理

"突出的普遍价值"的情感认同。例如,姆鲁山国家公园雨林树冠层的空中走廊为访客提供了一种新的个人体验和视角,向访客成功传播世界遗产品牌的知识、意识和他们对世界遗产的积极感受,激励访客们做出有助于自然保护地可持续性的恰当行为。

资料来源:King et al.,2012;King,2013;UNESCO,2017a,2017b。

案例专栏 4.11

秘鲁国家自然保护地体系中的解说中心

帕拉卡斯国家自然保护区解说中心(摄影© Jorge Chávez)

解说中心的教育展板(摄影© Jorge Chávez)

秘鲁国家自然保护地体系是秘鲁自然遗产的重要组成部分,覆盖面积超过 2200 万 hm^2,约占秘鲁总面积的 17%。秘鲁国家自然保护地体系的主要目标是保护该国最具代表性的自然多样性。

秘鲁国家自然保护地体系在最小化负面影响的同时也促进了旅游的可持续和多样化发展。根据自然保护地

自然保护地可持续旅游管理指南 | 89

体系目标，旅游被作为鼓励公众进入和使用保护地的工具。鉴于此，秘鲁国家自然保护地旅游发展的主要原则包括：确保达到服务质量和竞争力方面的最低社会和环境标准；通过提升环境意识，丰富有关该地区自然和文化资源的知识；为自然保护地创收。

秘鲁国家自然保护地建立的解说中心利用信息技术及其他基础资源，通过简单、灵活、有益的方式向访客传递信息。例如，南部海岸帕拉卡斯国家自然保护区解说中心的展示内容涵盖了保护区内 335000hm² 土地的历史、地质、古生物、海洋学、生物学知识和社会经济价值。解说结合了多种资源，包括录像厅、原比例海洋生物仿品、海报和照片、一个模拟经常袭击该地区的"帕拉卡斯"大风的新颖"风洞"，以及以区内现有自然多样性及其与当地人关系为内容的视频和音频系统。这一解说系统耗资 80 万美元，是在西班牙发展合作署的支持下建立的，这是秘鲁环境解说的最佳实践。

最佳实践聚焦

在环境教育和解说项目中有策略地强调自然保护地的价值，并与自然保护地或自然保护地体系的整体目标保持一致。

案例专栏 4.12

参与式历史：加拿大通过基于知识和技能的解说吸引访客参与

加拿大安大略省有 330 个省立公园，其中两个是位于加拿大遗产河马塔瓦河的塞缪尔德尚普兰公园和马塔瓦河公园。这两个省立公园拥有 200 个露营地、1 个商店、20 多千米的步道、1 个乡村独木舟路线和 1 个游客中心，夏季有 15～20 名工作人员。此外，6 名解说员提供一系列免费的传统解说服务，包括有向导陪同的徒步、儿童节目和晚间节目等；通过支付一笔不高的费用，访客就可以参加"船夫探险之旅"的项目。通过体验式学习，参与者可以了解加拿大的历史，并与马塔瓦河建立强烈的情感联系。

"船夫探险之旅"是一次时长约 1.5h 的马塔瓦河上独木舟之旅，独木舟是 11m 长的旧时船夫用船的仿品，可容纳 10 名参与者。向导会事先就必要的安全预防措施及现场环境做简要介绍，离开河岸后解说随即开始，独木舟、桨和船夫古代装扮都是有形的解说场景。身着船夫古装的解说员一边唱着传统歌曲一边划船，营造出一种真实、无拘无束的氛围。随着游客对最初乘坐独木舟的新奇感逐渐消退，解说员会让访客参与到划桨和操纵独木舟的技能活动中，接着开始加入一些文化内容，如给参与者们讲故事、教他们唱船歌。解说员会回忆起具体地点的历史记录，并邀请访客们分享他们与马塔瓦河产生联系的个人体验和故事。

最佳实践聚焦

从简单传递信息的环境教育和解说项目，过渡到可以使访客产生情感联系，并将其与该地区所保护的价值联系起来的项目。

访客在马塔瓦河通过乘坐船夫探险独木舟的复制品参与体验式学习（摄影 © Jake Paleczny）

"船夫探险之旅"有一个清晰可及、基于现场场景的主题，为游客参与提供了坚实的基础，其参与式学习经历的设计非常有吸引力，并且结合技能体验有助于避免信息过量导致接收困难。游客们在划桨时的身体参与，以及讨论、提问、享受乐趣时的心理参与，都让他们成为真正的参与者。

自然保护地机构可开展 5 类市场营销：

1. **社会营销**：优先考虑的是有益于社会和个人的结果。例如，澳大利亚维多利亚州公园管理局与医保专业机构合作，推广"健康的公园，健康的人类"活动（案例专栏 2.9），其中医生开出的处方包含"到公园参观游玩"，从而提升他们的健康

2. **关系营销**：通过自然保护地管理机构与权利持有者和利益相关方群体之间长期互惠的关系实现（Borrie et al.，2002）。关系营销包括在自然保护地机构内以及与合作伙伴之间培养积极的、支持性的内部关系，如一年一度的志愿者证书颁发仪式、协调访问记者的日程安排都是培养这种积极关系的机制或方法（Wearing et al.，2007）。

3. **逆营销**：当自然保护地管理人员需要减少对特定地点或服务的需求以降低对环境的影响或提升访客体验时，可以使用该策略。逆营销方法包括提高价格、设立排队系统、减少促销或只对特定受众促销。此外，向受众推广可以满足相同需求和需要的替代方案，或强调过度游览会带来的问题（如环境恶化），也是对某个地点进行逆营销的方法（Armstrong and Kern，2011）。

4. **联合营销**：自然保护地管理机构和某一合作方（或多个合作方）联合起来推广某一产品，并共同从中受益。它是一种财务精明的手段，可以通过接触不同合作方的不同受众来扩大宣传机会。与媒体组织，尤其是与具有出色的互联网覆盖的媒体组织合作是一种非常有效的方法。例如，美国《国家地理旅行者》和美国国家公园管理局合作，共同推动了沃特顿冰川国际和平公园世界遗产地及其周边社区的旅游发展，他们将该倡议命名为"美洲之冠"（Crown of the Continent），提高了社会对该地区旅游业和环境管理发展的认识。

5. **体验式营销**：创造和提供自然保护地体验，使访客沉浸其中，获得与保护地紧密相连的难忘经历，这反过来也产生了访客与自然保护地的积极情感纽带、行为转变和对自然保护地管理的支持（案例专栏4.13）。自然保护地尤其要注重为这种体验提供平台，做到全感官带动、个性化体验、提供特定客户群定制服务、保持趣味性并提供纪念载体（O'Sullivan and Spangler，1998；Pine and Gillmore，1999；Ellis and Rossman，2008）。

案例专栏 4.13

加拿大公园管理局的市场调研数据和体验式营销的应用

加拿大公园管理局是负责加拿大国家公园以及其他类型自然保护地和文

4 可持续旅游的适应性管理

化遗址事务的联邦机构。该管理局特别关注国家公园和自然保护地的访客是谁,以及如何提供令人难忘的、多样的、量身定制的体验,从而加强人们对自然保护的政治支持。该管理局赞助了一些社会科学研究,记录访客对其下辖的自然保护地的态度和使用模式。这些研究不仅开展调查,还会组成月度专家小组,就与保护地旅游相关主题(如人与野生动物的冲突,或预约系统的有效性)征询到访访客的意见。该管理局还出资开展全国范围的电话调查,以获取未到访者的相关信息;此外,他们还从市场研究公司购买数据,以增加其对社会、经济和文化趋势的理解,而这些趋势将影响加拿大人对自然保护地的看法及其是否会到访的决定。

从加拿大公园管理局的"计划你的游览"页面获取的EQ(探索者商数)测试(http://www.pc.gc.ca/en/voyage-travel/）

加拿大公园管理局与加拿大旅游局、加拿大研究公司 Environics Canada 开展合作,识别出到访自然保护地的9种不同体验用户类型。利用这一成果,该管理局开发了探索者商数(explorer quotient,EQ)程序,运用消费心理学来解释人们旅行的原因以及他们想获得的体验。该管理局在每个自然保护地开展不同的 EQ 体验活动,以满足9种不同用户类型的需求。游客们可以完成 EQ 测试,在到访之前下载自然保护地区域内根据其特定旅行兴趣量身定制的产品列表。更多案例,请参见 http://www.pc.gc.ca/voyage-travel/qe-eq/qe-eq_e.asp。EQ 程序还可与其他市场数据源结合使用,用于帮助管理局就如何开发和促进体验机会做出正确决策。

最佳实践聚焦

在实施市场营销策略前,通过研究和分析深刻理解不同受众。

资料来源:Jager and Halpenny,2012。

4.5 认证

一般而言,旅游认证是旅游企业自愿接受的、由第三方开展的对一些特定标准的合规性评估,其中包括一些特定的可持续性目标。通过认证的旅游企业可以将其认证标签作为营销工具,吸引游客并向他们保证经营商的活动都是负

自然保护地可持续旅游管理指南 | 93

责任的和可持续的。然而，这种认证是否能影响消费者旅行决策尚未有定论，因为许多游客不了解或不确定他们看到的那些认证标签究竟代表什么意思（Font et al.，2007；Haaland and Aas，2010；Esparon，2013）。

自然保护地管理机构可以优先考虑通过可持续旅游计划（如"绿色全球""绿色钥匙"、可持续旅游生态认证标准）或区域性项目（如哥斯达黎加的区域可持续旅游认证项目）认证的公司，但只有在自然保护地机构认为认证计划确实评估并支持企业努力开展可持续发展实践时，我们才建议这样做，因为许多计划的严谨性仍存在争议（Spenceley and Bien，2013）。

除旅游企业外，自然保护地自身也希望获得旅游管理方面的生态认证标签。例如，自然保护地的特定建筑物可以进行相关认证 [如能源与环境设计先锋（LEED）认证] 或日常运营工作和流程的相关认证（如国际标准化组织的 ISO 14001 环境管理体系认证）（CaGBC，2017）。

自然保护地体系也可以构建自己的认证体系，设定可持续性目标，并要求每个自然保护地努力达到这些目标。例如，案例专栏 4.14 介绍了欧洲可持续旅游宪章（ECST），该宪章的工具箱界定了获得自然保护地可持续旅游证书所需要达到的标准、最低标准和监测指标。

案例专栏 4.14

通过欧洲可持续旅游宪章促进伙伴关系

欧洲自然保护地可持续旅游宪章于 1995 年设立，作为是一种治理模式，它为自然保护地被正式认可为"可持续目的地"提供了路线图（EUROPARC Federation，2010）。要获得认可，参评自然保护地需做出永久承诺，保证自然保护地将会在考虑当地社区福利的同时，以保护目标为重点改善旅游管理（EUROPARC Federation，2012）。

该宪章认为，自然保护地的长期管理需要当地合作伙伴的支持，而实现这一支持的最佳途径就是向当地社区和企业提供与自然保护地的保护目标一致的经济机会（EUROPARC Federation，2010，2012）。欧洲公园联盟（EUROPARC Federation）36 个成员国的任何自然保护地，无论其大小或类型，均可申请获得该宪章的授权许可。

获得该宪章认可的自然保护地需要具备以下五项内容（EUROPARC Federation，2010，2018）。

1. 可持续旅游论坛：可供自然保护地管理机构、地方市政当局、保育和社区组织以及旅游企业代表之间相互沟通；
2. 战略和行动计划：由自然保护地管理机构与权利持有者和利益相关方协商确定，包括对当前形势的评估、战略方向和可行的行动计划；
3. 评估机制：包括由宪章评估委员会审定的现场核查；
4. 监测和评审的标准流程：包括一致约定的业绩指标；
5. 合作与交流计划：包括授予旅游企业（指满足与自然保护地管理机构建立伙伴关系的商定标准的旅游企业）"宪章合作伙伴"身份。

通过将良好的自然保护地管理与致力于可持续旅游的企业联系起来，该宪章提供了一种极具吸引力且有效的方式，以保护自然保护地的自然和文化遗产并提升影响力，避免过度或其他不适当的旅游开发（EUROPARC Federation，2010，2012，2018）。

资料来源：EUROPARC Federation，2010，2012，2018。

全球可持续旅游理事会认证标准

全球可持续旅游理事会（GSTC）构建了全球范围内适用于自然保护地的认证标准和评审方案（案例专栏4.15），并认可符合这些标准和方案的其他认证标准。此外，国际标准化组织的自愿性标准 ISO 18065：2015 规定了自然保护地管理机构提供的游客服务要求（ISO，2015）。

IUCN 保护地绿色名录

IUCN 保护地绿色名录计划是评估全球保护地有效性的一项最新进展。该计划通过一套系统化的程序，提名管理绩效出众的自然保护地进入国际名册（即绿色名录）；这些保护地的选择基于自然保护地为维持多重效益所进行的有效管理（IUCN，2017d），包括对大量游客到访地区的旅游标准评估。其中，一个绿色名录试点是澳大利亚的阿拉瓜国家公园——旅游是其保育战略不可分割的一部分（Bushell and Bricker，2017）。绿色名录用于评估自然保护地绩效的标准包括一整套与旅游管理相关的内容，而上文提到的保护地旅游质量的许多标准和指标也是未来应用绿色名录标准开展更进一步评估的基础。事实上，IUCN 绿色名录对自然保护地的认可收录还将突出自然保护地旅游潜力，并关注自然保护地及其周边的旅游发展质量。有关 IUCN 绿色名录的更多信息，请访问 https://www.iucn.org/theme/protected-areas/our-work/iucn-green-list。

案例专栏 4.15

全球可持续旅游理事会标准

全球可持续旅游理事会是一个在联合国世界旅游组织、联合国环境规划署和联合国基金会的支持下开展工作的组织。该组织旨在认可不同标准的独特性的前提下协调全世界130多种可持续旅游标准和指南，同时确保所有国家都能满足旅游可持续性的最低要求。全球可持续旅游理事会是一个国际非政府组织，拥有来自各大洲的200多名成员，代表旅游行业的各利益相关方。

全球可持续旅游理事会标识（© GSTC）

全球可持续旅游理事会与旅游业及可持续发展专家合作审查了60多个认证标准和自愿标准，并收集了2000多人的反馈意见。通过这一过程，全球可持续旅游理事会制定了两套自愿性标准：全球可持续旅游理事会目的地标准和全球可持续旅游理事会行业标准（用于酒店和旅行社）。

树立标准是为了努力形成对"可持续旅游目的地应该做到什么"的共识，也是任何希望实现旅游可持续发展的管理组织需要保证达到的底线。对于承担旅游业务监督工作的任何一个自然保护地管理者来说，这些都是颇有裨益的起点。为实现可持续旅游，目的地需要采取跨学科、整体性和综合性方法，为目的地自身、访客和整个东道主社区带来社会、环境和经济效益，同时尽量减少负面影响。该标准可供所有类型和规模的目的地使用。

这套标准和指标以之前的方案为基础，反映了世界各地不同文化和地理政治背景下的认证标准、指标和最佳实践。此外，还根据相关性、实用性以及对广泛目的地类型的适用性对潜在指标进行了筛选。

全球可持续旅游理事会目的地标准分为4个主要类别、41个具体标准，由一系列绩效指标支持，管理人员可根据自然保护地需要选择相适应的指标。

同时，全球可持续旅游理事会行业标准自2016年进行了咨询和评审后，目前正处于第三轮修订中。这套标准已制定单独的酒店和旅游运营商绩效指标。截至2017年2月，有28个酒店和旅行社认证标准，5个公认的旅游目的地认证标准。

全球可持续旅游理事会诚信计划则提供标准的认可、审批和认证过程。

其能够帮助认证标准的所有者以及认证计划建立消费者和贸易信心、提高效率，同时将他们的认证服务与其他不够客观或效率较低的认证计划区分开来。

越来越多的政府机构和保育组织采用全球可持续旅游理事会认可的标准对自然保护地和野生动物旅游项目进行认证。已采用全球可持续旅游理事会目的地标准的自然保护地包括墨西哥谢拉戈达生物圈保护区、秘鲁库斯科的马丘比丘圣地和博茨瓦纳奥卡万戈三角洲。这些自然保护地用全球可持续旅游理事会的标准进行了目的地可持续性基本评估，如果发现差距，还会收到相应的改进建议。澳大利亚的大堡礁海洋公园多年来一直实施一项"高标准旅行社"计划，正因为如此，目前到澳大利亚大堡礁海洋公园的大部分访客均由通过认证的旅行社带领。此外，澳大利亚的自然保护地管理机构还通过长期许可证、对敏感景点的独家权限和促销机会，来奖励和鼓励旅行社通过认证。通过这些零成本方法，自然保护地向旅行社展示了从事可持续旅游并通过独立认证的商业意义（R. Hillman，澳大利亚生态旅游协会首席执行官，个人通讯，2016年4月11日）。

最佳实践聚焦

遵循国际通行的旅游和生物多样性准则，该准则为旅游及其影响的政策、规划、管理和监测提供了框架。

资料来源：GSTC，2017a，2017b；UN Foundation，2017。

4.6 旅游和访客管理的三重框架

我们在第3章讨论了4个旅游管理框架：①游憩机会谱；②承载力；③可接受变化的边界；④质量指标和标准。近年来，自然保护地和户外游憩领域的相关实践已经发生了变化，从最初强调对资源的考量演变为一种更加综合的方式，即包含上述4个旅游管理框架和10个原则的所有或部分内容三重框架。这一旅游和访客管理的三重框架通过以下一整套适应性管理周期的步骤来运作：

1. 为整个自然保护地或保护地内的某处景点制定管理目标以及相关的旅游质量指标和标准；
2. 对旅游质量指标进行监测，以检验是否保持了旅游质量标准；
3. 如果旅游质量标准未能得到保持，或处于即将无法保持的危险边缘，则需要实施管理行动来恢复标准。

三重管理框架在不同场景下的形式略有区别。例如，美国林务局使用的是"可接受变化的边界"框架（Stankey et al.，1985），而美国国家公园管理局使用的

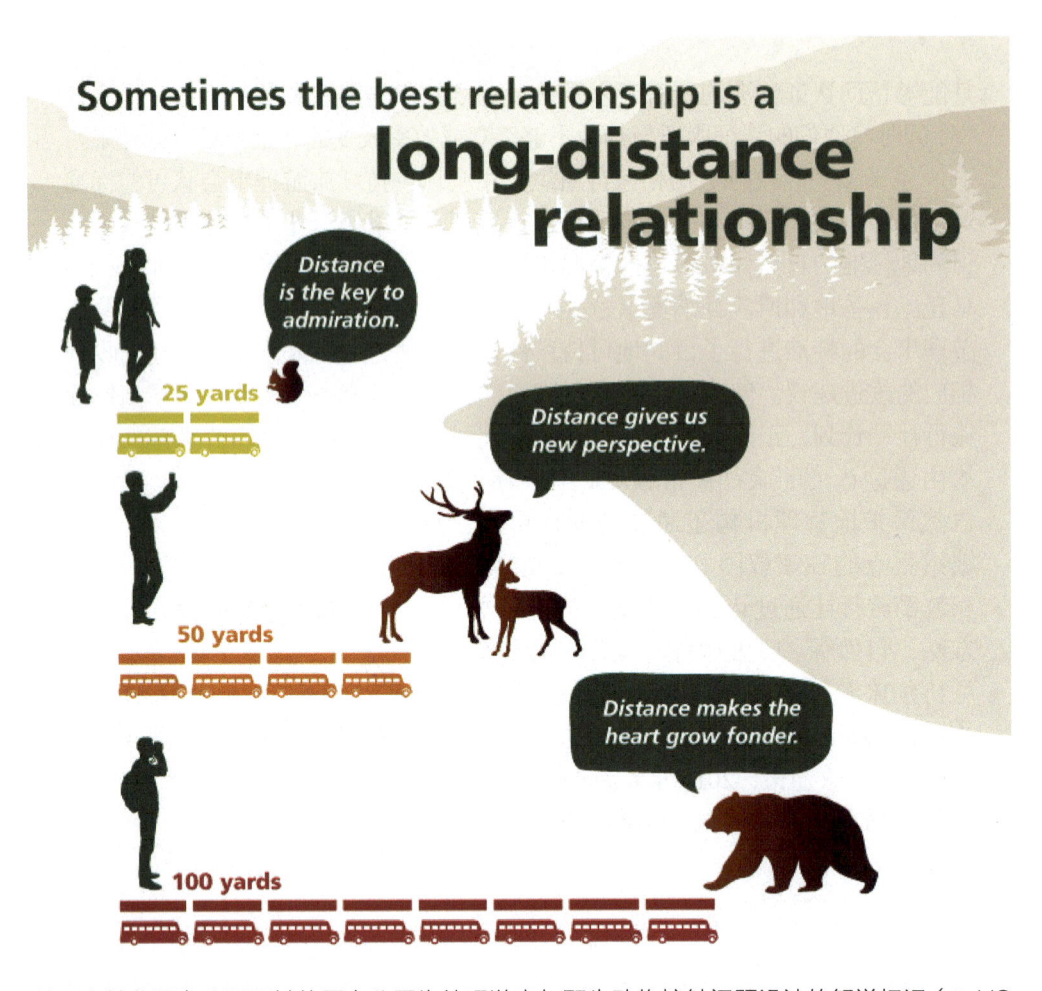

美国大峡谷国家公园及其他国家公园为处理游客与野生动物接触问题设计的解说标识（© US National Park Service）
图中题名：有时最好的关系是"远距离关系"

是"游客体验与资源保护"框架（VERP）（USNPS，1997）；加拿大公园管理局采用的是访客活动管理计划（VAMP）（Nilsen and Tayler，1997）；澳大利亚则开发和使用了"最优化旅游管理模型"（TOMM）（Manidis Roberts Consultants，1996）；南非国家公园管理局采用了"关注阈值"框架来管理旅游和生物环境变化。这些框架以及其他一些框架尽管在术语使用和具体步骤上存在差异，但它们均以上述的3个步骤为依托（Manning，2004）。这一通用的三重管理框架要求对质量指标进行周期性监测、实施维持质量标准的行动，并根据监测数据对实践进行调整。此外，当环境发生变化，或需要对管理计划进行修订时，可以重新考虑、调整框架的目标及其相应的质量指标和标准。

列出了7项"不留痕迹"（LNT）的户外道德原则和推荐行为的标签（www.LNT.org）
(© Leave No Trace Centre for Outdoor Ethics）

  质量管理目标及其相关的质量指标和标准也可以并应该从自然保护地旅游游憩的三个要素来考虑，即资源、体验和管理。其中，管理要素可以确保成本和效益的公平分配（如通过雇用当地居民），以及将经济收益的合理份额用于保护地的保护工作。

  在美国，6个主要的联邦自然资源管理机构认识到需要整合不同的访客管理框架以提供共同的指导；这些机构共同管理着超过270万 km² 的公共土地。这些机构成立了机构间访客活动管理委员会（IVUMC）（IVUMC，2017），以提供一致的、基于科学的、适用于所有公共土地的访客管理框架，并通过传播和培训策略为框架提供支持。2016年，机构间访客活动管理委员会发布了他们自己的访客活动管理框架的首部指南（https://visitorusemanagement.nps.gov/VUM/Framework）。

  迄今为止，访客管理框架主要应用于北美地区，但世界上其他地区的自然保护地体系对管理框架的使用也在增加（Brown et al.，2006；McCool et al., 2007；Roman et al., 2007；Reck et al., 2015），以促进访客活动的适应性管理。联合国教科文组织同样建立了一个"世界遗产可持续旅游在线工具包"（World Heritage Sustainable Tourism Online Toolkit），包含一系列涉及策略、治理、参与、传播、基础设施、产品和服务开发、访客行为、筹资与监测的准则（http://whc.unesco.org/sustainabletourismtoolkit/），这些指南已经在莱索托和南非的马洛蒂-德拉肯斯堡世界遗产地以及坦桑尼亚共和国的塞伦盖蒂国家公园世界遗产地得到了应用。

加拿大阿尔伯特亲王国家公园的解说活动（摄影 © Glen Hvenegaard）

此外，还有一个访客管理框架是世界旅游组织的"可持续旅游框架"，已建议用于秘鲁的马丘比丘世界遗产地（Larson and Poudyal，2012）。

4.7 最佳实践

- 通过公民科学和其他项目调动与利用志愿者的热情，利用他们的技能开展所需的管理活动，但一定要提供适当的监督和质量控制。
- 利用适当的技术和充足的资金，协调和整合对环境和社会影响的监测。
- 在选择访客管理工具或实践之前，了解自然保护地的保育价值和运行环境。
- 在环境教育和解说项目中有策略地突出自然保护地的价值，并与自然保护地或自然保护地体系的整体目标保持一致。
- 从简单传递信息的环境教育和解说

澳大利亚昆士兰州的丹特里国家公园：原住民全面参与公园旅游，提升管理有效性项目，过渡到可以使访客产生情感联系并将其与该地区所保护的价值联系起来的项目。
- 通过与全球范围的类似问题、国际性的保护举措相关联，帮助游客在更大的背景下了解自然保护地的管理问题。
- 在实施市场营销策略前，通过研究和分析深刻理解不同群体。
- 遵循国际通行的旅游和生物多样性准则，该准则为旅游及其影响的政策、规划、管理和监测提供了框架。

可持续旅游管理的
能力建设

5

5 可持续旅游管理的能力建设

5.1 能力的构成

自然保护地旅游发展的一项基本原则是游客体验必须同自然保护地的属性相匹配，且不会危及自然保护地内在的保育价值（Eagles et al., 2002; Eagels and McCool, 2002）。因此，针对自然保护地的保护和实现可持续旅游而言，称职的管理十分关键。管理必须确保将游客影响控制在可接受的范围之内，提供符合自然保护地要求、同自然保护地的保育目标保持一致的各种访客体验（Cole, 2004; Jager et al., 2006; Worboys et al., 2015）。提升专业能力是让决策和执行更加高效的一种途径（McCool et al., 2012; Appleton, 2016）。

本章将详细阐述这一重要议题，主要集中讨论旅游管理的能力建设，并参考其他努力提升自然保护地整体能力的尝试（IUCN, 2017a）。能力建设是指人们为了实现一系列目标或顺利完成一个项目而获得相关方法（能力）的过程。能力建设不单指培训，其范围远不止于此。能力建设的过程可以借助特定的培训、普及教育或培养批判式思维技能，让人们获取所需的知识与能力（案例专栏5.1）。

能力建设包含实物的组成部分：为人们提供必要的设施、装备和自然资源，以实现某个计划或项目的目标。为了构建恰当的专业知识/技能和体验，能力建设还包含社会的、文化的以及法律法规层面的组成部分：培育社区支持，建立法律和政治机构，并搭建管理构架，

在博茨瓦纳奥卡万戈三角洲的酷艾查尼营地，坐在当地人称为"mokoro"的传统独木舟里沿着安静的河道航行（摄影 © Wilderness Safaris 和 Dana Allen）

从而实现自然保护地的可持续旅游。本章介绍了基础概念、一些成功的能力建设项目的国际案例；同时也指出了一些能力建设中经常面临的障碍和困难。

参与自然保护地旅游管理的各类人员都需要培养核心职业能力（即不可或缺的技能），具体如下：

- 管理人员——他们承担着保护自然遗产和与之关联的文化价值的法律责任，需有能力设计与管理适合的旅游规划；
- 规划师、建筑师、工程师、建筑工人——他们将修建和维护相关设施（如道路、通道、游客中心、厕所、瞭望台）；
- 地方企业雇员——他们将提供所需的各类服务（如食物、交通、住宿、解说）；
- 商业旅行社——他们举办创造游客

体验的各类活动；
- 社区成员、目的地营销机构——他们将推广自然保护地；
- 科学家——他们负责开发有关旅游影响以及游客追求的各种体验类型的知识；
- 其他个人——他们将帮助社区和居民应对社会影响，寻求新的机遇；
- 传播专家——他们负责编制环境和文化教育资料。

合适的、高质量的访客体验离不开上述每位成员的综合性参与。因此，每位成员需要具备一整套核心能力，才能以负责任的、高效的方式开展工作（Competencies Working Group，2002；McCool et al.，2012；Appleton，2016）。

能力类型

能力建设是沟通传播实物需求（如执法、解说、步道修建）、策略要求，以及概念思维与批判性思维的技能（如反思、理解权衡、制定目标、创造替代方案、评估新的挑战等）（McCool et al.，2012；Appleton，2016）。后面这几种能力更加抽象（Wigboldus et al.，2010），包括：

- 学习、专注与制定策略；
- 预期、适应并响应不稳定和不断变化的情形；
- 鼓动和激励员工；
- 和内部与外部支持者保持有效的沟通；
- 学习和吸取教训，提升表现。

McCool等（2012）指出，自然保护地管理者在旅游方面所需要的三种专业能力如下：

- **战略能力**：从长远的角度思考自然保护地的作用，以及它该如何满足地方、区域、国家甚至国际的需求与期望。
- **规划能力**：将旅游、访问和自然保护地的其他管理目标与自然保护地促进当地经济发展的尝试加以整合。
- **操作技能**：管理旅游和参观访问的日常需求。

在IUCN世界自然保护地委员会的《全球自然保护地从业人员能力名录》（*Global Register of Competencies for Protected Area Practitioners*）一书里，Appleton（2016）汇总了管理自然保护地的旅游、游憩和公共活动所要求的四大能力范畴和25种具体能力，包括：

1. 能够为环境和经济可持续的旅游和游憩提供全方位的机会；
2. 能够直接开发与执行适合自然保护地的可持续旅游和游憩项目；
3. 能够计划、管理和监测各种项目、活动以及为自然保护地的访客提供的服务；
4. 能够指引、协助和监管自然保护地访客与游憩活动。

荷兰高费吕沃国家公园里有向导的自行车之旅（摄影 © 梁宇晖）

"Wilderness Safaris"旅游公司的导游培训班（摄影 © Wilderness Safaris 和 Dana Allen）

纳米比亚托拉保护地能力建设与意识提升研讨会（摄影 © Wilderness Safaris 和 Mike Myers）

总的来说，管理旅游与访问的专业能力让人意识到自然保护地动态的、变化的、复杂的特性，能够帮助管理层思考并反思新的挑战和机遇，充分运用学习和解决问题的技能，以及帮助员工适应和熟练运用各种概念（Appleton，2016）。

5.2 管理人员的能力建设

自然保护地和自然保护管理机构应该拥有具备旅游规划和管理专长的员工。如果没有接受过旅游与访客管理培训的员工被指派负责相关的工作任务，则应该为他们安排机会学习必要的专业技能。能力建设可以有多种途径，包括短期课程和研讨会、自然保护地相互帮扶、员工交换、大型会议与专题研讨会、导师指导、学术休假以及教育休假等（McCool et al., 2012）。一些正规教育和培训会地专家小组为南部非洲地区的自然保护地管理人员组织安排了一系列有关旅游特许经营权的能力建设和联谊活动（Spenceley et al., 2010, 2017b）。这种反复参与是非常需要的。

5.3 当地社区的能力建设

能力建设可以让当地社区参与到自然保护地的旅游中并从中受益，而这首先需要了解社区意味着什么，包括它的边界，它认可的权利持有者和利益相关方群体，对当地生计重要的活动等（案例专栏5.1），以及任何可能阻碍合作的因素。与社区成员分享信息十分关键，因为这能让他们反思旅游所带来的机遇和威胁及存在的潜在影响，还能让他们展望自己支持的未来旅游的前景。学习和思考应推动社区成员承诺采取恰当的行动，并让当地的权利持有者和利益相关方承诺为此投入资源。

在加拿大不列颠哥伦比亚省的环太平洋国家公园保护区探索潮间带环境（摄影 © Glen Hvenegaard）

颁发自然保护地管理机构和旅游业所认可的学位、文凭、证书以及其他旅游资质。能力建设应该作为一个项目（Ackoff, 1996），而不是一种单独的或一次性的活动（McCool et al., 2012）。例如，在过去的五年时间里，IUCN世界自然保护地委员会旗下的旅游与自然保护

案例专栏5.1

自然保护地社区管理保育项目（COMPACT）

2000年以来，自然保护地社区管理保育项目已经开发了一套流程，来推动当地社区积极参与联合国教科文组织世界遗产地的保育和共管。该项目是联合国开发计划署/全球环境基金的小额基金计划与联合国基金会之间的合作项目，支持了数个相互协调的、基于社区的保育项目，每个小额基金赠款不超过50000美元。

在该项目的评估和规划过程中，旅游往往被识别为当地经济的核心组成部分，但不规范的旅游也会成为保护地的潜在威胁因子。该项目所采用的方

5 可持续旅游管理的能力建设

法具有高度的参与性，由三个部分组成：基线评估、概念模型和现场策略。该方法为今后旅游发展与影响的监测和评估奠定了基础。

该项目第一和第二阶段重点关注了分布于9个国家的8个现有或拟议的世界遗产地：

- 伯利兹堡礁保护区（伯利兹）；
- 莫尔纳特鲁瓦皮斯通斯国家公园（多米尼加）；
- 肯尼亚山国家公园（肯尼亚）；
- 锡安卡恩生物圈保护区（墨西哥）；
- 普林塞萨港地下河国家公园（菲律宾）；
- 乞力马扎罗山国家公园（坦桑尼亚）；
- 朱贾—贾瓦岭跨境生物圈保护区和世界遗产地（塞内加尔和毛里塔尼亚）；
- 马达加斯加岛西南部的5个自然保护地集中区域。

例如，在伯利兹，该项目的基线评估关注了伯利兹堡礁保护区系统，以及不可持续的渔业和旅游活动对世界遗产地带来的威胁。同时，社区评估将旅游和渔业列为当地人生计的最重要来源。为了匹配保育和经济目标，该项目通过开展导游、名仕水肺潜水员、休闲渔业向导等相关培训，协助一些渔民转向旅游业。这一转型也培养了海洋资源管理员，既支持了保育工作，也支持了当地生计。

该项目开发的方法和汲取的经验教训正作为世界遗产公约下新倡议新项目的工具包而被推广。

资料来源：UNDP/GEF Small Grants Program，2012；Brown and Hay-Edie，2013。

最佳实践聚焦

确保自然保护地里所有的旅游现场规划遵循基本的四个步骤：①环境和社区基线评估，将信息提供给②概念模型，用于设计③现场规划和④监测和评估体系，用于指导现场管理上的必要调整。

社区参与自然保护地旅游管理的障碍包括限制社区参与的法律制约、难以保证观点的代表性、一个或更多的利益相关方群体丧失了兴趣（无论什么原因）、参与式规划方法所固有的冗长的决策过程，以及需要额外的资源支持社区的有效参与（Pretty，2005）。其他困难可能还包括利益相关方之间缺乏共同的目标，难以确保当地对旅游发展过程的所有权，利益相关方群体间不同的教育水平、能力和语言，以及旅游运营的知识或意识有限。表5.1提供了一套当地社区参与与旅游相关的能力建设时所需要考虑的标准。

表 5.1 能力建设中社区参与的评估标准

标准	要素描述
参与的目标	• 目标是……民主？项目的接受度？收益的公平分配？
哪个社区受到了影响？	• 旅游意识和知识处于什么样的水平？ • 社区机构能力有哪些？ • 已经识别出了社区领导力角色吗？ • 参与者认同能力建设的必要性吗？ • 参与是否自愿？
谁是旅游的权利持有者和利益相关方？	• 是否已识别受影响的权利持有者和利益相关方？ • 权利持有者是否有适当的参与？ • 是否已选出利益相关方代表？
应该采用哪些方法促进有效的公共参与？	• 赋权和社区建设 • 是否给参与者提供了足够的、及时的培训、资金和信息？ • 是否及时通告了参与的机会？ • 旅游相关主体是否有决心采用参与式过程？ • 参与者或代表的人数易于管理吗？ • 是否已设定可行的时间表？ • 财务、实物和后勤支持都到位了吗？

资料来源：改编自 Wisansing，2008。

在美国夏威夷火山国家公园的莫纳罗亚山小道上徒步（摄影 © 梁宇晖）

由"荒野之旅"旅行社（Widlerness Safaris）支持的面向当地社区的"荒野中的孩子"就是一个能力建设的项目（Children in the Wilderness，2017）。这个生活技能项目针对的是非洲的农村的孩子，其重点是通过发展领导力技能培养下一代的保育决策者。该项目在"荒野之旅"的营地举办，营地每年都会抽出几天时间专门服务项目。该项目从邻近的学校和社区选取 16～30 名、年龄在 10～17 岁的孩子前往营地参加培训。从 2001 年起，已经有 4500 名孩子参加了"荒野之旅"在七个国家的营地举办的活动（Children in the Wilderness，

自然保护地可持续旅游管理指南 | **109**

2017）。这个项目十分成功，也吸引了大量的资助者。另外，一个创新的社区能力建设项目位于尼加拉瓜的奥梅特佩岛，由当地社区、国家政府、行星地球基金会（Planeterra Foundation）和一家国际旅行社共同实施，具体参见案例专栏5.2的介绍。

5.4 依托合作伙伴开展能力建设

能力建设需要时间、金钱、技能和知识，与其他机构达成合作伙伴关系能极大地增加成功的概率。能力建设活动可以针对个人、机构或整个社会，可能涉及培训和机构建设。

建立能力建设的合作伙伴关系能让自然保护地员工专注于他们的核心业务（保育），优化包括时间和物质资源在内的资源利用。在能力建设过程中，充分利用非政府组织、政府、科研部门和私营部门的经验、技能和知识，可以推动技能、培训和教育的多元化，让自然保护地从中受益。案例专栏5.3介绍了政府与原住民的合作伙伴关系在管理自然保护地、建立主营野生动物观赏旅游的合资企业方面的成功范例。

能力建设的合作伙伴关系使自然保护地员工有能力处理社区、其他的权利持有者以及利益相关方的各种问题，也让社区能够处理自己的事务和保育职责，并创建新的地方支持机构。合作伙伴关系的建立，对不同层级、不同利益相关方的数量都没有要求或限定。合作伙伴关系提供了将金钱、物力和人力等资源集中起来的机会，依托每位合作伙伴的具体技能与强项以实现效益最大化。

能力建设的合作伙伴关系有助于确保游客的高质量体验，同时确保自然保护地资源得到保护（案例专栏5.4）。Wegner等（2010）强调合作伙伴关系具有增强自然保护地管理机构能力的潜力，推动他们采取综合的、全面的手段应对各种问题。

如果基层人员没有执行能力，一个国家级自然保护地旅游项目就难以成功。强有力的能力建设合作伙伴关系会形成三赢局面：政府部门获得外部支持，推动目标实现；私营企业可以帮助开展社区和自然保护地员工的能力建设活动；非政府组织可以支持这些稳固而坚定的合作伙伴关系。然而，依托合作伙伴关系开展旅游的能力建设依然充满了挑战（案例专栏5.5）。

案例专栏5.2

缓冲区社区的能力建设

地处自然保护地缓冲区的小型旅游企业很少能获得财务成功。其问题的根源在于基本的商业模式：产品和服务不能满足实际的市场需求，缺乏多元化的产品，导致无利可图的激烈竞争。

尼加拉瓜奥梅特佩岛（人口42000人）上基于社区的游客设施就是这种情形。截至2012年，奥梅特佩岛有6个民宿客栈资助项目，每个项目资助11～60个家庭，它们相互竞争抢生意。但是，大多数旅行社使用了主流酒店，给游客提供大众化的日程，即白天徒步去火山，晚上在餐厅用餐。社区没有必备的知识和工具来评估市场和实际的游客需求。

行星地球基金会是G探险生态旅行公司设立的一家非政府组织。在试图创造更有效的、以市场为导向的企业过程中，他们对这些民宿客栈项目进行了调查，发现大多数家庭没有成功经营民宿客栈所必备的最基本的必需品——卫生间、电力、自来水。但即便这些民宿客栈具备了这些条件，他们也不如转向经营能满足徒步和用餐市场需求的小买卖来得划算。因此，行星地球基金会提出了一个创建小微企业供应链的计划，提供每笔不超过1000美元的基金用以培育全新的商业方向。他们把基金分发给3个家庭，为当地"从农场到餐桌"的企业供应有机肥料；资助一个当地的妇女团体生产果酱在酒店和民宿客栈售卖；还资助一个原住民社区购买表演服装和编排舞蹈，给游客表演；给当地导游提供不锈钢水壶让游客使用，从而避免使用塑料瓶。他们还为基础的商业技能培训提供了资金。G探险生态旅行公司现在也在其全球运营中推广该项目，并计划扩展到50个类似的社会企业项目。

资料来源：Galaski，2015；Planeterra Foundation，2015。

G探险生态旅行公司和行星地球基金会的成员在尼加拉瓜奥梅特佩岛上的一家社区餐厅（摄影 © Megan Epler Wood）

最佳实践聚焦

评估当地社区提供旅游服务的能力，并确保在投资之前已经进行了充分的商业建模。

案例专栏 5.3

加拿大育空地区的尼荫里恩吉克（钓鱼河）自然保护地的合作规划与管理

尼荫里恩吉克（钓鱼河）自然保护地位于加拿大育空地区北部，由育空政府和原住民合作管理，面积约 6500km²。其中，按照《育空地区公园和土地确立法案》（*Yukon Parks and Land Certainty Act*）管理的荒野保护区 5400km²、生态保护区 170km²；按照《育空野生生物法》管理的栖息地保护区 900km²；还有 140km² 土地归属温图特 - 哥威迅第一民族。1995 年，《温图特 - 哥威迅土地权要求协议》最早确认了该自然保护地的地位，以保护这一地区重要的文化和自然价值；密集的鲑鱼、棕熊（*Ursus arctos*）为当地提供了特殊的生态旅游观赏机会。

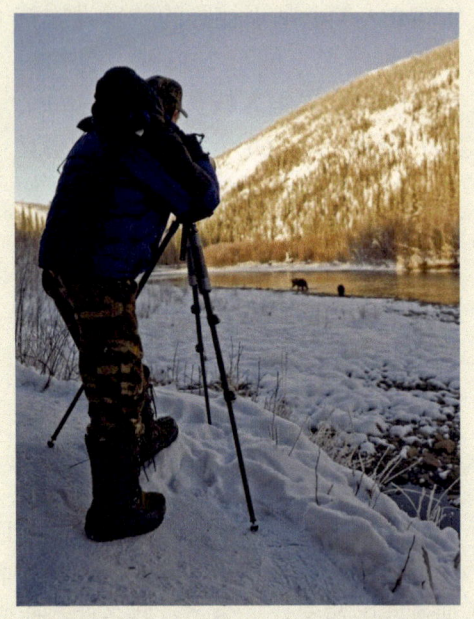

在加拿大尼荫里恩吉克自然保护地拍摄棕熊（摄影 © Frank Mueller Visuals）

协议和共同编制的管理规划为政府、学术部门和私营部门的合作伙伴关系奠定了基础，明确界定了领导角色和决策主体。具体来说，育空政府将设施租用给合资伙伴，在减少合作伙伴所需的资本投资额的同时保留了对设施的权力。

合作伙伴参与了以下关键活动。

- **管理规划**：成立了管理机构委员会，共同规划和管理自然保护地。该规划规定要确保保护地的低访问量，配以私营部门训练有素的导游的支持和最低限度的设施开发，同时开展科研和监测工作。

- **风险管理规划**：合作伙伴编制了一套人熊风险管理计划，旨在通过运营要求和安全程序最大限度地减少旅游对熊和鲑鱼的影响，从而减少熊和人类之间的冲突，并明确发生冲突时应采取适当的应对措施。该计划在编制过程中也邀请了私营部门棕熊行为和导游专家参与。之后，一家私营生态探险公司开发了一份野生动物观赏计划，以展示如何实施人熊风险管理计划。

- **研究与监测：**西蒙弗雷泽大学开展研究，以记录棕熊和鲑鱼的种群数量，以及观赏区内棕熊行为的基线模式。他们还准备了监测方案，该监测方案有助于开展管理有效性的评估工作。
- **设施开发和运营：**温图特-哥威迅开发公司和上述拥有丰富的观棕熊经验的私营生态探险公司共同成立了一家合资企业。旧克罗第一民族社区的居民参与了木屋设施的建设，这些木屋无论在设计上还是在地理位置上都很符合自然保护地的荒野特点。维持保护地的低访问量（即在秋季观赏季，每次只允许四名访客加一名导游）旨在最大限度地减少潜在的影响和风险。严禁休闲狩猎活动，第一民族居民拥有采集野生动植物的生存权，他们曾经自愿关闭自然保护地以进行采集活动。

资料来源：http://www.yukonparks.ca/。

> **最佳实践聚焦**
> 与包括受影响的原住民、当地社区和旅游私营企业在内的所有利益相关方合作，编制旅游管理规划。

案例专栏 5.4

资源非洲依托合作伙伴关系，开展能力建设

"人与公园"工具包（左）；社区成员正在应用工具包（右）（摄影 © Dani Ndebele）

资源非洲是一家由德国国际合作机构资助的南非本土非政府组织。它提供了一个依托合作伙伴关系开展能力建设的优秀案例。资源非洲开发了一套基于社区的自然资源管理最佳实践指南的工具包，其中大部分自然资源构成了自然旅游的资源基础。

2003年IUCN世界公园大会之后，南非环境事务部致力于鼓励和支持加强社区参与自然保护地的自然资源管理。为了帮助南非环境事务部的"人与公园"项目获得成功，部里要求开展支持保育和社区发展目标的能力建设活动，其中包括可持续旅游领域的能力建设。

南非环境事务部和资源非洲从国家彩票发行信托委员会获得了资金支持。这一合作伙伴关系使得资源非洲可以采用三管齐下的方法开展能力建设：①编制一套全新的、量身定制的《人与公园》工具包；②实施戏剧推广计划，利用表演艺术传授基于社区的自然资源管理方法；③进行密集的技能审核，找出妨碍当地企业参与自然保护地经济学习的差距。该项目周期为三年，涉及全国30个自然保护地，1400人次参与。这个案例体现了政府主导的项目中的良好的合作伙伴关系。这个项目由愿景相同的捐赠方发起，由专门在当地提供教育和培训的非政府组织实施，并明确了该国资源管理的紧迫性。这些独特的教学手段已经制度化，南部非洲野生生物学院还为学习者开设了官方认可的基于社区的自然资源管理课程。

资料来源：http://www.resourceafrica.org/directory/background.html。

案例专栏5.5

旅游管理的合作伙伴关系：来自美国国家森林局的案例

美国国家森林局管理着绝大部分美国的公共土地，包括155个国家森林和20个国家草原。美国国家森林局的部分土地作为自然保护地进行管理，能产生各种效益，包括生物多样性保护、户外游憩、风景；而且这些保护地都是热门的旅行目的地。近年来，由于预算和人手的限制，加之渴望扩大森林管理的公众参与度，美国国家森林局从补充活动到更多的关键任务都更加依赖合作伙伴。美国国家森林局在各级都聘请了合作伙伴关系协调员和志愿者

玛波河营地之友是一家志愿者机构，旨在维护美国马克·吐温国家森林公园内原定于2006年停止使用的露营地（摄影 © Erin Seekamp）

协调员，并于2003年成立了国家合作伙伴关系办公室，对机构人员宣传合作伙伴关系指南、工具、技巧，以及政策信息。

尽管在制度上承诺增强机构的合作伙伴关系文化，然而近期的一项研究显示，履行合作伙伴关系的行政支持水平在国家森林和保护区（ranger district）之间各不相同。单个员工的主动性经常能推动合作伙伴关系的广度。研究发现，与合作伙伴工作的动机包括推动管理工作、建立机构信任、作为公共土地管理机构的职责、个人成就感等。这些发现表明，战略性地招聘具有以上动机和主动性的员工将十分有利。

当地相邻的社区也会有截然不同的态度和动机。这使得美国国家森林局的员工能采取和利用不同的方法来建立多元的合作伙伴关系。一些护林区靠近有大量活跃志愿者的地区（包括繁忙热闹的城市地区及拥有较高的旅游发生率和第二套房拥有率的服务目的地），于是它们与一家行业协会合作，为感兴

最佳实践聚焦

确保所有与合作伙伴关系相关的工作均得到正式体现和官方认可，包括招募合作伙伴以及维护合作伙伴关系所花费的时间。

趣的志愿者提供培训并安排具体的项目。而其他护林区通常在旅游发生率和第二套房拥有率都比较低的乡村地区，美国国家森林局则战略性地选择了高度组织化的合作伙伴，以提高机构的工作效率、扩大合作伙伴关系的影响。

对于正在考虑借助合作伙伴关系撬动有限资源的政府部门和私营企业中的旅游管理人员而言，重要的是确保与合作伙伴关系相关的工作得到积极的体现，在工作职责中进行阐述说明，并通过激励和认可给予奖励。这些工作不仅包括为合作伙伴提供培训、与合作伙伴共事所花费的时间，也包括招募新合作伙伴及其关系维护。这也将有助于证明此类工作的必要性，因为它确实很耗费员工的时间和精力。

资料来源：Seekamp and Cerveny 2010；Seekamp et al.，2011，2013；McCreary et al.，2012。

5.5 最佳实践

- 确保自然保护地里所有的旅游现场规划遵循基本的四个步骤：①环境和社区基线评估，将信息提供给②概念模型，用于设计③现场规划和④监测和评估体系，用于指导现场管理上的必要调整。
- 与包括受影响的原住民、当地社区和旅游私营企业在内的所有利益相关方合作编制旅游管理规划。
- 评估当地社区提供旅游服务的能力，并确保在投资之前已经进行了充分的商业建模。
- 确保所有与合作伙伴关系相关的工作均得到正式体现和官方认可，包括招募合作伙伴以及维护合作伙伴关系所花费的时间。

加强旅游收益管理与成本控制以提升保护效益

6

6 加强旅游收益管理与成本控制以提升保护效益

6.1 生物多样性保护资金缺口

自然保护地的首要目标是保护生物多样性，旅游可通过适当地帮助保护地筹集资金来实现这一目标。本章将概述自然保护地日益增长的非传统融资渠道，以及如何通过旅游创收来实现自然保护地生物多样性保护的目标，还将重点介绍一些可能的融资渠道及其应用方法，提供一些全球相关案例及业界观点。本章强调发展旅游是自然保护地管理机构可能的融资渠道的选项之一，探讨通过旅游服务供给创收及其管理的办法，并分析旅游在某个具体地点直接创收的方式与成本控制的办法，以提高自然保护地的效率，减少其融资需求。本章最后还讨论了旅游产生的更多经济收益。

生物多样性保护和自然保护地管理资金投入不足的问题一直广受关注（UNEP-WCMC and IUCN，2016）。大多数政府都没有全额资助自然保护地，越来越多的自然保护地管理机构没有足够的资金维持良好的保护管理活动（Buckley，2003b；Eagles et al.，2012；Mitchell et al.，2013；Weaver and Lawton，2017）。但许多自然保护地仍严重依赖政府预算拨款（Bovarnick et al.，2010），即使在发达国家，由于政府减少资金投入以平衡财政收入，因此自然保护地的预算面临着压力（Parks Forum，2012）。在这种资金压力越来越大的背景下，自然保护地系统拓展新的收入来源、强化现有的私营收入显得

尤为重要（Watson et al.，2014）。图 6.1 清晰地描述了保护资金的缺口，即至少要将目前占主导地位的政府和传统的慈善来源资金增加 1 倍，再将私营部门保护投资增加 20～30 倍才能实现保护目标。

很明显，巨大的资金缺口迫使我们不断拓展创收融资渠道，发展旅游只是其中的选项之一（自然保护地资金筹措渠道类型见表 6.1）。

发展旅游只是一系列市场化的创收渠道之一，但旅游发展并不会自然而然地为保护地带来实实在在的好处（案例专栏 6.1）。因此，多元化的收入来源有助于提高自然保护地抵抗外部风险的能力。例如，当发生金融危机或者其他影响游客的事件时，多元化的收入来源可以增强自然保护地的抗风险能力。

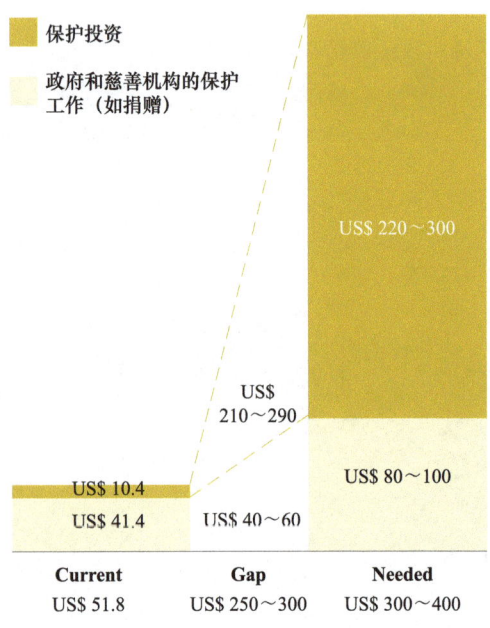

图 6.1 填补保护资金缺口
资料来源：改编自 Huwyler et al.，2014

表 6.1　自然保护地的融资机制（单位：10^9 美元）

1. 外部资金流	2. 基于市场的机制	3. 节约成本的机制
• 政府预算 • 捐助者双边 / 多边赠款 • 环境信托基金 • 生物多样性企业或挑战基金 • 环境专项税收与补贴 • 环境罚款 • 部门财政转移支付 • 捐赠者税收减免 • 个人捐赠 • 企业捐赠 • 债务环境交换机制	2a. 旅游收入 • 门票收入 • 特许经营许可费 • 活动举办费 • 旅游税 • 床（住宿）税 • 码头与登陆费 2b. 资源开采使用 • 林业和木材产品 • 生物勘探 • 钓鱼 • 生物安全 • 狩猎费 • 农业 2c. 生态系统服务 • 碳 • 水质 • 水流量调节 2d. 生物多样性补偿 • 海水养殖 • 石油 / 天然气 • 基础设施	• 与私营部门、非政府组织或社区共管自然保护地 • 政府与社会资本合作 • 合作举办活动 • 雇用志愿者和实习生

资料来源：Rylance and Barois，2016。

案例专栏 6.1

关联旅游支出与保护成果

　　自然保护地，特别是那些由政府机构管理的自然保护地，经常面临的一个挑战是旅游产生的收入并不总是直接用于自然保护地管理活动。有些是因为预算依赖型政府部门将创收返回财政以巩固政府预算；有些是因为只有部分收入流入自然保护地，或者因政府会计和预算流程而推迟，从而影响保护地管理效率。因此，在着手发展自然保护地旅游之前，必须确定定价、收集（数据）、报告和留存收入的各项制度安排清晰、明确。通常情况下，游客

6 加强旅游收益管理与成本控制以提升保护效益

塞舌尔马埃谷地世界遗产地的指示牌,讲述门票收入如何有助于支持对阿尔达布拉环礁世界遗产地的保护(摄影 © Andrew Rylance)

或私营业主如果清楚地知道自己花的钱是如何直接影响生物多样性保护的,则他们往往会更愿意付费。此外,如果社区居民能够亲眼见证游客量增长、经济改善和社会影响之间的相关性,则他们可能会更愿意支持旅游发展。

6.2 基于使用费的旅游创收渠道

类似于旅游使用费这类基于市场的融资机制是推动自然保护地管理更加有效、公平和环境可持续的手段。它们可以为自然保护地的融资做出贡献(表6.2)。很多国家(如加拿大、南非)通过向游客、旅行社和投资者收取使用服务和设施的费用,使自然保护地资金来源多元化(van Sickel and Eagles,1998;Spenceley,2004)。总体来讲,

这种转变是政府优先使用公共资金的顺序发生了变化导致的(Spenceley, et al., 2017a)。使用费为自然保护地管理机构提供了一个渠道,可以从往往归于私营部门的旅游经济效益中分取一部分用于管理高频使用地或恢复被损地(Kibira,2014),以及用于日常管理。但是,大多数自然保护地需要一揽子资金来源,旅游创收只是补充而不能取代必要的核心政府预算。

旅游创收可以与来自其他来源的资金结合起来,为以下活动提供资金:

6 加强旅游收益管理与成本控制以提升保护效益

表 6.2　南非国家公园管理局不同旅游使用费的类型和价值

收入来源	当地货币金额（截至 2012 年 3 月）/ 10^3 南非兰特	等值美元/ 10^3 美元	旅游总收入的百分比 /%
南非国家公园管理局的零售活动	147600	19021	16.4
商店和餐厅	27190	3504	3.0
加油站	120411	15517	13.4
旅游	452930	58369	50.5
膳宿	381771	49199	42.5
驱车观赏野生动物	30277	3902	3.4
配导游的徒步野外游览	24550	3164	2.7
其他旅游相关活动	16332	2105	1.8
旅游特许经营费	66636	8587	7.4
零售店和餐馆的设施租赁费	25758	3319	2.9
膳宿特许经营费	40878	5268	4.6
保育税和门票费	214044	27584	23.9
年卡收入（年度门票费）	25356	3268	2.8
保育税	184696	23802	20.6
门票费	3992	514	0.4
其他	16198	2087	1.8
收到的租金	10915	1407	1.2
提供的服务（如技术服务）	5283	681	0.6
总计	897408	115649	

资料来源：改编自 SANParks，2012。

- 日常维护和基础设施建设（如道路、步道、码头、厕所设施、标牌等）；
- 社区分享效益（如社会基础设施、健康、教育和水）；
- 一般性保护管理或一些需要特别维护的动物栖息地或旅游活动地点；
- 目的地营销与推广。

非洲南部的跨境保护区每年举办的冒险比赛（如沙漠骑士、图里山地自行车越野赛、帕富里徒步越野赛等）主要是为了提高这些目的地的知名度，并不是为了创收（案例专栏 6.2）。有关跨境旅游的更多信息可参见 IUCN 关于跨境保护的最佳实践指南（Vasilijević et al., 2015）。

案例专栏 6.3 介绍了蒙古国如何有效地利用旅游创收进行保护管理。本章后面将介绍纳米比亚的另一个案例，它通过建立一个有效的利益共享机制，以旅

案例专栏6.2

利用游憩赛事宣传跨境自然保护地：纳米比亚的沙漠骑士赛

沙漠骑士（desert knights）是在纳米比亚的埃-埃斯-理察斯维德跨境公园举办的一项为期七天的赛事活动，包括山地自行车夜间骑行和一天的独木舟划行。该赛事活动旨在促进跨境自然保护地旅游活动。纳米比亚环境与旅游部代表联合管理委员会于2011年开始了特许经营许可招募流程。然而，由于该赛事活动在市场上没有记录并且运营成本未知，因此私营运营商不愿意接受最低固定使用费。从那时起，负责自然保护地旅游管理的纳米比亚半国营集团——纳米比亚野生动物度假区受到联合管理委员会的委托，代表他们运营此项赛事活动。经过2011~2012年两年的试运行，后勤保障与市场需求得到了检验，一些记者和旅行社还应邀参加并对这些活动进行了介绍。在2014年的巡回赛中，2周内就有100名旅客预订注册。从2015年开始，该赛事每年举办两场。这些活动是为了向游客和旅行社宣传跨境自然保护地，而非创收。

资料来源：Spenceley，2014b。

案例专栏6.3

利用旅游为自然保护地管理提供资金：蒙古国呼斯泰音国家公园

呼斯泰音国家公园距离蒙古国首都乌兰巴托95km，是蒙古国99个自然

呼斯泰音国家公园里的普氏野马（左）；带太阳能设施的旅客营地（右）（摄影©Dashpurev Tserendeleg）

保护地之一，并且是联合国教科文组织生物圈保护区。1993年，在试图将普氏野马（*Equus przewalskii*）重新引入该地区之后，呼斯泰音国家公园被蒙古国政府指定为特殊保护区。普氏野马是唯一存活的野马，在20世纪60年代被认为在野外灭绝。呼斯泰音国家公园现在拥有超过340只自由漫游的普氏野马，是世界上一个地区内数量最大的种群。

2003年，非政府保育组织呼斯泰音国家公园信托基金与蒙古国政府达成协议，承担呼斯泰音国家公园的管理责任，使呼斯泰音国家公园成为蒙古国唯一一个由非政府组织管理的国家公园。呼斯泰音国家公园从未获得国家政府资金；公园总收入的80%以上来自旅游。旅游收入来源包括门票和住宿、骑马和纪念品销售。其他20%的收入来自科研活动，包括生态志愿活动和学生实习，以及捐赠和软贷款利息。呼斯泰音国家公园信托基金向居住在公园缓冲区的个人分发软贷款，鼓励当地牧民创办除传统畜牧业以外的创收型企业，如基于社区的旅游运营、蔬菜园艺和毛毡制作。

这种模式也为公园带来了净利润，成功地间接支持了呼斯泰音国家公园信托基金的核心保护活动。例如，持续的野生动植物监测表明，公园内的关键物种数量不断增加，公园的反偷猎和普氏野马重新引入计划也取得了成功。越来越多的野生动物物种也有助于提升整体的旅客体验。融入旅游基础设施以及呼斯泰音国家公园行政和研究中心的替代性技术（如利用太阳能电池板加热淋浴设施）也有助于节约成本。

公园和旅游设施的初步建设需要大量投资，这些投资来自荷兰政府、一家荷兰非政府组织以及普氏野马保护基金会。然而，当前稳定且成功的融资模式使公园管理层能够考虑使用环保材料改善旅游基础设施，同时在保证旅游承载力和质量的前提下增加可达性。最重要的是，本案例展现了非政府组织如何成功地管理自然保护地，从旅游和其他活动中获得收入，并实现其预算目标。

资料来源：Tserendeleg, 2013；Hustai National Park, 2017。

游膳宿设施产生的资金来支持社区发展。

门票费

门票费是对进入自然保护地的游客收取的费用。门票可以按统一费率进行定价，也可以根据居住地（如外国居民支付更多）、收入或其他因素进行定价。门票可能包含保育税（直接支持自然保护地内保育工作的附加费），或者鼓励回头访客的多次进行通行证。收费制度取决于国家和当前的社会政治动向。

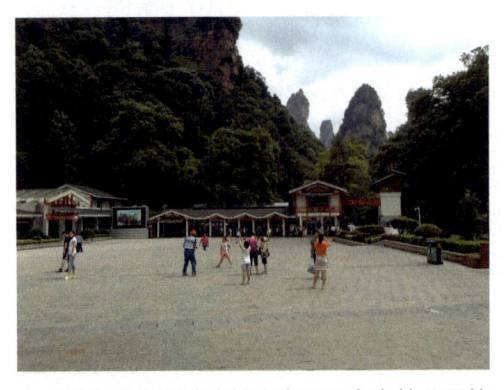

中国武陵源世界遗产地张家界国家森林公园的大门和游客服务设施（摄影 © 梁宇晖）

美国约塞米蒂国家公园的门票费指示牌（摄影 © 梁宇晖）

表6.3比较了国际上部分自然保护地的不同使用者付费的分级情况。门票的价格和收费方式各不相同（如所有人都一样的统一价、根据访客居住地设置的不同费率、根据旅行方式收取不同的费用）。门票的价格可以根据需求（如依据详尽的支付意愿调查）设定，或设定在有助于实现管理目标的水平上，如在敏感的繁殖期限制访问数量或鼓励更多当地居民参观。自然保护地可以自行设定门票费或其他使用费价格，也有一些按国家政府规定设定费用（如在莫桑比克）。有些国家门票费按照季票收取，允许在一个自然保护地或全国所有自然保护地（如南非国家公园年卡）多次进入。通常定价策略越复杂，支付核对和报告系统就越复杂和越耗时。

门票收费高低或有无的决策，取决于自然保护地管理者期望实现的保护目标（案例专栏6.4）。其决定因素可能包括以下几种：

- **回收成本**：收取费用以收回实施活动的成本，如步道的维护成本。
- **产生"利润"**：超额收入可用于资助额外的保育活动或用于预算储备，以应对金融震荡期（如旅游衰退）或意外的生态影响（如珊瑚白化）的发生。
- **为传统的保育活动提供资金**：当前的预算拨款不足以支付日常的现场保育活动的费用时，或者作为对其他自然保护地进行交叉补贴的手段。

6 加强旅游收益管理与成本控制以提升保护效益

表 6.3 自然保护地门票费比较

国家	自然保护地	门票费（成人）
厄瓜多尔	加拉帕戈斯国家公园	• 费用取决于年龄和国籍 • 国际：大多数支付 100 美元 • 本国公民：6 美元
印度尼西亚	科莫多国家公园	• 国际：每天 150000 印尼卢比（周一至周六）（11 美元） • 国际：每天 225000 印尼卢比（周日、公众假期）（16 美元） • 本国公民：每天 5000 印尼卢比（0.4 美元）
南非	克鲁格国家公园	• 国际：每天 328 南非兰特（23 美元） • 区域（南部非洲发展共同体）：每天 164 南非兰特（11.5 美元） • 本国公民/居民：每天 82 南非兰特（5.8 美元）
英国	湖区国家公园	• 免费
美国	大沼泽地国家公园	• 私人车辆：25 美元（7 天） • 摩托车：20 美元（7 天） • 步行/骑自行车：8 美元（7 天）
津巴布韦	维多利亚瀑布世界遗产地	• 国际：30 美元 • 区域（南部非洲发展共同体）：20 美元 • 当地居民：7 美元

资料来源：
- 厄瓜多尔：https://www.galapagosislands.com/travel/transportation/entry-fees.html. 2017 年 11 月 9 日访问网站。
- 印度尼西亚：http://uberscubakomodo.com/komodo-national-park-fee/ 2017 年 11 月 5 日访问网站。
- 南非：https://www.sanparks.org/parks/kruger/tourism/tariffs.php. 2017 年 11 月 5 日访问网站。
- 美国：https://www.nps.gov/ever/planyourvisit/fees.htm. 2017 年 11 月 5 日访问网站。
- 津巴布韦：https://victoriafalls24.com/blog/2017/01/23/2015-zimbabwe-national-parks-fees/. 2017 年 11 月 5 日访问网站。

案例专栏 6.4

坦桑尼亚联合共和国境内门票费用的差异

坦桑尼亚联合共和国的三个自然保护地机构——坦桑尼亚野生动物管理局野生动物处、坦桑尼亚国家公园管理局和恩戈罗恩戈罗火山口保护局的收费标准截然不同。虽然自然和文化景点的质量与游客设施的标准各不相同（这

最佳实践聚焦

在设定门票费之前，对自然保护地（或更广泛的自然保护地体系）进行系统的财务评估，分析当前状况、收入和成本，并使用这些信息来衡量不同选项，如根据居住地、年龄或地点的受欢迎程度，或者把所有这些因素综合起来决定收费标准。

反映在收取的不同价格中），但这三家机构本质上在价格上相互竞争的事实使得收费制度成为一个争论的问题。批评者认为，他们应该就定价问题进行合作，以确保旅游收入的整体增加，并更好地保护整个国家的自然保护地。

类型	野生动物管理局野生动物处		国家公园管理局						火山口保护局
	狩猎保护区	野生动物管理区	国家公园						恩戈罗恩戈罗火山口
	S, I, G, M	其他	所有	Ser	Kil	Ar, Ta, Man	Kat	Gomb	Mah	
成人（非公民）	50	30	10	50	70	45	30	100	80	60
儿童（非公民）	30	15	5	30	20	15	10	20	20	20
成人（公民）	2.5	1	1	30	35	22.5	15	50	40	7
儿童（公民）	1.5	0.5	0	10	10	7.5	5	10	10	

注：费用以美元计算。
S=塞卢斯；I=伊科果罗；G=格鲁美地；M=马斯瓦；Ser=塞伦盖蒂；Kil=乞力马扎罗山；Ar=阿鲁沙；Ta=塔兰吉雷；Man=曼雅拉湖；Kat=卡塔维、米库米、鲁阿哈、鲁本多、萨阿达尼、基图洛、姆科马齐和乌祖利格瓦；Gomb=贡贝；Mah=马哈尔。
资料来源：Spenceley et al.，2017b。

- **创造当地商机**：减少收费以吸引更多游客，可能会为当地社区带来更多收益。
- **促进学习**：利用旅游提高对自然保护重要性的认识。
- **管理访客**：通过更高的收费来减少拥堵和/或生态破坏，收费需要足够高昂才能影响访客行为（Lindberg, 2001）。

为了平衡这些各不相同的动机，首先要确定门票费的定价将如何帮助实现自然保护地的保护管理目标，同时也要明确在什么情况下不适合收取门票费。例如，自然保护地可能需要限制某项旅游活动的人数以控制其相关影响，这就是一个收取更高费用的绝佳理由。相反，某些活动可能想要优先鼓励本地儿童与家人在大自然里共度时光，这个时候就可以收取较低的费用。

游客活动费

与旅客游憩活动直接相关的费用包括服务费（如导游、驱车观赏野生动物）、证照费（如徒步或登山许可证）和食宿费，可以收取这些费用来替代门票费，或者在门票费之外再收取这些费用。有时候对于游客来说，一次性支付数个活动的费用比每次要单独支付每个活动的费用更经济、更能接受，哪怕每次单独支付的金额都很小。

6 加强旅游收益管理与成本控制以提升保护效益

游客根据美国加利福尼亚州约塞米蒂国家公园游客中心提供的最新信息做出旅行决定（摄影©梁宇晖）

从这种收费中获得的资金可以指定用于改善游客体验和支持自然保护地的保育目标（案例专栏6.5）。

最近的一项调查表现，为门票定价提供有效依据的最常用的方法是基于支付意愿（WTP）调查的条件估值法，即使实际收费会受到其他因素的影响。支付意愿研究经常发现旅行者愿意支付访问自然保护地的费用，以及愿意支付超过既定费用的费用。例如，支付意愿研究发现了以下内容（改编自Spenceley et al.，2017a）：

- 在尼泊尔的安纳普尔纳保护区，访客称愿意支付69美元的门票费用，而不是27美元的实际费用（Baral et al.，2008）。
- 在印度尼西亚的科莫多国家公园，旅客愿意支付的费用是目前门票价格的10倍以上（Walpole et al.，2001）。
- 在博茨瓦纳和南非的卡拉加迪跨境公园，一项研究发现，保育费可以增加高达115%（Dikgang and Muchapondwa，2017）。
- 在荷属安的列斯群岛的博内尔国家海洋公园，每年门票的平均支付意愿从61美元到134美元不等，但实际费用仅为10美元。据预测，将10美元的门票费翻一番几乎不会对到访率产生影响（Thur，2010）。

如果游客知道他们的付费将如何影响保育，则他们更有可能增加支付意愿。因此，自然保护地管理者利用入口位置和/或网站来宣传门票费用的用途就变得十分重要；厄瓜多尔加拉帕戈斯国家公园的网站就提供了一个非常清晰、详细的范例（https://www.galapagosislands.com/travel/transportation/entry-fees.html）。

总之，使用收费制度取决于多种因素：

- 当前自然保护地面临的资金缺口，通过增加该地区的生物多样性弥补。
- 自然保护地的首要管理目标，以确定每项收费的标准，帮助实现这一目标。
- 拟收费项目是否能被市场接受，这取决于保护地的受欢迎程度和地理位置。
- 当地的政治和社会环境，以确定最能被接受的收费机制和收费水平。
- 保护地当前的发展阶段，以及制定

自然保护地可持续旅游管理指南 | 127

案例专栏 6.5

卢旺达火山国家公园的大猩猩观赏活动费

参观火山国家公园内山地大猩猩的旅游收入是卢旺达最大的外汇来源，每年可达 2 亿美元。此外，该活动为火山国家公园周围的社区创造了就业机会。案例专栏 2.1（第 2 章）简要介绍了山地大猩猩旅游的众多好处。本案例专栏则聚焦于访客许可证和访客活动费。

由于独特的体验，访客愿意支付 1500 美元以换取在大猩猩面前度过很短暂的一段时光。目前，野外只剩下大约 700 只山地大猩猩，每年只有 2 万个访客许可证。在这种情况下，旅游的收入以及整体定价政策可以：

- 提供重要资金，支持自然保护地管理机构的保育工作；
- 控制访客数量，保障访客体验，同时避免对野生动物的干扰；
- 鼓励当地人民重视而不是掠夺自然资源（如在卢旺达维龙加火山地区曾经的偷猎者转变成为向导）。

最佳实践聚焦

检验游客和旅行社为每一项付费项目的支付意愿，并根据那些拥有相似景点、竞争相似客源的地方性或区域性自然保护地的收费情况确定收费标准。

资料来源：Spenceley et al., 2010; Nielsen and Spenceley, 2011; Maekawa et al., 2013; Spenceley, 2014a。

和实施计划并监督计划所产生的影响的能力。

6.3 基于特许经营的旅游创收

公私合作伙伴关系（PPP）与特许经营

公私合作伙伴关系是自然保护地管理机构与私营部门之间达成的正式协议。在这一模式下，私营合作伙伴能够更优质高效地提供特定的旅游产品或服务，使自然保护地管理者能够专注于其核心职能。私营部门可以是商业企业，也可以是非政府组织或社区组织。作为公私合作伙伴关系的一种形式，特许经营是私营部门参与自然保护地保育工作的重要手段（Thompson et al., 2014）。允许企业在自然保护地内运营的特许经营协议可以是正式的公私合作伙伴关系、租赁、执照、许可或用益物权（表6.4）。这类法律协议规定了关键条款和条件，如经营期限、经营类型、环境条件和企业经营必需的费用（Spenceley et al., 2017b）。特许经营费也是一种使用费，是特许经营者为其在自然保护地开展业务的专有权而支付的费用。特许经营可能涉及住宿、食品和饮料、游憩活动、教育和解说项目、零售商品等服务（Eagles et al., 2009）。

表6.4　新西兰特许经营分类及其管理措施

特许经营类型	定义	过程	案例
许可证（permit）	以活动为基础，期限最长可达10年	一般情况下不公示，简单申请需要5～45个工作日（复杂申请最多65个工作日）	向导（包括散步、长徒步行、登山、狩猎、钓鱼、骑自行车、划皮划艇和划独木舟）
执照（license）	期限最长可达10年，无公示；或30年，公示*	无公示或公示路径均适用	租用新西兰保育局拥有的建筑物和游憩设备
租赁（lease）	期限最长可达30年；涉及土地使用的利息或专有使用权	公示：如果没有收到申请，则公示时间为85个工作日（如果收到申请但没有要求有听证会，则公示时间最多140个工作日；如果收到申请且要求有听证会，则为160个工作日）	固定建筑物，如酒店建筑、机场、咖啡馆、蹦极建筑、电信设施
用益物权（easement）	最多30年的服务或使用权	可以公示也可以不公示	道路、管道、水管、电信线路

*在新西兰，"公示"的意思是，保育局必须将其拟授予特许经营权的意向在当地或全国性的报纸上刊登告示，公众有权提出申请，还可以要求在听证会上具有发言权。

在美属维尔京群岛国家公园，圣约翰岛象鼻湾的一处水下浮潜线路的起点，上面贴有游客信息（左）（摄影 © 梁宇晖）；美国大沼泽地国家公园火烈鸟游客中心的码头，许多配有导游和自助的船只从这里开始旅行（右）（摄影 © 梁宇晖）

特许经营者可以有大量机会协助公园管理机构管理适度的旅游活动并实现其保育目标。特许经营费和租金收入可以为自然保护地提供资金，良好的特许经营还可以为游客提供高质量体验，从而产生积极的效果。在发展中国家，成功的特许经营活动可在当地社区、农村发展和保育之间建立重要纽带。在发达国家，特许经营创造的收入证明了投资自然保护地保育工作的合理性（USNPS，2017a）。

如果营利组织以商业旅游经营为核心业务，能够承担相关风险和责任，而且与自然保护地管理机构相比具有以下优势，那么自然保护地管理机构授予私营部门特许经营权将会大有裨益：

- 更容易适应不断变化的市场需求和条件；
- 劳动合同更加灵活；
- 更自由地创新和迅速响应；
- 更多渠道来争取资本和其他基础设施资金；
- 更自由地设定价格水平；
- 更少的官僚主义约束（Eagles et al., 2009; Buckley, 2010a）。

对有意开展特许经营的自然保护地来说，有三项关于自然保护地的特许经营指南是非常有用的资源，其中包括：联合国开发计划署的《自然保护地的旅游特许经营》（Thompson et al., 2014）、世界银行集团的《旅游特许经营简介：项目成功的14个特征》（Spenceley et al., 2016），以及《生物多样性公约》的《旅游合作伙伴和自然保护地特许经营指南：为保育和发展创造可持续收入》（Spenceley et al., 2017b）。

保护地可以向特许经营者收取多项费用，包括使用费、履约保证金、维修费和违约罚款。其中，特许经营者的使用费是主要的创收来源。这些常用并可设计成固定费率的收入来源，也是向特许经营者收费的最简单方法。另一种方法基于收入的浮动费率，但这需要跟踪和计算利润、收入和游客数量，哪一项操作起来都不太容易。使用固定费率的特许经营者所面临的风险在于无论其是否盈利都必须支付特许费，但好处在于即便其业务稳步增长，每年特许费也不变，当然这对管理机构并不好。特许经营者赚取巨额利润，而自然保护地管理部门收到的费用却很少的情况并不罕见。除了降低固定费率，特许经营者也可以支付其净收入的一部分，以减少双方所涉及的一些风险（Wyman et al., 2011）。案例专栏6.6介绍了南非国家公园管理局如何处理特许经营合同的案例。

除了与公园特许经营有关的核心商业问题外，特许经营在收入分享、当地企业参与和就业等方面也会对当地经济产生非常大的影响：

- **社区收入分享**：管理规划和特许经营协议可以规定当地社区和私营受许人之间的任何收入分享方案（Spenceley，2014a）。
- **当地企业参与**：特许经营合同流程可以赋予当地公司"优先竞标者"

案例专栏 6.6

南非国家公园管理局的旅游特许经营合同

在南非,特许经营允许私营运营商通过合同在国家公园内建设和运营旅游设施。特许经营者付费是为了能在一定时期内(通常是20年)使用约定区域内的土地及其既有建筑物。如果已经存在住宿设施,特许经营者或直接接管,或升级改造,或建造新的设施以满足其目的。除了对这些设施具有占有权和商业使用权,特许经营者在财务条件、环境管理、社会目标、赋权和其他因素方面也要承担一系列义务。违反这些要求会受到以履约保证金为基础的处罚,最终导致合同终止,资产归还给南非国家公园管理局。

年度特许经营费用是指:特许经营年度协议确定的最低租金;基于特许经营年度总收入的投标百分比计算得出的年度特许经营费中的较高者。在合同终止时,特许经营者需免费将特许经营区、所有实物资产和所有其他权益让渡给南非国家公园管理局。

这种安排的好处在于南非国家公园管理局可以吸引资本,借用私营部门的业务技能,将业务风险转移给私营部门,创造就业机会,并由此提升南非国家公园管理局的形象。这种安排的风险包括经验不足的特许经营者出价过高但不得不按照合同执行。提高标书中技术能力表现的权重,可以有效地淘汰一些不合适的申请人。

资料来源:Varghese,2008;SANParks,2012。

在美属维尔京群岛国家公园,游客中心和公园商店里一名国家公园工作人员正在帮助游客(摄影 © 梁宇晖)

的地位。此外，可以鼓励特许经营者支持当地企业，并加强当地供应和价值链（Spenceley，2014a）。

- **当地社区就业**：自然保护地管理机构可以要求特许经营者雇用当地社区成员，甚至雇用整个社区来进行特许经营（Wyman et al.，2011）。

特许经营一般由一小群专门的自然保护地管理人员监督，他们了解商业旅游运营，并与自然保护地的运营人员和决策者合作管理与授予特许经营机会，这项工作非常耗时。表6.5显示了一些自然保护地机构的特许经营工作的规模和范围，以及对应的收入。

表6.5　五个国家的特许经营规模和范围案例

特点	美国国家公园管理局	加拿大公园管理局	新西兰保育局	纳米比亚	澳大利亚大堡礁海洋公园管理局
特许经营数量	600份合同加上6000份商业使用授权	2752份租约、执照、营业执照	3700，其中43%与商业有关	45	940份（约）旅游许可证
特许经营收入	6000万美元	820万加元（670万美元）	1430万新西兰元（1050万美元）（来自旅游和其他特许经营）	4.19亿纳米比亚元（3150万美元）	通过环境管理费收取800万澳元（约合640万美元）
管理特许经营的员工人数（相当于全职员工）	200（办公室总部40）	30	25	3	22
处理小型特许经营的时限	2年（不包括计划变更）	3~6个月	65天（2个月）	3~12个月	8~10周；四个月运行一次意愿表达过程
处理大型特许经营的时限	2年（不包括计划变更）	60天的工作（不连续的）	160个工作日（5个月）	12~24个月	批准浮桥等重大项目可能需要更长的时间
结构（集中或分散）	集中超过300万美元	投标	区域化处理中心	集中	以先到先得的方式申请；通过意愿表达系统设置上限
首选分配机制	投标	集中处理大规模问题；分散处理较小的特许经营，以及关系管理和监测	接收来自私营部门的申请者	直接授予社区、中标人、竞拍人以及其他申请者	集中处理和合同管理；野外工作人员做合规检查

资料来源：改编自Thompson，2009；Thompson et al.，2014。

6.4 基于慈善的旅游创收

个人和企业捐赠

自然保护地的游客很多可能是潜在捐赠者。引导游客向特定事业（如一个保护项目）或特定的物种保护捐款，是将这些潜在捐赠者变成现实捐赠者的一种方式。无论哪种情况，捐赠者通常会定期收到关于其捐款所带来的改变的反馈。2003年，马尔代夫政府在联合国开发计划署和全球环境基金的支持下，建立了环礁生态系统保育（Atoll Ecosystem Conservation）项目，宣布把整个1200km^{2}的环礁生态系统作为该国第一个联合国教科文组织的生物圈保护区。环礁生态系统保育项目设立了一个管理生物圈保护区的基金。芭环礁的大多数旅游度假地都承诺每年捐款，以支持促进环境保护和可持续生计机会（通过雇佣相关人员）的项目。此外，依赖生态系统的活动（如潜水旅游、游客进出许可证和纪念品销售）所产生的收入的一部分也将用于环礁内的保护工作（Ferretti，2012；MEE-RoM，2012；VCTS，2017）。虽然这是一个精心策划的捐赠项目，但如果对来自游客捐赠的资金管理不善，可能导致项目失败、腐败、缺乏透明度、承诺失信以及当地社区的分裂（Goodwin et al.，2009；Honey，2011）。

在有些国家，企业提供的慈善捐赠是可以免税的，而自然保护地正好可以作为这种捐赠的受益者（Goodwin et al.，2009）。在塞舌尔，塞舌尔国家公园管理局与许多旅游企业建立了合作伙伴关系，它们为保护国家公园做出了贡献，包括资助研究人员、收集和提供生物监测数据，以及购买设备（如系泊浮标、厕所、标牌）（Spenceley，2016）。企业可以将0.25%的应纳所得税作为企业社会责任支出，直接捐赠给注册的保育组织。

此外，游客可以通过旅游企业向自然保护地捐赠。例如，在巴西，万豪国际集团于2008年与亚马孙州签署了一项协议，以保护朱马保护区内5666km^{2}的热带雨林。这一计划支持了保护区内2000名居民的就业、教育和卫生保健，反过来，这些居民又可以保护热带雨林免遭非法耕作和砍伐。万豪酒店鼓励其客人通过网站或在酒店里向这一计划捐款（Goodwin et al.，2009）。

另一个案例来自荒野野生动物信托基金（WWT），其是由一家名叫"荒野之旅"的南非生态旅游公司资助成立的非营利组织。每位客人的旅行费用有一部分被划分给这家信托基金，这些资金100%用于被其批准的项目。2009年，WWT在博茨瓦纳三个营地附近设立了研究单位，以提供后勤支持、食品和车辆维护。2013～2014年，博茨瓦纳的生物多样性保护研究和监测支出约为411000美元（Wilderness Holdings，2014），其研究结果与政府野生动物部门分享，为奥卡万戈三角洲的保护决策提供了支持（Spenceley and Snyman，2017）。

6.5 成本控制与效率提升的方法

本节重点介绍旅游帮助降低成本或改善管理的实践。

旅游管理外包

并非每个自然保护地都可以或应该运营自己的旅游项目。实际上，在某些情况下，自然保护地管理机构将旅游特许经营、执照或许可证业务外包可能比自营更有效（Spenceley et al., 2017b）。除法律规定外，自然保护地管理机构必须将旅游经营转让给另一个实体。因此，自然保护地管理机构通常会将旅游经营业务外包出去。

无论是将相关业务外包给营利性公司、社区团体或非政府组织，还是内包给自然保护地管理机构，都各有利弊（Spenceley et al., 2017b）。如果内包，自然保护地管理机构的员工不仅提供服务，也投资相关服务。如果这一做法成功，保护地管理机构应该像一个企业一样运作。但实际情况是，保护地的设施和员工为访客提供服务，而管理机构则像公共机构一样发挥作用（Spenceley et al., 2017b）。如果外包，自然保护地则需与第三方签订合同要求其提供服务。当自然保护地管理机构不具备执行某项服务的专业知识时，就可以采取外包的形式。或者当他们缺乏在内部建立这些能力所需的资金或法律能力时，可以选择将土地权转让给其他组织，这样可以减轻公共机构在预算、能力或专业知识方面面临的资源限制（Eagles, 2002）。

自然保护地管理机构可以使用图6.2中的流程图来帮助他们决定将旅游业务

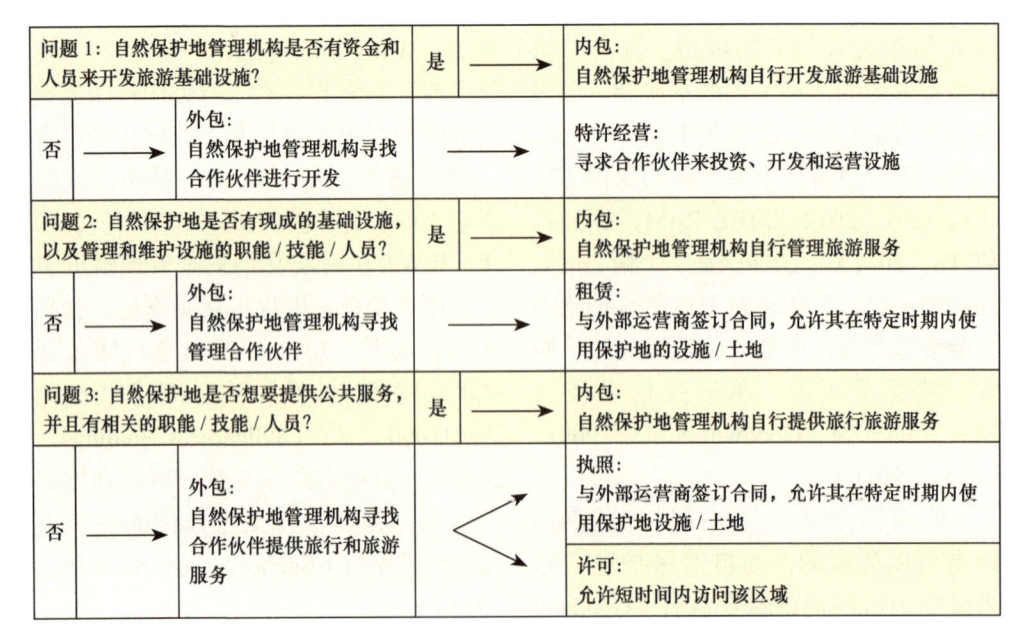

问题1：自然保护地管理机构是否有资金和人员来开发旅游基础设施？	是 →	内包：自然保护地管理机构自行开发旅游基础设施
否 →	外包：自然保护地管理机构寻找合作伙伴进行开发	特许经营：寻求合作伙伴来投资、开发和运营设施
问题2：自然保护地是否有现成的基础设施，以及管理和维护设施的职能/技能/人员？	是 →	内包：自然保护地管理机构自行管理旅游服务
否 →	外包：自然保护地管理机构寻找管理合作伙伴	租赁：与外部运营商签订合同，允许其在特定时期内使用保护地的设施/土地
问题3：自然保护地是否想要提供公共服务，并且有相关的职能/技能/人员？	是 →	内包：自然保护地管理机构自行提供旅行旅游服务
否 →	外包：自然保护地管理机构寻找合作伙伴提供旅行和旅游服务	执照：与外部运营商签订合同，允许其在特定时期内使用保护地设施/土地
		许可：允许短时间内访问该区域

图6.2　外包还是内包：指导决策的三个关键问题

内包还是外包。

外包工作的复杂性需要有合格、训练有素的工作人员，而自然保护地管理机构需要有足够的能力和技能来管理和协调与特许经营相关的各种流程（Spenceley et al., 2017b），也可启用外部专家，如法律专家或投资经纪人，来支持筹备阶段所必需的研究。这些专家也需要与签约的外包实体建立明确的合同协议。案例专栏6.7介绍了秘鲁合同协议的成功范例。在外包协议中应该整合的合同要素包括（Spenceley et al., 2017b）：

案例专栏6.7

成功的旅游合同：秘鲁坦博帕塔研究中心和坦博帕塔国家自然保护区

"雨林探险"旅行社、坦博帕塔研究中心与秘鲁国家自然保护地服务处之间的合作伙伴关系是一个成功的公私联盟的例子，其既促进了旅游发展，又加强了自然保护。2006年，"雨林探险"与秘鲁国家自然保护地服务处签署了一份生态旅游特许经营合同，被允许进入和使用秘鲁东南部亚马孙丛林中的坦博帕塔国家自然保护区的一小块区域。该合同每20年更新一次。

1989年，Eduardo Nycander和Kurt Holle创立了坦博帕塔研究中心，以开展生态旅游，并进行金刚鹦鹉保护研究（坦博帕塔金刚鹦鹉项目）。1992年，他们成立了营利性的生态旅游公司"雨林探险"；坦博帕塔研究中心就是它的第一家旅馆。现在他们又增加了两家旅馆，其中一个与当地社区合营。

坦博帕塔研究中心是一间拥有18间客房的旅馆。其建设初衷是为了接待游客和研究人员，同时保护附近几种金刚鹦鹉常去舔食黏土的地方，这是已知的最大的金刚鹦鹉舔食地。从该旅馆所在的位置可以看到暗黑伶猴

坦博帕塔研究中心的旅馆（摄影 © Rainforest Expeditions）

（*Callicebus moloch*）、松鼠（各种种类）、黑帽卷尾猴（*Cebus apella*）、红吼猴（*Alouatta seniculus*）和黑蜘蛛猴（*Ateles paniscus*）、水豚（*Hydrochoerus capybara*）、凯门鳄（各种种类）、刺鼠（*Dasyprocta punctata*）和白唇西猯（*Tayassu pecari*）。坦博帕塔研究中心小规模的基础设施和运营，长期驻扎的研究人员，聘请博物学家作导游，都使它成为调查亚马孙野生动物的绝佳场所。

"雨林探险"与秘鲁政府之间的协议包括以下内容：

- 支持科学研究和其他出版物："雨林探险"自成立以来就一直支持科学研究，主要通过向坦博帕塔金刚鹦鹉项目的志愿者提供经费，来支持关于鹦鹉科（鹦鹉）的科学研究。
- 创造直接和间接的就业和培训机会："雨林探险"优先考虑从附近的马德雷德迪奥斯地区的原住民社区招募工作人员，并开展客房管理、餐饮服务、食品准备、导游和船长等年度培训课程，从而持续推动这些领域的改进和专业化。
- 推广良好的环境实践："雨林探险"尊重坦博帕塔国家自然保护区的规范和法规，并承诺支持其保育管理。
- 宣传坦博帕塔国家自然保护区："雨林探险"通过媒体宣传其生态旅游，传播马德雷德迪奥斯地区，特别是坦博帕塔国家自然保护区的生物和文化多样性的价值。

最佳实践聚焦

与旅游运营商签订合同时，必须明确要求旅游运营商支持可持续实践和自然保护地保育目标。

- 特许经营权的性质和范围（如地理区域、工程、服务、排他性）；
- 协议生效的先决条件；
- 合同期限；
- 特许经营资产中当事人的财产权益性质（如使用某一地区或基础设施的权利）；
- 特许经营资产的维护（道路维护）；
- 应付费用（包括调整和审查的流程）；
- 履约保证（如服务水平、占用率）；
- 含有关键绩效指标的监测、评估，以及合同合规性检查清单的模板；
- 保险单；
- 自然保护地管理机构的有限责任和免责条款；
- 不可抗力（即因各方无法控制的力量造成的损坏或破坏）；
- 施工、运营和调试过程中的环境影响；

- 将特许经营权赋予第三方的权利；
- 转让特许经营权的限制/条件；
- 关联方交易的限制/条件；
- 社会经济贡献（如当地股权、就业、采购和社会项目）；
- 法律的变化；
- 违约和取消流程；
- 争议解决条款；
- 第三方或自然保护地管理机构接管运营的情况；
- 税收和其他财政事项。

在决定外包旅游管理之前，应当慎重权衡其利弊。政府一般会倾向于优先支持经济特权而非保育工作；特许经营者或其他承包商也会常常绕开自然保护地管理机构，推动高层官员批准扩建设施、扩大对自然保护地部分地区的准入范围，或允许新建观景区和道路等基础设施。这些压力可能会影响自然保护地预算，曲解保护地的保育优先性，从而产生重大影响。

与旅游运营商共享服务

提高自然保护地管理的财务效率是自然保护地内的旅游运营商的天然追求。与自然保护地管理团队一样，他们也会为此产生许多类似的成本。

因此，自然保护地管理机构有可能与私营企业共享资源或成本，以降低各自的单位成本，一些成功的案例包括：

- 共用车船维护设施，降低修理厂和维修工的运营固定成本；
- 将承包商的时间表协调至自然保护地管理人员和私营运营商要求的同一服务时间，从而降低各方的成本；
- 对双方员工进行旅游和执法等主题的联合培训；
- 合并采购订单以获得团购折扣，对于偏远的自然保护地而言尤为有效；
- 员工共享交通运输，以降低燃料成本，减少对环境的影响。

基于活动的合作

为改善自然保育效果，旅游运营商可能愿意与自然保护地团队开展很多活动上的合作，从而提高自然保护地管理绩效，提升自然保护地旅游产品的质量，促进旅游运营商的商业成功。可能的合作形式如下：

- 旅游运营商成为执法网络的一分子，可以举报自然保护地内的非法活动；
- 联合宣传在自然保护地内开展的特殊旅游活动，如体育赛事；
- 联合开发社区参与/儿童参与保护的活动，让当地人了解自然保护地对当地生计的贡献。

公益旅游

作为日益流行的一种旅游形式，"公益旅游"是指游客选择访问某一特定地点并为当地做出有意义的贡献。一些私营营利性和非营利性组织已经开始提供这类体验。自然保护地可以通过为志愿者提供参与保育活动的机会而从中受益；无论是否收费，志愿者都能补充员工人力的不足（更多信息见第2章）。

6.6 更多经济效益及其与保护成果的联系

最后，虽然不是具体的开源节流选项，但还是需要考虑更多的旅游经济效益。如果大家意识到自然保护地能带来这么多的收益，则会更加支持保育事业。在其他经济发展机会有限的地区，良好管理的旅游可以减轻高失业率带来的压力。保证旅游收入最大限度地留存在当地经济中，并保证当地社区居民优先获得旅游相关就业机会，是旅游经济利益最大化的两种方式。

尤其在非洲南部地区，为当地社区创造经济效益是非洲自然保护地可持续发展的先决条件（Hoon，2004；Musumali et al.，2007）。许多研究表明，当社区从旅游和/或自然保护地中受益时，他们对自然保护地的态度会更积极（Infield，1988；Gillingham and Lee，1999；Alexander，2000；Mehta and Heinen，2001；Sekhar，2003），对旅游发展的态度也会更积极（Bauer，2003；Lepp，2007；Chandralal，2010；Snyman，2014）（案例专栏6.8）。

案例专栏6.8

社区共享经济效益：纳米比亚的达马拉兰营地和托拉保护区

纳米比亚的达马拉兰营地（摄影 © Wilderness Safaris 和 Dana Allen）

与当地社区分享旅游经济效益可能是获得社区支持的重要原因。生态旅游公司"荒野之旅"在非洲南部的业务中建立了各种与社区利益共享的合作伙伴关系。纳米比亚的达马拉兰营地就是托拉保护区和"荒野之旅"的合作伙伴关系的产物。

2005～2011年，营地向保护区支付了超过320000美元的使用费。2013年，营地仅支付租赁费、洗衣服务费和道路维护费就超过了70000美元。营地还雇用了30名员工，其中77%来自保护区。该保护区雇用了大约9名当地人负责行政管理，狩猎特许经营者还在狩猎季节雇用一些临时工作人员。工作人员的工资又在当地社区消费，为其抚养的家人缴纳相关费用，从而为当地经济带来额外现金流。

最佳实践聚焦

与特许经营者签订协议时，要求他们雇用一定数量的当地员工，尽可能在当地消费，并向当地企业外包服务。

资料来源：Rylance and Spenceley，2014。

自然保护地管理机构或各个自然保护地能够且应该在多大程度上依赖旅游收入并将其作为保护资金来源，是一个相当有争议的问题；这个问题的答案会因可达性、市场因素和政策考虑因素等存在巨大差异（案例专栏6.9）。例如，对于较贫穷的发展中国家的自然保护地来说，大多数访客来自较富裕的国家，而且那些国家已经存在收取门票或活动费用的机制。通过游客门票来满足至少

案例专栏6.9

印度科比特国家公园的旅游管理融资

科比特国家公园成立于1936年，是南亚最古老的国家公园。1973年，当印度的旗舰物种保护计划"老虎计划"启动时，科比特国家公园成为印度第一批老虎保护区之一。科比特国家公园位于喜马拉雅山脉的脚下，其因卓越的景观秀色、虎群（*Panthera tigris tigris*）密度高以及令人惊叹的鸟类多样性而闻名。

在科比特国家公园观察到的老虎（摄影 © Rajiv Bhartari）

6 加强旅游收益管理与成本控制以提升保护效益

> 科比特国家公园内，位于拉姆甘加河畔的迪卡拉有一个只有33间客房的著名的森林旅馆，在盖伊拉尔和撒普都利等其他地方还有几个较小的旅馆。由于缺乏旅游管理专项资金，这些旅馆举步维艰。2001年，公园管理部门向每间客房征收2美元的客房管理费，一年内创收20000美元。然而，这笔金额仍然太少，无法妥善管理这些旅馆。2005年，管理部门将客房管理费翻了一番，并将收费延伸到宿舍和附加床位，当年创收约75000美元。这些资金指定用于与旅游相关的具体活动并受到监管，具体包括消耗品、家具、照明、燃料、工资和紧急情况。2009年，科比特国家公园获得印度旅游部颁发的"印度最佳维护的旅客友好国家公园奖（India's Best Maintained Tourist Friendly National Park Award）"。
>
> 根据1972年修订的《印度野生动物（保护）法案》和国家老虎保护局颁布的生态旅游指南，科比特国家公园建立了协助老虎保护的机构——科比特老虎基金会。政府已授权将科比特国家公园产生的旅游收入用于新成立的科比特老虎基金会，该基金会预计每年收入可达500000美元。这些资金用于资助保护、栖息地管理、旅游管理、工作人员福利和社区发展活动。印度的其他44个老虎保护区也建立了类似的老虎基金会。
>
> 资料来源：NTCA，2012；Corbett National Park，2017。

一部分保护管理成本既公平又有效。然而，在这些情况下，期望费用能覆盖大部分成本是不现实的。在地方和国家层面都有大量的非旅游融资方案，选择哪种方案将取决于自然保护地的类型及其允许的活动（另见第1章）。

在南非，政府要求国家公园管理局的预算经费越来越多地来自旅游收入而不是国家财政（表6.6）。这是好事还是坏事？过度依赖旅游收入，自然保护地会面临入境国际旅游低迷的风险。因此，收入来源多元化至关重要。此外，一个国家内各个自然保护地旅游创收的差异可能相当大。如果保护地的管理机构过于依赖保护地收取的使用费，并将有限

的预算用于资助少数产生大多数收入的、重度访问的自然保护地内的高成本游客基础设施，必然会减少用于其他自然保护地的保育管理的资金。如前所述，在许多国家，政府治理的自然保护地的收入统一流入中央财政，而不是留在自然保护地或保护地网络用于运营和改善设施。然而，如果政府为保育管理提供的资金不足，那么旅游收入可以成为常规核心预算的有益补充。

6.7 最佳实践

- 在设定门票费用之前，对自然保护地（或更广泛的自然保护地体系）

表 6.6　南非国家公园的收入来源（2016 年）

收入类型	当地货币金额 /10^3 南非兰特	等值美元 /10^3 美元	收入的百分比 /%
交易收入			
旅游、零售、特许经营等	1497892	95044	51.6
销售——动植物	48791	3096	1.7
其他运营收入	37134	2356	1.3
收到的利息和版税	37189	2360	1.3
交易收入总额	1621006	102856	55.8
非交易收入			
转移收入			
政府拨款和其他融资	1265772	80315	43.6
捐赠	16936	1075	0.6
非交易收入总额	1282708	81390	44.2
总收入	2903714	184246	100.0

注：货币兑换 1 美元 =15.76 南非兰特，2016 年 6 月 1 日汇率。

资料来源：South African National Parks，2016。

进行系统的财务评估。分析当前状况、收入和成本，并根据这些信息来衡量不同选项，如根据居住地、年龄或地点受欢迎程度，或者综合权衡所有因素以确定收费标准。

- 检验游客和旅行社对每一项使用者付费项目的支付意愿，并根据那些拥有相似景点、竞争相似客源的地方性或区域性自然保护地的收费情况确定收费标准。

- 与旅游运营商签订合同时，必须明确要求旅游运营商支持可持续实践和自然保护地保育目标。

- 与特许经营者签订协议时，要求他们雇用一定数量的当地员工，尽可能在当地消费，并将服务外包给当地企业。

自然保护地旅游的未来

7

7.1 旅游可以帮助实现主要保育目标

为什么旅游对决策者和自然保护地管理者来说是一个至关重要的问题？尽管旅游有时会对自然保护地价值的保育产生负面影响，但开展可持续旅游可有力地促进自然保育，并为自然保护地提供政策和资金支持。

对大多数自然保护地来说，访客体验至关重要，而高标准的可持续旅游在不影响生态完整性的同时也能提供良好的旅游体验，并创造可观的收入。正如本书开头所说，自然保护地的旅游首先必须有助于实现长期的而不是短暂的或偶尔为之的自然保育。可持续旅游为促进保护地自然和相关文化价值的保育提供了机会，这些价值正是自然保护地的应有之意。

本书旨在从理论和实践两个方面增加对自然保护地旅游的了解，以确保旅游能够推动自然保护地主要保育目标的实现。然而，这并非易事，是可持续发展的挑战。本章简要介绍了可持续旅游在当今世界的地位，就自然保护地管理者应该如何应对未来趋势变化，以及如何解读和应用本书提供了一些建议。

7.2 可持续旅游已见成熟

全球从政策上越来越强调自然保护地可持续旅游的重要性（Spenceley, 2017）。例如，2014年联合国大会通过了一项决议，承认可持续旅游对消除贫困、社区发展和保护生物多样性的贡献（第 A/RES/69/233 号决议）。同年，《生物多样性公约》邀请缔约方"提升国家和国家以下级公园和自然保护机构的能力……通过伙伴关系联合旅游业以特许经营者、公私伙伴关系等身份，使用适当的工具，从经济和技术角度建立、运营和维护自然保护地"（CBD, 2014）。同时，可持续旅游也与联合国的几个可持续发展目标相关。

此外，世界旅游组织十年计划框架的六个重点之一就是可持续旅游，其使命是促进旅游的可持续性。最后，联合国宣布2017年是国际可持续旅游发展年，强调旅游在以下方面的作用：①可持续经济增长；②社会包容性、就业和减贫；③资源利用率、环境保护和气候变化；④文化价值、多样性和遗产；⑤相互理解、和平与安全（UNWTO, 2018）。所有这些主题都与自然保护地的可持续旅游和访问，以及旅游推动自然保护地生物多样性保育的作用有关（Spenceley, 2017）。

7.3 未来趋势

未来自然保育机构和自然保护地管理者在识别、评估和管理自然保护地旅游时，应考虑一些关键问题。

人口增长与消费增加

自然保护地的旅游需求会随着全球人口的增长而增加。尽管世界部分国家（如加拿大和日本）的自然保护地访问量呈上下波动，但大部分国家的自然保

7 自然保护地旅游的未来

在土耳其内姆鲁特国家公园中等待日出的游客（摄影 © Mei Yee Yan）

护地的访问量是稳步增长的（Pergams and Zaradic，2006；Shultis and More，2011）。越来越多的城市居民希望能在城市附近开展游憩和体育活动，建立新的城市自然保护地（Trzyna，2014）。例如，加拿大多伦多的新红河国家城市公园就是专门为了实现大都市环境中的生物多样性保育和游憩而建立的（Parks Canada，2013）。

自然保护地的管理者必须面对2050年全球人口将到达90亿~100亿的人口压力，以及随之而来的资源需求压力。同时，管理者还将面对一个基本伦理问题：当能源和材料的消耗超过地球资源限制（或某些方面的限制）时，是否还要推动偏远地区的自然保护地旅游？

城镇化

"自然缺失症"是城镇化带来的一大世界性问题，即城镇居民，特别是在城市里长大的年轻人与大自然隔离（Trzyna，2014）。尽管就此问题开展了众多研究，但目前尚不清楚其影响的深度与广度（Dickinson，2013）。与此同时，城镇化也为在城镇中融入自然保护地和绿地、创建"自然"城市提供了机遇。例如，新加坡是世界上人口最稠密的地区之一，自20世纪60年代以来就一直致力于在城市发展中融入自然。

自然保护地可持续旅游管理指南 | 145

"花园中的城市"是新加坡的城市座右铭，在新加坡，人们可以在各类绿色的道路网中步行、骑车和慢跑。同时，新加坡还在许多高层建筑上安装了绿色屋顶和室内空中花园，以减少城市热量的积聚。这些都是将自然融入城市环境的规划（http://biophiliccities.org/）。城市的扩增也为自然保护地管理机构和技术公司的合作创造了可能，以开发产品鼓励城市居民从心灵上、身体上与自然保护地的自然和文化价值建立连接。

其他人口与法律发展

快速变化的世界人口结构对可持续旅游产生了实际影响。在中国和印度等人口众多的国家，大量中产阶级（以及新兴的上层阶级）迅速崛起，导致新增了数以千万计的国际游客。例如，2017年亚洲旅游业因中国公民收入增长、出境休闲旅游增加而蓬勃发展。预计2025年旅游业对该地区经济的直接贡献将增加近6%（Corben，2017）。同时，在一些国家，通过提升妇女权利意识、扩大妇女和女孩的经济机会，也增加了潜在的游客来源。

尽管全世界收入分布情况复杂、不能一概而论，但最近的一项研究表明，到2035年，由于新兴市场经济体（如巴西、俄罗斯、印度和中国）经济的快速增长，全球收入不平等指数将继续下降，并将呈现"全球潜在消费者大幅增加，大部分来自发展中国家和新兴市场经济体"的趋势（Hellebrandt and Mauro

嵩山联合国教科文组织世界地质公园的自然环境对于游客基础设施来说是一个不小的挑战（摄影 © 梁宇晖）

2015）。如果上述情况成立，则将极大地影响全球人口可支配收入中用于旅游的份额。

另外，原住民和当地社区越来越主张自己的权利，也在某些地区通过法律手段确认其土地权属，这同样也会对自然保护地及其开展的旅游产生影响。本书中加拿大育空地区的尼荫里恩吉克（钓鱼河）自然保护地就是相关案例（案例专栏5.3）。

气候变化

所有可见的变化趋势都受到了全球气候变化的影响。可以肯定的是，气候

7 自然保护地旅游的未来

游客见证了气候变化对南极生态系统的威胁（摄影 © Daniela Cajiao）

变化预计将会影响旅游需求和旅游景点（Buckley and Foushee，2012）。预测认为，对自然保护地的访问将随着旅游景点在时间、性质和质量上的变化而变化（如以雪为基础的旅游活动时间缩短、以观赏野生动物为主的旅游区域的生态系统改变等）。随着气候变化引发的极端天气事件的频率和强度的增加（如灾难性的火灾、洪水、飓风），自然保护地的自然文化资源及其旅游基础设施的破坏率也会增加。例如，2017年加勒比部分地区的自然保护地和旅游业因强力飓风袭击遭受了严重的破坏。同时，旅游业本身也排放了可观的温室气体（特别是交通），因此旅游业也应该成为所有气候变化减缓战略的关键参与者（Hall et al.，2013）。评估应全面考量长途国际和短途国内旅行的影响。任何控制出行的减缓措施都将影响自然保护地的旅游（案例专栏7.1）。

其他无法预期的变化

一个新的发展是最近出现的"愿望清单"或"最后的机会"旅游，其是一种出于特定目的的旅游，即在气候变化对自然保护地造成破坏或不可挽回的破坏前，或者在某个物种灭绝之前去参观自然保护地及这个物种（Muller et al.，2013）。还有一个问题是未来旅游所依赖的交通运输的不确定性：在后化石燃料时代，人们将以什么样的方式前往自

自然保护地可持续旅游管理指南 | **147**

案例专栏 7.1

秘鲁自然保护区的旅游和气候变化：潜在影响评估和适应指南

秘鲁以其丰富的自然和文化历史而闻名，2012 年吸引了 280 多万游客，创造了超过 32 亿美元的收益和 100 万个就业机会。秘鲁三个地理区域拥有世界上 80% 的气候类型和 114 个生物带中的 84 个。政府间气候变化专门委员会（IPCC）的气候模型预测未来几十年全球平均气温、降水量以及大气变率都会增加。对秘鲁而言，气候变化带来的潜在负面经济影响可能达到 100 亿美元。

秘鲁公共投资和气候变化适应项目（IPACC）在德国政府的资助下为政治决策者提供资源，以评估优先领域中气候变化影响下的潜在成本和收益，并指导秘鲁的气候变化适应和降低风险的公共投资标准。其中之一就是与秘鲁 77 个自然保护地相关的旅游业。项目识别出的自然保护地的风险包括对动植物的影响（这是旅游业的主要吸引力）、热带疾病媒介物增加对人类健康的影响、冰川消融对高山旅游通道的影响、海平面变化、游客中心的基础设施受损以及粮食供应短缺等。

针对上述影响，IPACC 为沿海海洋自然保护地的公共投资项目制定了指导方针，以降低对气候变化的敏感性或增加适应性资源和设施，提升正面社会效益。例如，为减少维修费用、保障游客安全，会受到雨水影响的新设施应建在远离山体滑坡的地址。除了基础设施保护和弹性规划开发外，该指南还提供了访客和资源管理策略。通过识别气候变化给秘鲁自然保护地带来的潜在环境、社会和经济成本，可将气候相关标准纳入公共投资项目的规划和实施，从而减少气候变化带来的破坏，促进生物多样性保育，并保护依赖自然保护地旅游的地方经济。

最佳实践聚焦

利用最佳的气候预测和适应科学为决策者提供用户友好的建议，以应对气候变化等大规模变化趋势。

资料来源：BMUB，2015；IPACC，2017。

然保护地,以及如何在自然保护地内旅行?

未来也会出现目前无法预见的新技术。这些技术也许能帮助自然保护地的游客以新颖的方式获取信息计划旅行,将访问安排在期望的自然事件发生的时间段内(如野生动物迁徙或鸟筑巢),通过数字方式与朋友和家人沟通以及提高安全性等。

在自然保护地开展的游憩活动类型无疑会随着时间的变化而变化,同时也受多重因素影响,如人口老龄化、移民、旅行机会、物质获取途径、获取信息和技术的方式及多样性等。

7.4 结论

要想实现保育目标,需识别、评估和管理旅游在自然保护地产生的影响。但同时,游客访问自然保护地可以成为有力的宣传和支持自然保育的方式。在许多情况下,旅游对自然保护地的建立和管理至关重要。本书中列举和讨论的最佳实践(表7.1)为理解自然保护地旅游提供了概念框架,并为管理人员提供了相关实践建议和操作工具。值得强

访客在美国北卡罗来纳州眺望角国家海岸的海滩上与自由漫步的马自拍(摄影 © 梁宇晖)

自然保护地可持续旅游管理指南 | 149

7 自然保护地旅游的未来

表 7.1 指南最佳实践案例汇总

来源	最佳实践
规划与政策问题	
案例专栏 2.7 通过政策支持自然保护地的可持续旅游：博茨瓦纳案例研究	鼓励实现"三重底线"的国家旅游政策，主要包括：要求自然保护地旅游活动明确促进自然保育；为自然保护地管理机构和当地社区带来经济效益；考虑并尽量减少负面社会影响
案例专栏 3.3 面向保护和启智型访客体验的设计范例：埃及鲸鱼谷世界遗产地	场地设计和施工材料的选择要基于那些破坏最小并具有耐久性、可回收性、可得性和可持续性等特性的材料。设计需与当地文化和自然景观以及气候条件相融合，并利用当地植物物种进行景观美化和自然昆虫防治
案例专栏 3.4 承载力简史	应用基于标准及由自然保护地的价值、管理目标以及相关指标和标准驱动的管理框架，来解决保护地在平衡游览人数和自然保护时面临的管理挑战
案例专栏 3.5 美国大峡谷国家公园的规划和分区	使用各种访客管理工具和技术的组合，相互促进相互补充
案例专栏 4.5 使用多种技术进行访客监测：加拿大威莫尔荒野公园	利用适当的技术和充足的资金，协调和整合对环境和社会影响的监测
案例专栏 4.6 监测捷克普鲁洪尼斯公园的访客体验模式	在选择访客管理工具或实践之前，了解自然保护地的保育价值和运行环境
案例专栏 4.15 全球可持续旅游理事会标准	遵循国际通行的旅游业和生物多样性准则，该准则为旅游业及其影响的政策、规划、管理和监测提供了框架
案例专栏 5.1 自然保护地社区管理保育项目（COMPACT）	确保自然保护地里所有的旅游现场规划遵循基本的四个步骤：①环境和社区基线评估，将信息提供给②概念模型，用于设计③现场规划和④监测和评估体系，用于指导现场管理上的必要调整
案例专栏 5.3 加拿大育空地区的尼荫里恩吉克（钓鱼河）自然保护地的合作规划与管理	与包括受影响的原住民、当地社区和旅游私营企业在内的所有利益相关方合作，编制旅游管理规划
案例专栏 7.1 秘鲁自然保护区的旅游和气候变化：潜在影响评估和适应指南	利用最佳的气候预测和适应科学为决策者提供用户友好的建议，以应对气候变化等大规模变化趋势
社区和沟通问题	
案例专栏 2.4 将生物多样性与生计联系起来：可持续的自然保护地——社区伙伴关系	支持与市场相关旅游服务尽量由社区提供。考虑建立社区企业与私营部门之间的合作伙伴关系，以提高商业成功的机会
案例专栏 2.9 与医疗保健合作：澳大利亚维多利亚州公园管理局、Medibank 私营医保公司以及国家心脏基金会	重新构想自然保护地内的游憩活动，把它们视为满足社区需求，并解决更大的社会目标，如与人类健康和福祉有关的目标的手段之一
案例专栏 4.10 向游客传播世界遗产：马来西亚姆鲁山国家公园	通过与全球范围的类似问题、国际性的保护举措相关联，帮助游客在更大的背景下了解自然保护地的管理问题
案例专栏 4.11 秘鲁国家自然保护地体系解说中心	在环境教育和解说项目中有策略地强调自然保护地的价值，并与自然保护地或自然保护地体系的整体目标保持一致

续表

来源	最佳实践
社区和沟通问题	
案例专栏 4.12 参与式历史：加拿大通过基于知识和技能的解说吸引访客参与	从简单传递信息的环境教育和解说项目，过渡到可以使访客产生情感联系，并将其与该地区所保护的价值联系起来的项目
案例专栏 5.2 缓冲区社区的能力建设	评估当地社区提供旅游服务的能力，并确保在投资之前已经进行了充分的商业建模
案例专栏 5.5 旅游管理的合作伙伴关系：来自美国国家森林局的案例	确保所有与合作伙伴关系相关的工作均得到正式体现和官方认可，包括招募合作伙伴以及维护合作伙伴关系所花费的时间
财务问题	
案例专栏 2.5 通过伙伴关系培养商业技能	将商业开发和管理技能培训纳入以社区为基础的旅游服务培训，并将社区成员、非政府组织代表和自然保护地管理人员纳为培训对象
案例专栏 4.13 加拿大公园管理局的市场调研数据和体验式营销的应用	在实施市场营销策略前，通过研究和分析深刻理解不同受众
案例专栏 6.4 坦桑尼亚联合共和国境内门票费用的差异	在设定门票费之前，对自然保护地（或更广泛的自然保护地体系）进行系统的财务评估，分析当前状况、收入和成本，并使用这些信息来衡量不同选项，如根据居住地、年龄或地点的受欢迎程度，或者把所有这些因素综合起来决定收费标准
案例专栏 6.5 卢旺达火山国家公园的大猩猩观赏活动费	检验游客和旅行社为每一项付费项目的支付意愿，并根据那些拥有相似景点、竞争相似客源的地方性或区域性自然保护地的收费情况确定收费标准
案例专栏 6.7 成功的旅游合同：秘鲁坦博帕塔研究中心和坦博帕塔国家自然保护区	与旅游运营商签订合同时，必须明确要求旅游运营商支持可持续实践和自然保护地保育目标
案例专栏 6.8 社区分享经济利益：纳米比亚达马拉兰营地和托拉保护区	与特许经营者签订协议时，要求他们雇用一定数量的当地员工，尽可能在当地消费，并向当地企业外包服务

调的是，这个表格并非面面俱到，只摘选了本书列举的部分最佳实践，它也为全球生物多样性保护和可持续旅游最佳实践案例集贡献了案例（例如，欧洲公园联盟，2012；生物多样性公约，2007；生物多样性公约，2015）。

如何理解和实施这些建议？只有在适于本国/当地背景、当前条件的前提条件下，这些建议才有意义。政策制定者和管理者在做出决策之前应将所有影响因素考虑在内，并进行全面评估。本书所列的建议是来自世界各地的经验总结，具有广泛的适用性；但每个自然保护地都有其独特之处，管理者应根据具体的情况、未来的变化，有针对性地实施相关建议。

最后，管理人员应监测现状、记录变化并在需要时进行调整。管理者应制

7 自然保护地旅游的未来

定切合实际的短期、中期和长期目标，以评估包括生物多样性在内的自然价值保育的进展，推动创造高质量的游客体验。此外，可采取激励措施以鼓励更多的社会群体支持这些目标。

在本书中，我们不停地提到可持续性挑战：使用最佳实践来减少旅游业的负面影响并最大限度地发挥其积极影响。可持续自然保护地旅游既是一个过程，也是一个目标，需要管理者立即开展工作，这是一个长期的承诺。

而要实现这些目标，离不开所有自然保护地的权利所有者和利益相关方之间的有效沟通和合作伙伴关系。这对通过讨论或辩论最终获得支持、采取行动、实现自然保护地的保育目标至关重要，在这个过程中我们希望本书能成为催化剂。

参考文献

Ackoff, R.L. (1996). 'On Learning and the Systems that Facilitate It'. *Center for Quality of Management Journal* 5(2): 27–35.

AFCD (Agriculture, Fisheries and Conservation Department, Hong Kong SAR Government) (2017). 'Hong Kong UNESCO Global Geopark'. http://www.geopark.gov.hk/en_index.htm. Accessed 15 February 2017.

Alexander, S. (2000). 'Resident Attitudes toward Conservation and Black Howler Monkeys in Belize: the Community Baboon Sanctuary'. *Environmental Conservation* 27(4): 341–350. https://doi.org/10.1017/S0376892900000394.

An Exploratory Case Study'. *Asia Pacific Journal of Tourism Research* 20: 1081–1093. https://doi.org/10.1080/10941665.2014.962554.

Appleton, M.R. (comp.) (2016). *A Global Register of Competences for Protected Area Practitioners*. Gland, Switzerland: IUCN. Protected Area Technical Report Series No. 2. https://portals.iucn.org/library/node/46292. Accessed 28 March 2018.

Araripe Geopark (2005). Application Dossier for Nomination. Ceara, Brazil: Governo do Estado do Ceara. Crato.

Armstrong, E.K. and Kern, C.L. (2011). 'Demarketing Manages Visitor Demand in the Blue Mountains National Park'. *Journal of Ecotourism* 10(1): 21–37. https://doi.org/10.1080/14724040903427393.

Ashley, C. and Barnes J. (1996). *Wildlife Use for Economic Gain: The Potential for Wildlife to Contribute to Development in Namibia*. DEA Research Discussion Paper No. 12. Windhoek, Namibia: Ministry of Environment and Tourism.

Augar, N. and Fluker, M. (2015). Towards Understanding User Perceptions of a Tourist-based Environmental Monitoring System:

Aylward, B. (2004). 'The Actual and Potential Contribution of Nature Tourism in Zululand: Considerations for Development, Equity and Conservation', In: B. Aylward and E. Lutz (eds.), *Nature Tourism, Conservation, and Development in Kwazulu-Natal, South Africa*, pp. 3–40. Washington, DC: World Bank.

Bagri, A., McNeely, J. and Vorhies, F. (1998). 'Biodiversity and Impact Assessment'. Paper presented at IUCN Workshop on Biodiversity and Impact Assessment, Christchurch, New Zealand, 21–22 April.

Baral, N., Stern, M.J. and Bhattarai, R. (2008). 'Contingent Valuation of Ecotourism in Annapurna Conservation Area, Nepal: Implications for Sustainable Park Finance and Local Development'. *Ecological Economics* 66(2–3): 218–227. https://doi.org/10.1016/j.ecolecon.2008.02.004.

参考文献

Bauer, H. (2003). 'Local Perceptions of Waza National Park, Northern Cameroon'. *Environmental Conservation* 30(2): 175–181. https://doi.org/10.1017/S037689290300016X.

Beaumont, N. (2001). 'Ecotourism and the Conservation Ethic: Recruiting the Uninitiated or Preaching to the Converted?' *Journal of Sustainable Tourism* 9(4): 317–341.

Biggs, D., Turpie, J., Fabricius, C. and Spenceley, A. (2011). 'The Value of Avitourism for Conservation and Job Creation—An Analysis from South Africa'. *Conservation and Society* 9(1): 80–90. https://doi.org/10.4103/0972-4923.79198.

Bintoora, A.K. (2014). Personal communication. Uganda Wildlife Authority.

BIP (Biodiversity Indicators Partnership) (2017). 'Biodiversity Indicators Partnership'. https://www.bipindicators.net. Accessed 15 February 2017.

Blaikie, P. (2006). 'Is Small Really Beautiful? Community-based Natural Resource Management in Malawi and Botswana'. *World Development* 34: 1942–1957. https://doi.org/10.1016/j.worlddev.2005.11.023.

Blom, A. (2000). 'The Monetary Impact of Tourism on Protected Area Management and the Local Economy in Dzanga–Sangha (Central African Republic)'. *Journal of Sustainable Tourism* 8: 175–189. https://doi.org/10.1080/09669580008667357.

BMUB (German Federal Ministry for the Environment, Nature Conservation, Building and Nuclear Safety) (2015). 'Public Investment and Climate Change Adaptation (IPACC)'. http://www.giz.de/en/worldwide/13314.html. Accessed 15 February 2017.

Borrie, W.T. and Roggenbuck, J.W. (1998). 'Describing the Wilderness Experience at Juniper Prairie Wilderness Using Experience Sampling Methods'. In: D.L. Kulhavy and M.H. Legg (eds.), *Wilderness and Natural Areas in Eastern North America*, pp. 165–172. Nacogdoches, TX: Stephen F. Austin State University.

Borrie, W.T., Christensen, N.A., Watson, A.E., Miller, T.A. and McCollum, D. (2002). 'Public Purpose Recreation Marketing: A Focus on the Relationships between the Public and Public Lands'. *Journal of Park and Recreation Administration* 20: 49–68.

Borrie, W.T., McCool, S.F. and Stankey, G.H. (1998). 'Protected Area Planning Principles and Strategies'. In: K. Lindberg, M.E. Wood and D. Engeldrum (eds.), *Ecotourism: A Guide for Planners and Managers* (Vol. 2), pp. 133–154. North Bennington, VT: The Ecotourism Society.

Borrini-Feyerabend, G., Dudley, N., Jaeger, T., Lassen, B. Broome, N.P., Phillips A. and Sandwith, T. (2013). *Governance of Protected Areas: From Understanding to Action*. Best Practice Protected Area Guidelines Series No. 20. Gland, Switzerland: IUCN. https://portals.iucn.org/library/node/29138. Accessed 28 March 2018.

Bottema, M.J.M. and Bush, S.R. (2012). 'The Durability of Private Sector-Led Marine Conservation: A Case Study of Two Entrepreneurial Marine Protected Areas in Indonesia'. *Ocean and Coastal Management* 61: 38–48. https://doi.org/10.1016/j.ocecoaman.2012.01.004.

Boudreaux, K. and Nelson, F. (2011). 'Community Conservation in Namibia: Empowering the Poor with Property Rights'. *Economic Affairs* 31(2): 17–24. https://doi.org/10.1111/j.1468-0270.2011.02096.x.

Bovarnick, A., Fernandez Baca, J., Galindo, J. and Negret, H. (2010). *Financial Sustainability of Protected Areas in Latin America and the Caribbean: Investment Policy Guidance*. New York: United Nations Development Programme and The Nature Conservancy.

Brooks, C. (2013). Personal communication. Botswana, Integrated Natural Resource Management Coordinator, Southern Africa Regional Environment Program.

Brown, G., Koth, B., Kreag, G. and Weber, D. (2006). *Managing Australia's Protected Areas: Review of Visitor Management Models, Frameworks and Processes*. Gold Coast, Queensland: Sustainable Tourism Cooperative Research Centre.

Brown, J. and Hay-Edie, T. (2013). *COMPACT: Engaging Local Communities in the Stewardship of World Heritage*. New York: UNDP.

Buckley, L.B. and Foushee, M.S. (2012). 'Footprints of Climate Change in U.S. National Park Visitation'. *International Journal of Biometeorology* 56: 1173–1177. https://doi.org/10.1007/s00484-011-0508-4.

Buckley, R.C. (2003a). 'Ecological Indicators of Tourist Impacts in Parks'. *Journal of Ecotourism* 2(1): 54–66. https://doi.org/10.1080/14724040308668133.

Buckley, R.C. (2003b). 'Pay to Play in Parks: An Australian Policy Perspective on Visitor Fees in Public Protected Areas'. *Journal of Sustainable Tourism* 11(1): 56–73. https://doi.org/10.1080/09669580308667193.

Buckley, R.C. (2009). *Ecotourism: Principles and Practices*. Wallingford, UK: CABI.

Buckley, R.C. (2010a). *Conservation Tourism*. Wallingford, UK: CABI.

Buckley, R.C. (2010b). 'Safaris Can Help Conservation'. *Nature* 467: 1047. https://doi.org/10.1038/4671047d.

Buckley, R.C. (2011). 'Tourism and Environment'. *Annual Review of Environment and Resources* 36: 397–416. https://doi.org/10.1146/annurev-environ-041210-132637.

Buckley, R.C. (2012a). 'Tourism, Conservation and the Aichi Targets'. *Parks* 18(2): 12–19. https://doi.org/10.2305/IUCN.CH.2012.PARKS-18-2.RB.en.

Buckley, R.C. (2012b). 'Sustainable Tourism: Research and Reality'. *Annals of Tourism Research* 39(2): 528–546. https://doi.org/10.1016/j.annals.2012.02.003.

Buckley, R.C. (2014). 'Protecting Lemurs: Ecotourism'. *Science* 344: 358.

Buckley, R.C. (ed.) (2004). *Environmental Impacts of Ecotourism*. Wallingford, UK: CABI.

Burdge, R.J. and Vanclay, F. (1995). 'Social Impact Assessment'. In: F. Vanclay and D.A. Bronstein (eds.), *Environment and Social Impact Assessment*, pp. 31-66. New York: John Wiley.

Bush, G., Hanley, N. and Colombo, S. (2008) 'Measuring the Demand for Nature-based Tourism in Africa: A Choice Experiment Using the "Cut-off" Approach'. Discussion Paper 2008-6, Stirling

Economics, University of Stirling, Stirling, UK.

Bushell, R. and Bricker, K. (2017). 'Tourism in Protected Areas: Developing Meaningful Standards'. *Tourism and Hospitality Research* 17(1): 106–120. https://doi.org/10.1177/1467358416636173.

Bushell, R. and McCool, S.F. (2007). 'Tourism as a Tool for Conservation and Support of Protected Areas: Setting the Agenda' In: R. Bushell and P.F.J. Eagles (eds.) *Tourism and Protected Areas: Benefits beyond Boundaries*, pp. 12–26. Wallingford, UK: CABI. https://doi.org/10.1079/9780851990224.0012.

Cable, S. and Watson, A.E. (1998). *Recreation Use Allocation: Alternative Approaches for the Bob Marshall Wilderness Complex*. Research Note RMRS-RN-1. Ogden, Utah: USDA Forest Service, Rocky Mountain Research Station.

Cabral, N.R.A.J. and Mota, T.L.N.G. (2010). 'Geoconservacao em Areas Protegidas: o Caso do GeoPark Araripe–CE'. *Natureza & Conservacao* 8(2): 184–186. https://doi.org/10.4322/natcon.00802013.

CaGBC (Canada Green Building Council) (2017). 'LEED'. http://www.cagbc.org/. Accessed 15 February 2017.

Cassie, L.T. and Halpenny, E.A. (2003). 'Volunteering for Nature: Motivations for Participating in a Biodiversity Conservation Volunteer Program'. *World Leisure Journal* 45(2): 38–50. https://doi.org/10.1080/04419057.2003.9674315.

CBD (2007). *Managing Tourism and Biodiversity: User's Manual on the CBD Guidelines on Biodiversity and Tourism Development*. Montreal: Secretariat of the Convention on Biological Diversity. https://www.cbd.int/doc/programmes/tourism/tourism-manual-en.pdf. Accessed 15 February 2017.

CBD (2014). 'Decision XII/11: Biodiversity and Tourism Development'. Decision adopted by the Conference of the Parties.

CBD (2015). *Tourism Supporting Biodiversity: A Manual on Applying the CBD Guidelines on Biodiversity and Tourism Development*. Montreal: Secretariat of the Convention on Biological Diversity. https://www.cbd.int/tourism/doc/tourism-manual-2015-en.pdf. Accessed 15 February 2017.

CBD (Secretariat of the Convention on Biological Diversity) (2004). *Guidelines on Biodiversity and Tourism Development*. Montreal: Secretariat of the Convention on Biological Diversity. http://www.cbd.int/tourism/guidelines.shtml. Accessed 15 February 2017.

Chandralal, K. (2010). 'Impacts of Tourism and Community Attitudes towards Tourism: A Case Study in Sri Lanka'. *South Asian Journal of Tourism and Heritage* 3(2): 41–49.

Chase, S.K. and Levine, A. (2016). 'A Framework for Evaluating and Designing Citizen Science Programs for Natural Resources Monitoring'. *Conservation Biology* 30(3): 456–466. https://doi.org/10.1111/cobi.12697.

Children in the Wilderness (2017). 'Children in the Wilderness'. http://www.childreninthewilderness.com. Accessed 15 February 2017.

CMS (Convention on the Conservation of Migratory Species of Wild Animals) (2018). 'Convention on the Conservation of Migratory Species of Wild Animals'. https://www.cms.int/en/legalinstrument/cms. Accessed 26 October 2018.

Coad, L., Campbell, A., Miles, L. and Humphries, K. (2008). 'The Costs and Benefits of Protected Areas for Local Livelihoods: A Review of the Current Literature'. Cambridge, UK: UNEP World Conservation Monitoring Centre. https://www.biodiversitylibrary.org/bibliography/57966#/summary. Accessed 28 March 2018.

Cole, D.N. (1989). *Wilderness Campsite Monitoring Methods: A Sourcebook*. General Technical Report INT-259. Ogden, Utah: USDA Forest Service, Intermountain Research Station. https://doi.org/10.2737/INT-GTR-259.

Cole, D.N. (2004). 'Wilderness Experiences: What Should We be Managing for?' *International Journal of Wilderness* 10(3): 25–27.

Collyns, D. (2007). 'Bridge Stirs the Waters in Machu Picchu'. BBC News. http://news.bbc.co.uk/2/hi/americas/6292327.stm. Accessed 15 February 2017.

Competencies Working Group. (2002). *Competencies: Report of the Competencies Working Group*. Albany: New York State Department of Civil Service.

Conrad, C.T. and Daoust, T. (2008). 'Community-based Monitoring Frameworks: Increasing the Effectiveness of Environmental Stewardship'. *Environmental Management* 41(3): 358–366. https://doi.org/10.1007/s00267-007-9042-x.

Conservation Measures Partnership (2013). 'Open Standards for the Practice of Conservation, Version 3.0/April 2013'. http://cmp-openstandards.org/download-os/. Accessed 28 March 2018.

Convention on Biological Diversity, Pyeongchang, Republic of Korea, 6–17 October. https://www.cbd.int/decision/cop/default.shtml?id=13374. Accessed 15 February 2017.

Corben, R. (2018). 'Upbeat Outlook for ASEAN Tourism Growth'. https://www.voanews.com/a/upbeat-outlook-for-asean-tourism-growth/3677824.html. Accessed 8 April 2018.

Corbett National Park (2017). 'Corbett National Park'. http://www.corbettnationalpark.in. Accessed 15 February 2017.

Curtin, S. (2010). 'Managing the Wildlife Tourism Experience: The Importance of Tour Leaders'. *International Journal of Tourism Research* 12: 219–236. https://doi.org/10.1002/jtr.747.

Dabrowski, P. (1994). 'Tourism for Conservation, Conservation for Tourism'. *Unasylva* 45(1): 42–44.

Daniels, M.L. and Marion, J.L. (2006). 'Visitor Evaluations of Management Actions at a Highly Impacted Appalachian Trail Camping Area'. *Environmental Management* 38(6): 1006–1019. https://doi.org/10.1007/s00267-004-0368-3.

de Vasconcellos Pegas, F., Coghlan, A., Stronza, A. and Rocha, V. (2013). 'For Love or for Money? Investigating the Impact of an Ecotourism Programme on Local Residents' Assigned Values Towards Sea Turtles'. *Journal of Ecotourism* 12(2): 90-106. https://doi.org/10.1080/14724049.2013.831099.

Deery, M., Jago, L. and Fredline, L. (2012). 'Rethinking Social Impacts of Tourism Research: A New

Research Agenda'. *Tourism Management* 33: 64–73. https://doi.org/10.1016/j.tourman.2011.01.026.

DFID (UK Department for International Development) (1998). *Changing the Nature of Tourism*. London: DFID.

Diaz, D. (2001). *The Viability and Sustainability of International Tourism in Developing Countries*. Report to the Symposium on Tourism Services, 22–23 February 2001. Geneva: World Trade Organization.

Dickinson, E. (2013). 'The Misdiagnosis: Rethinking "Nature-deficit Disorder"'. *Environmental Communication* 7(3): 315–335.

Dickinson, J. and Bonney, R. (2012). *Citizen Science: Public Participation in Environmental Research*. Ithaca, NY: Comstock. https://doi.org/10.1080/17524032.2013.802704.

Dikgang, J. and Muchapondwa, E. (2017). 'The Determination of Park Fees in Support of Benefit Sharing in Southern Africa'. *Tourism Economics* 23(6): 1165-1183. https://doi.org/10.1177/1354816616655254.

Drumm, A. (2007). 'Tourism-based Revenue Generation for Conservation'. In: R. Bushell and P.F.J. Eagles (eds.), *Tourism and Protected Areas: Benefits beyond Boundaries*, pp. 191–209. Wallingford UK: CABI.

Dudley, N. (ed.) (2008). *Guidelines for Applying Protected Area Management Categories*. Gland, Switzerland: IUCN. https://portals.iucn.org/library/efiles/documents/PAPS-016.pdf. Accessed 1 April 2018.

Dudley, N., Shadie, P. and Stolton, S. (2013). *Guidelines for Applying Protected Area Management Categories Including IUCN WCPA Best Practice Guidance on Recognising Protected Areas and Assigning Management Categories and Governance Types*. Best Practice Protected Area Guidelines Series No. 21. Gland, Switzerland: IUCN. https://portals.iucn.org/library/node/30018. Accessed 1 April 2018.

Dzhanyspayev, A.D. (2006). 'Almaty Reserve'. In: A.A. Ivashenko (ed.), *Nature Reserves and National Parks of Kazakhstan*, pp.62–81. Almaty, Kazakhstan: Almatykitap.

Eagles, P., Romagosa, F., Buteau-Duitschaever, W., Havitz, M., Glover, T. and McCutcheon, B. (2012). 'Good Governance in Protected Areas: An Evaluation of Stakeholders' Perceptions in British Columbia and Ontario Provincial Parks'. *Journal of Sustainable Tourism* 21(1): 60–79. https://doi.org/10.1080/09669582.2012.671331.

Eagles, P.F.J. (2002). 'Trends in Park Tourism: Economics, Finance and Management'. *Journal of Sustainable Tourism* 10(2): 132–153. https://doi.org/10.1080/09669580208667158.

Eagles, P.F.J. (2014) 'Fiscal Implications of Moving to Tourism Finance for Parks: Ontario Provincial Parks'. *Managing Leisure* 19(1): 1–17. https://doi.org/10.1080/13606719.2013.849503.

Eagles, P.F.J. and McCool, S.F. (2002). *Tourism in National Parks and Protected Areas: Planning and Management*. Wallingford, UK: CABI. https://doi.org/10.1079/9780851995892.0000.

Eagles, P.F.J., Baycetich, C.M., Chen, X., Dong, L., Halpenny, E., Kwan, P.B., Lenuzzi, J.J., Wang, X., Xiao, H. and Zhang, Y. (2009). *Guidelines for Planning and Management of Concessions, Licenses and Permits for Tourism in Protected Areas*. Waterloo, Ontario: Tourism Planning and Management Program, University of Waterloo.

Eagles, P.F.J., Bowman, M.E. and Tao, C.-H.T. (2001). *Guidelines for Tourism in Parks and Protected Areas of East Asia*. Gland, Switzerland and Cambridge, UK: IUCN. https://portals.iucn.org/library/node/7934. Accessed 28 March 2018.

Eagles, P.F.J., McCool, S.F. and Haynes, C. (2002). *Sustainable Tourism in Protected Areas: Guidelines for Planning and Management*. Best Practice Protected Area Guidelines Series No. 8. Gland, Switzerland: IUCN. https://portals.iucn.org/library/node/8024. Accessed 28 March 2018. https://doi.org/10.2305/IUCN.CH.2002.PAG.8.en.

Ellis, G.D. and Rossman, J.R. (2008). 'Creating Value for Participants through Experience Staging: Parks, Recreation, and Tourism in the Experience Industry'. *Journal of Park and Recreation Administration* 26(4): 1-20.

Esparon, M.C. (2013). 'The Role of Certification in Advancing the Sustainable Tourism Agenda: A Case Study of the ECO Certification Scheme in the Wet Tropics World Heritage Area (WTWHA)'. PhD dissertation. Townsville, Queensland: James Cook University.

Esteves, A.M., Franks, D. and Vanclay, F. (2012). 'Social Impact Assessment: The State of the Art'. *Impact Assessment and Project Appraisal* 30: 34–42. https://doi.org/10.1080/14615517.2012.660356.

EUROPARC Federation (2010). *Joining Forces: How the European Charter for Sustainable Tourism in Protected Areas is Successfully Implementing the Convention on Biological Diversity Guidelines for Biodiversity and Tourism Development*. http://www.europarc.org/wp-content/uploads/2015/05/2010-Joigning-Forces-ECST.pdf. Accessed 28 March 2018.

EUROPARC Federation (2012). *Practical, Profitable, Protected: A Starter Guide to Developing Sustainable Tourism in Protected Areas*. Grafenau, Germany: EUROPARC Federation. https://portals.iucn.org/library/node/28972. Accessed 28 March 2018.

EUROPARC Federation (2018). *Become a Sustainable Destination* - Charter Part I. http://www.europarc.org/sustainable-tourism/become-a-sustainable-destination-charter-part-i/. Accessed 28 February 2018.

Fagel, M.J. and Hesterman, J. (2017). *Soft Targets and Crisis Management: What Emergency Planners and Security Professionals Need to Know*. Boca Raton, Florida: CRC Press.

Fawcett, K. (2009). Personal communication. Director, Karisoke Research Centre, 16 September.

Ferretti, E.L. (2012). 'Atoll Ecosystem-based Conservation of Globally Significant Biological Diversity in the Maldives' Baa Atoll: GEF Project'. Terminal Evaluation Report. http://erc.undp.org/evaluationadmin/manageevaluation/viewevaluationdetail.html?evalid=5571. Accessed 15 February 2017.

参考文献

Feynan Ecolodge (2017). 'Feynan Ecolodge'. http://ecohotels.me/Feynan. Accessed 5 November 2017.

Filipović, D., Gosar, A., Koderman, M. and Đurđić, S. (2017). 'Tourism in protected areas of nature in Serbia and Slovenia'. Belgrade: University of Belgrade, Faculty of Geography. https://www.researchgate.net/publication/321127222_Tourism_in_Protected_Areas_of_Nature_in_Serbia_and_Slovenia. Accessed 13 September 2018.

Follett, R. and Strezov, V. (2015). 'An Analysis of Citizen Science Based Research: Usage and Publication Patterns'. *PLoS ONE* 10(11): e0143687. https://doi.org/10.1371/journal.pone.0143687.

Font, X., Epler Wood, M., Black, R. and Crabtree, A. (2007). 'Sustainable Tourism Certification Marketing and Its Contribution to SME Market Access'. In: R. Black and A. Crabtree (eds.), *Quality Assurance and Certification in Ecotourism*, pp. 147–163. Wallingford, UK: CABI. https://doi.org/10.1079/9781845932374.0147.

Galaski, K. (2015). Personal communication. Program and Operations Manager, Americas, and Technical Director, MIF/IDB Project, Planeterra Foundation.

GGN (Global Geoparks Network) (2018). 'Global Network of National Geoparks'. http://www.globalgeopark.org/. Accessed 26 October 2018.

Gillingham, S. and Lee, P. (1999). 'The Impact of Wildlife-related Benefits on the Conservation Attitudes of Local People around the Selous Game Reserve, Tanzania'. *Environmental Conservation* 26(3): 218–228. https://doi.org/10.1017/S0376892999000302.

Gitzen, R.A., Millspaugh, J.J., Cooper, A.B. and Licht, D.S. (2012). *Design and Analysis of Long-term Ecological Monitoring Studies*. Cambridge, UK: Cambridge University Press. https://doi.org/10.1017/CBO9781139022422.

GIZ (2015a). 'Integrated Nature Conservation and Sustainable Management of Natural Resources in Phong Nha–Ke Bang National Park'. http://www.giz.de/en/worldwide/18650.html. Accessed 15 February 2017.

GIZ (2015b). 'Phong Nha–Ke Bang National Park Region: Nature Conservation and Sustainable Management of Natural Resources'. http://www.pnkb-quangbinh.org.vn/. Accessed 15 February 2017.

GIZ (Deutsche Gesellschaft fur Internationale Zusammenarbeit) (2014). 'Tourism as a Part of Integrated Development Planning and Nature Conservation' [brochure]. Eschborn, Germany: GIZ.

Goodwin, H. McCombes, L. and Eckardt, C. (2009). 'Advances in Travel Philanthropy: Raising Money through the Travel and Tourism Industry for Charitable Purposes'. WTM Responsible Tourism Day Report No. 2.

Graefe, A., Vaske, J. and Kuss, F. (1984). 'Social Carrying Capacity: An Integration and Synthesis of Twenty Years of Research'. *Leisure Sciences* 8: 275–295. https://doi.org/10.1080/01490408609513076.

Greer, D. and Cipolletta, C. (2006). 'Western Gorilla Tourism: Lessons Learnt from Dzanga–Sangha'. *Gorilla Journal* 33: 16–19.

Groves, C. and Game, E.T. (2016). *Conservation Planning: Informed Decisions for a Healthier Planet.*

Greenwood Village, CO: Roberts & Co.

GSTC (2017b). "GSTC Industry Criteria Formally Released". https://www.gstcouncil.org/en/about/news/1315-gstc-industry-criteria-formally-released.html . Accessed 15 February 2017.

GSTC (Global Sustainable Tourism Council) (2017a). 'Global Sustainable Tourism Council'. http://www.gstcouncil.org. Accessed 15 February 2017.

Gutzwiller, K.J. (1995). 'Recreational Disturbance and Wildlife Communities'. In: R.L. Knight and K.J. Gutzwiller (eds.), *Wildlife and Recreationists: Coexistence through Management and Research*, pp. 169–182. Washington, DC: Island Press.

Haaland, H. and Aas, O. (2010). 'Ecotourism Certification–Does it Make a Difference? A Comparison of Systems from Australia, Costa Rica and Sweden'. *Scandinavian Journal of Hospitality and Tourism* 10(3): 375–385. https://doi.org/10.1080/15022250.2010.486262.

Hachileka, E. (2003). 'Sustainability of Wildlife Utilization in the Chobe District, Botswana'. *South African Geographical Journal* 85(1): 50–57. https://doi.org/10.1080/03736245.2003.9713784.

Hall, C.M. and McArthur, S. (1998). *Integrated Heritage Management: Principles and Practices*. London, UK: The Stationery Office.

Hall, C.M., Scott, D. and Gossling, S. (2013). 'The Primacy of Climate Change for Sustainable International Tourism'. *Sustainable Development* 21: 112–121. https://doi.org/10.1002/sd.1562.

Halpenny, E. (2007). 'Financing Parks through Marketing: A Case Study of Ontario Parks'. In: R. Bushell and P.F.J. Eagles (eds.), *Tourism and Protected Areas: Benefits beyond Boundaries*, pp. 277–300. Wallingford, UK: CABI. https://doi.org/10.1079/9780851990224.0277.

Halpenny, E.A. and Caissie, L.T. (2003). 'Volunteering on Nature Conservation Projects: Volunteer Experience, Attitudes and Values'. *Tourism Recreation Research* 28(3): 25–33. https://doi.org/10.1080/02508281.2003.11081414.

Ham, S. (2011). 'The Ask—Or Is It the Offer?' In: M. Honey (ed.), *Travelers' Philanthropy Handbook*, pp. 141–149. Washington, DC: Center for Responsible Travel (CREST).

Harris, R. (2002). 'The Tale of the Little Penguins and the Tourists—Making Tourism Sustainable in Phillip Island Nature Park'. In: T. Harris, T. Griffin and P. Williams (eds.), *Sustainable Tourism: A Global Perspective*, pp. 238–251. Amsterdam: Elsevier Butterworth-Heinemann. https://doi.org/10.1016/B978-0-7506-8946-5.50019-8.

Hayes, M.C., Peterson, M.N., Heinen-Kay, J. and Brian Langerhans, R. (2015). 'Tourism-related Drivers of Support for Protection of Fisheries Resources on Andros Island, The Bahamas'. *Ocean and Coastal Management* 106: 118–123. https://doi.org/10.1016/j.ocecoaman.2015.01.007.

Hellebrandt, T. and Mauro, P. (2015). 'The Future of Worldwide Income Distribution'. PIIE Working Paper 15-7. https://piie.com/publications/working-papers/future-worldwide-income-distribution. Accessed 8 April 2018.

Hill, G.H., Cable, T.T. and Scott, D. (2010). 'Wildlife-based Recreation as Economic Windfall: A

Rhetorical Analysis of Public Discourse on Birding'. *Applied Environmental Education and Communication* 9: 224–232. https://doi.org/10.1080/1533015X.2010.530888.

Hockings, M., Stolton, S., Leverington, F., Dudley, N. and Courrau, J. (2006). *Evaluating Effectiveness: A Framework for Assessing the Management of Protected Areas* (2nd ed.). Best Practice Protected Areas Guidelines Series No. 14. Gland, Switzerland: IUCN. https://doi.org/10.2305/IUCN.CH.2006.PAG.14.en.

Honey, M. (ed.) (2011). *Travelers' Philanthropy Handbook*. Washington, DC: Center for Responsible Travel.

Hoon, P. (2004). 'Impersonal Markets and Personal Communities? Wildlife, Conservation and Development in Botswana'. *Journal of International Wildlife Law & Policy* 7(3): 143–160. https://doi.org/10.1080/13880290490883223.

Hornback, K.E. and Eagles, P.F.J. (1999). *Guidelines for Public Use Measurement and Reporting at Parks and Protected Areas*. Cambridge, UK: IUCN. https://portals.iucn.org/library/node/7545. Accessed 28 March 2018.

HPHP (Healthy Parks Healthy People) (2017). 'Healthy Parks Healthy People Central'. http://www.hphpcentral.com. Accessed 15 February 2017.

Huang, Y.W. (2011). 'Ecotourism Development and Promotion in Taiwan: Perspective on the Role and Actions of the State'. *Journal of National Park* 21(1): 1–22.

Hubner, A. Phong, L.T. and Chau, T.S.H. (2014). 'Good Governance and Tourism Development in Protected Areas: The Case of Phong Nha–Ke Bang National Park, Central Vietnam'. *Koedoe* 56(2). https://doi.org/10.4102/koedoe.v56i2.1146.

Hustai National Park (2017). 'Hustai National Park'. http://www.hustai.mn. Accessed 15 February 2017.

Huwyler, F., Kappeli, J., Serafimova, K., Swanson, E. and Tobin, J. (2014). *Conservation Finance: Moving beyond Donor Funding towards an Investor-driven Approach*. Gland, Switzerland: WWF, Credit Suisse, and McKinsey & Company.

Hvenegaard, G.T. (2011). 'Potential Conservation Benefits of Wildlife Festivals'. *Event Management* 15(4): 373–386.

Hvenegaard, G.T., Halpenny, E.A. and McCool, S. (2012). 'Protected Area Tourism and the Aichi Targets'. *Parks* 18(2): 6–11.

INC (Instituto National de Cultura) (2005). *Plan maestro del santuario historico de Machupicchu*. Cusco, Peru: Instituo Nacional de Cultura, Instituo Nacional de Recursos Naturalesy Direccion Regional de Cusco.

Infield, M. (1988). 'Attitudes of a Rural Community towards Conservation and a Local Conservation Area in Natal, South Africa'. *Biological Conservation* 45(1): 21–46. https://doi.org/10.1016/0006-3207(88)90050-X.

IPACC (2017). 'The IPACC Project'. http://www.ipacc.pe/qsomos.html. Accessed 15 February 2017.

参考文献

iSimangaliso Wetland Park (2017). 'iSimangaliso – Caring for the Coast'. https://isimangaliso.com/newsflash/isimangaliso-caring-for-the-coast/. Accessed 8 April 2018.

ISO (International Organization for Standardisation) (2015). 'ISO 18065: 2015'. http://www.iso.org/iso/catalogue_detail.htm?csnumber=61250. Accessed 15 February 2017.

IUCN (2012a). *IUCN Conservation Outlook Assessments—Guidelines for their Application to Natural World Heritage Sites*. Gland, Switzerland: IUCN. http://cmsdata.iucn.org/downloads/guidelines_iucn_conservation_outlook_assessments_08_12.pdf. Accessed 15 February 2017.

IUCN (2012b). Siting and Design of Hotels and Resorts: Principles and Case Studies for Biodiversity Conservation. Gland, Switzerland: IUCN. https://portals.iucn.org/library/efiles/documents/2012-013.pdf. Accessed 15 February 2017.

IUCN (2014). 'Brief—IUCN Conservation Outlook Assessments'. https://cmsdata.iucn.org/downloads/brief_iucn_conservation_outlook_assessments 0812.pdf. Accessed 15 February 2017.

IUCN (2017a). 'IUCN Global Protected Areas Programme'. https://www.iucn.org/theme/protected-areas/about/iucn-global-protected-areas-programme. Accessed 15 February 2017.

IUCN (2017b). 'IUCN—World Heritage Outlook'. http://www.worldheritageoutlook.iucn.org/. Accessed 15 February 2017.

IUCN (2017c). 'Key Biodiversity Areas'. https://www.iucn.org/theme/protected-areas/wcpa/what-we-do/biodiversity-and-protected-areas/key-biodiversity-areas. Accessed 15 February 2017.

IUCN (2017d). 'IUCN Green List'. http://www.iucn.org/about/work/programmes/gpap_home/gpap_quality/gpap_greenlist/. Accessed 15 February 2017.

IUCN (2017e). World Heritage Outlook: Jiuzhaigou Valley Scenic and Historic Interest Area. http://www.worldheritageoutlook.iucn.org/search-sites/-/wdpaid/en/67732?p_p_auth=rVuYfC0y. Accessed 8 November 2017.

IUCN (International Union for Conservation of Nature) (2010). 'Communicating for Success: Ensuring MPAs are Valued'. http:// www.cectalksnature.org/_literature_125750/MPA_Communications_Planning_Handbook. Accessed 15 February 2017.

IUCN Botswana (2002). *Botswana National Ecotourism Strategy*. Final Report. http://www.ub.bw/ip/documents/2002_Botswana%20National%20Ecotourism%20Strategy.pdf. Accessed 15 February 2017.

IUCN-WCPA (2007). 'Guidelines for Applying the Precautionary Principle to Biodiversity Conservation and Natural Resource Management'. As approved by the 67th meeting of the IUCN Council, 14–16 May 2007. http://cmsdata.iucn.org/downloads/ln250507_ppguidelines.pdf. Accessed 15 February 2017.

IVUMC (2017). 'Interagency Visitor Use Management Council'. http://visitorusemanagement.nps.gov/. Accessed 15 February 2017.

IVUMC (Interagency Visitor Use Management Council) (2016). *Visitor Use Management Framework:*

A Guide to Providing Sustainable Outdoor Recreation (Edition One). Denver, CO: IVUMC. https://visitorusemanagement.nps.gov/VUM/ Framework. Accessed 15 February 2017.

Jager, E. and Halpenny, E.A. (2012). 'Supporting the CBD Aichi Biodiversity Conservation Targets through Park Tourism: A Case Study of Parks Canada's Visitor Experience Programme'. *Parks* 18(2): 78–91. https://doi.org/10.2305/IUCN.CH.2012. PARKS-18-2.EJ.en.

Jager, E., Sheedy, C., Gertsch, F., Phillips, T. and Danchuk, G. (2006). 'Managing for Visitor Experiences in Canada's National Heritage Places'. *Parks* 16(2): 18–24.

Kajala, L. (2013). 'Visitor Monitoring in Finnish National Parks and ASTA Visitor Information System'. Paper presented at the Visitor Monitoring in National Parks Workshop, Gardemoen Airport, Norway.

Kajala, L., Almik, A., Dahl, R., Dikšaite, L., Erkkonen, J., Fredman, P., Jensen, F., Sondergaard, F., Karoles, K., Sievanen, T., Skov-Petersen, H., Vistad, O.I. and Wallsten, P. (2007). *Visitor Monitoring in Nature Areas: A Manual based on Experiences from the Nordic and Baltic Countries*. Stockholm, Sweden: Swedish Environmental Protection Agency/TemaNord. https:// www.naturvardsverket.se/Documents/publikationer/620-1258-4.pdf. Accessed 18 November 2017.

Kibira, G. (2014). 'The Economic Implications of Conservation in Serengeti National Park on Adjacent Local Communities in Tanzania'. PhD progress report, School of Economics, University of Cape Town.

King, L. (2013). 'Communicating the World Heritage Brand: Building Appreciation and Commitment to the World Heritage Concept'. In: P. Figgis, A. Leverington, R. Mackay and P. Valentine (eds.), *Keeping the Outstanding Exceptional: The Future of World Heritage in Australia*. Sydney: Australian Committee for IUCN. https://portals.iucn.org/library/node/10426. Accessed 26 October 2018.

King, L., McCool, S., Fredman, P. and Halpenny, E. (2012). 'Protected Area Branding Strategies to Increase Stewardship among Park Constituencies'. *Parks* 18(2): 54–63. https://doi.org/10.2305/IUCN.CH.2012.PARKS-18-2.LMK.en.

Knight, R.L. and Cole, D.N. (1995). 'Wildlife Responses to Recreationists'. In: R.L. Knight and K.J. Gutzwiller (eds.), *Wildlife and Recreationists: Coexistence through Management and Research*, pp. 51–70. Washington, DC: Island Press.

Koss, R., Miller, K., Wescoh, G., Bellgove, A., Boxshall, A., McBurnie, J., Bunce, A., Gilmour, P. and Lerodiaconou, D. (2009). 'An Evaluation of Sea Search as a Citizen Science Programme in Marine Protected Areas'. *Pacific Conservation Biology* 15: 116–127.

Kothari, A. (2008). 'Protected Areas and People: The Future of the Past'. *Parks* 17(2): 23–34.

Krippendorf, J. (1987). *The Holiday Makers: Understanding the Impact of Leisure and Travel*. Oxford: Heinemann.

Krug, K., Abderhalden, W. and Haller, A. (2003). 'User Needs for Location-based Services in Protected Areas: Case Study Swiss National Park'. *Information Technology and Tourism* 5: 235-242. https://

doi.org/10.3727/109830503108751162.

LaFranchi, H. (2001). 'Machu Picchu's Slide'. *Christian Science Monitor* 93(112): 7.

Lankford, S.V. and Howard, D.R. (1994). 'Developing a Tourism Impact Attitude Scale'. *Annals of Tourism Research* 21: 121–139.

Larson, L.R. and Poudyal, N.C. (2012). 'Developing Sustainable Tourism through Adaptive Resource Management: A Case Study of Machu Picchu, Peru'. *Journal of Sustainable Tourism* 20(7): 917–938.

Lausche, B. (2011). *Guidelines for Protected Areas Legislation*. IUCN Environmental Policy and Law Paper No. 81. Gland, Switzerland: IUCN. https://portals.iucn.org/library/node/9869. Accessed 15 February 2017.

Lemenager T., King, D., Elliott, J., Gibbons, H. and King, A. (2014). 'Greater than the Sum of Their Parts: Exploring the Environmental Complementarity of State, Private and Community Protected Areas'. *Global Ecology and Conservation* 2: 238–247. https://doi.org/10.1016/j.gecco.2014.09.009.

Lemieux, C.J., Eagles, P.F.J., Slocombe, D.S., Doherty, S.T., Elliott, S.J. and Mock, S.E. (2012). 'Human Health and Wellbeing Motivations and Benefits Associated with Protected Area Experiences: An Opportunity for Transforming Policy and Management in Canada'. *Parks* 18(1): 71–85.

Lepp, A. (2002). 'Uganda's Bwindi Impenetrable National Park: Meeting the Challenges of Conservation and Community Development through Sustainable Tourism'. In: R. Harris, T. Griffin and P. Williams (eds.), *Sustainable Tourism: A Global Perspective*, pp. 211–220. Amsterdam: Elsevier Butterworth-Heinemann. https://doi.org/10.1016/B978-0-7506-8946-5.50017-4.

Lepp, A. (2007). 'Residents' Attitudes toward Tourism in Bigodi Village, Uganda'. *Tourism Management* 28: 876–885. https://doi.org/10.1016/j.tourman.2006.03.004.

Leung, Y.-F. (2012). 'Recreation Ecology Research in East Asia's Protected Areas: Redefining Impacts?' *Journal for Nature Conservation* 20(6): 349–356. https://doi.org/10.1016/j.jnc.2012.07.005.

Leung, Y.-F., Marion, J.L. and Farrell, T.A. (2008). 'Recreation Ecology in Sustainable Tourism and Ecotourism: A Strengthening Role'. In: S.F. McCool and R.N. Moisey (eds.), *Tourism, Recreation and Sustainability: Linking Culture and the Environment* (2nd ed.), pp. 19–37. Wallingford, UK: CABI. https://doi.org/10.1079/9781845934705.0019.

Liddle, M.J. (1997). *Recreation Ecology*. Dordrecht, Netherlands: Kluwer Academic.

Lindberg, K. (1998). 'Economic Aspects of Ecotourism'. In: K. Lindberg and M.E. Wood (eds.), *Ecotourism: A Guide for Planners and Managers* (Vol. 2), pp. 87–117. North Bennington, Vermont: The Ecotourism Society.

Lindberg, K. (2001). *Protected Area User Fees: Summary*. Report prepared for the project 'Generating Revenue through Ecotourism for Marine Protected Areas in Belize'. Summit Foundation and The International Ecotourism Society.

Liu, S.G. (2013). 'Government and Local People are Not Enemies but Friends, Brilliant Outcomes of Ecotourism in Pintung'. http://travel.udn.com/mag/travel/storypage.jsp?f_ART_ID=87332#ixzz2Q23cIK2w. Accessed 20 March 2013.

Lucas, R.C. (1964). 'Wilderness Perception and Use: The Example of the Boundary Waters Canoe Area'. *Natural Resources Journal* 3: 394–411.

Lucas, R.C. (1982). 'Recreation Regulations—When are They Needed'? *Journal of Forestry* 80(3): 148–151.

Lucas, R.C. (1983). 'The Role of Regulations in Recreation Management'. *Western Wildlands* 9(2): 6–10.

Lucey, W.P. and Barraclough, C.L. (2001). A User Guide to Photopoint Monitoring Techniques for Riparian Areas—Field Test Edition. Kimberley, BC: Aqua-Tex Scientific Consulting Ltd.

Macfie, E.J. and Williamson, E.A. (2010). *Best Practice Guidelines for Great Ape Tourism*. Gland, Switzerland: IUCN. https://portals.iucn.org/library/node/9636. Accessed 28 March 2018.

Maekawa, M., Lanjouw, A., Rutagarama, E. and Sharp, D. (2013). 'Mountain Gorilla Tourism Generating Wealth and Peace in Post-conflict Rwanda'. *Natural Resources Forum* 37(2): 127–137. https://doi.org/10.1111/1477-8947.12020.

Magole, L.I. and Magole, L. (2011). 'Revisiting Botswana's High-value, Low-volume Tourism'. *Tourism Analysis* 16(2): 203–210.

Maller, C., Townsend, M., St Leger, L., Hendersen-Wilson, C., Pryor, A., Prosser, L. and Moore, M. (2009). 'Healthy Parks, Healthy People: The Health Benefits of Contact with Nature in a Park Context'. *The George Wright Forum* 26(2): 51–83.

Manidis Roberts Consultants (1996). 'Developing a Tourism Optimisation Management Model (TOMM): A Model to Monitor and Manage Tourism on Kangaroo Island' (Draft Consultation Report). Adelaide: South Australian Tourism Commission.

Manning, R. (2004). 'Recreation Planning Frameworks'. In: M.J. Manfredo, J.J. Vaske, B.L. Bruyere, D.R. Field and P.J. Brown (eds.), *Society and Natural Resources: A Summary of Knowledge*, pp. 83–96. Jefferson, Missouri: Modern Litho.

Manning, R. (2007). *Parks and Carrying Capacity: Commons without Tragedy*. Washington, DC: Island Press.

Manning, R. (2011). *Studies in Outdoor Recreation* (3rd ed.). Corvallis: Oregon State University Press.

Manning, R., Anderson, L. and Pettengill, P. (2017). *Managing Outdoor Recreation: Case Studies in the National Parks* (2nd ed.). Cambridge, Massachusetts: CABI. https://doi.org/10.1079/9781786391025.0000.

Manning, R., Lawson, S., Newman, P., Hallo, J. and Monz, C. (2014). *Sustainable Transportation in the National Parks*. Lebanon, New Hampshire: University Press of New England.

Marion, J.L. and Reid, S. (2007). 'Minimizing Visitor Impacts to Protected Areas: The Efficacy of Low Impact Education Programmes'. *Journal of Sustainable Tourism* 15(1): 5–27. https://doi.org/10.2167/jost593.0.

Marion, J.L. and Wimpey, J. (2011). *Informal Trail Monitoring Protocols: Denali National Park and Preserve*. Blacksburg, Virginia: US Geological Survey, Patuxent Wildlife Research Center, Virginia Tech Field Unit. https://profile.usgs.gov/myscience/upload_folder/ci2012Feb2415041636429DENA%20Trails%20Final%20Rpt.pdf. Accessed 15 February 2017.

Mathieson, A. and Wall, G. (1982). *Tourism: Economic, Physical and Social Impacts*. London: Longman.

Mbaiwa, J.E. (2005). 'The Problems and Prospects of Sustainable Tourism Development in the Okavango Delta, Botswana'. *Journal of Sustainable Tourism* 13(3): 203–227. https://doi.org/10.1080/01434630508668554.

Mbaiwa, J.E. and Stronza, A.L. (2011). 'Changes in Resident Attitudes towards Tourism Development and Conservation in the Okavango Delta, Botswana'. *Journal of Environmental Management* 92(8): 1950–1959. https://doi.org/10.1016/j.jenvman.2011.03.009.

McCool and D.N. (2018). Cole (comps.), Proceedings—Limits of Acceptable Change and Related Planning Processes: Progress and Future Directions, pp. 49–57. Ogden, Utah: USDA Forest Service, Rocky Mountain Research Station. https://www.fs.usda.gov/treesearch/pubs/23910. Accessed 28 March 2018.

McCool, S., Hsu, Y.C. Rocha, S.B., Satorsdottir, A.D., Gardner, L. and Freimund, W. (2012). 'Building the Capability to Manage Tourism as Support for the Aichi Target'. *Parks* 18(2): 92–106. https://doi.org/10.2305/IUCN.CH.2012.PARKS-18-2.SM.en.

McCool, S.F. (1996). 'Limits of Acceptable Change: A Framework for Managing National Protected Areas: Experiences from the United States'. Paper presented at the Workshop on Impact Management in Marine Parks, Kuala Lumpur, Malaysia, 13-14 August.

McCool, S.F. (2006). 'Managing for Visitor Experiences in Protected Areas: Promising Opportunities and Fundamental Challenges'. *Parks* 16(2): 3–9.

McCool, S.F. and Cole, D.N. (comps.) (1997). *Proceedings—Limits of Acceptable Change and Related Planning Processes: Progress and Future Directions*. Ogden, Utah: USDA Forest Service, Intermountain Research Station. http://www.fs.fed.us/rm/pubs_int/int_gtr371.pdf. Accessed 15 February 2017.

McCool, S.F. and Moisey, R.N. (2008). 'Introduction: Pathways and Pitfalls in the Search for Sustainable Tourism'. In: S.F. McCool and R.N. Moisey (eds.), *Tourism, Recreation and Sustainability* (2nd ed.), pp. 1–16. Wallingford, UK: CABI.https://doi.org/10.1079/9781845934705.0001 https://doi.org/10.4324/9780203496039.ch1.

McCool, S.F., Clark, R.N. and Stankey, G.H. (2007). *An Assessment of Frameworks Useful for Public Land Recreation Planning*. General Technical Report PNW-GTR-705. Portland, Oregon: USDA Forest Service, Pacific Northwest Research Station.http://www.fs.fed.us/pnw/pubs/pnw_gtr705.pdf. Accessed 15 February 2017. https://doi.org/10.2737/PNW-GTR-705.

McCreary, A., Seekamp, E., Cerveny, L.K. and Carver, A. (2012). 'Natural Resource Agencies and Their Motivations to Partner: The Public Lands Partnership Model'. *Leisure Sciences* 34(5): 470–489.

https://doi.org/10.1080/01490400.2012.714707.

McKeever, P. (2010). 'Communicating Geoheritage: An Essential Tool to Build a Strong Geopark Brand'. In: *Abstracts of the 4th International UNESCO Conference on Geoparks*, 9–15 April, 2010, Langkawi, Malaysia.

McNeely, J.A., Thorsell, J.W. and Ceballos-Lascurain, H. (1992). *Guidelines: Development of National Parks and Protected Areas for Tourism*. UNEP-IE/PAC Technical Report Series No. 13. Madrid: UNWTO and UNEP.

McNeilage, A. (1996). 'Ecotourism and Mountain Gorillas in the Virunga Volcanoes'. In: V.J. Taylor and N.Dunstone (eds.), *The Exploitation of Mammal Populations*, pp. 334–344. London: Chapman & Hall. https://doi.org/10.1007/978-94-009-1525-1_19.

MEE-RoM (Ministry of Environment and Energy, Republic of Maldives) (2012). 'President Launches the Baa Atoll UNESCO Biosphere Reserve, Office and Baa Atoll Conservation Fund'. http://www.environment.gov.mv/v1/news/president-launchesthe-baa-atoll-unesco-biosphere-reserve-office-and-baa-atoll-conservation-fund/. Accessed 15 February 2017.

Mehta, J. and Heinen, J. (2001). 'Does Community-based Conservation Shape Favourable Attitudes among Locals? An Empirical Study from Nepal'. *Environmental Management* 28(2): 165–177. https://doi.org/10.1007/s002670010215.

Melenhorst, E., Tapaninen, M. and Ferdinandova, V. (2013). *Sustainable Tourism Management in the Transboundary Areas of the Dinaric Arc Region: Manual for Planning, Development and Monitoring of Tourism in the Protected Areas of the Dinaric Arc*. Gland, Switzerland: IUCN.

Miljkovic, O. and Zivkovic, L. (2012). 'Possibilities for the development of ecotourism in protected areas of Western Serbia'. *Journal of the Geographical Institute Jovan Cvijic SASA* 62(3): 65–80. http://doi: 10.2298/ijgi1203065m.

Miller, A.B., Leung, Y.-F. and Lu, D.-J. (2012). 'Community-based Monitoring of Tourism Resources as a Tool for Supporting the Convention on Biological Diversity Targets: A Preliminary Global Assessment'. *Parks* 18(2): 120–134. https://doi.org/10.2305/IUCN.CH.2012.PARKS-18-2.AM.en.

Miller, G. and Twining-Ward, L. (2005). *Monitoring for a Sustainable Tourism Transition: The Challenge of Developing and Using Indicators*. Wallingford, UK: CABI.

Mitchell, B.A., Stolton, S., Bezaury-Creel, J., Bingham, H.C., Cumming, T.L., Dudley, N., Fitzsimons, J.A., Malleret-King, D., Redford, K.H. and Solano, P. (2018). *Guidelines for Privately Protected Areas*. Best Practice Protected Area Guidelines Series No. 29. Gland, Switzerland: IUCN.

Mitchell, J. and Ashley, C. (2010). *Tourism and Poverty Reduction: Pathways to Prosperity*. London: Earthscan.

Mitchell, R., Wooliscroft, B. and Higham, J. (2013). 'Applying Sustainability in National Park Management: Balancing Public and Private Interests Using a Sustainable Market Orientation Model'. *Journal of Sustainable Tourism* 21(5): 695–715. https://doi.org/10.1080/09669582.2012.737799.

Monz, C., Roggenbuck, J., Cole, D., Brame, R. and Yoder, A. (2000). 'Wilderness Party Size Regulations: Implications for Management and a Decision Making Framework'. In: D.N. Cole, S.F. McCool, W.T. Borrie and J. O'Loughlin (comps.), *Wilderness Science in a Time of Change Conference—Volume 4*, pp. 265–273. Ogden, Utah: USDA Forest Service, Rocky Mountain Research Station. https://www.fs.usda.gov/treesearch/pubs/22036. Accessed 28 March 2018.

Moore, A.W. (1991). 'Planning for Ecotourism in Protected Areas'. In: J.A. Kusler (ed.), *Ecotourism and Research Conservation*, pp. 563–574. Merida, Mexico, and Miami Beach, Florida: International Symposia on Ecotourism and Resource Conservation.

Moreira, J. (2011). *Geoturismo e Interpretacao Ambiental*. Ponta Grossa, Brazil: Editora UEPG.

Muller, D.K., Lundmark, L. and Lemelin, R.H. (2013). *New Issues in Polar Tourism*. New York: Springer.

Musumali, M., Larsen, T. and Kaltenborn, B. (2007). An Impasse in Community Based Natural Resource Management Implementation: The Case of Zambia and Botswana'. *Oryx* 41(3): 306–313.

NAI (National Association for Interpretation) (2018). 'About Interpretation'. http://www.interpnet.com/. Accessed 8 April 2018.

Needham, M.D. and Rollins, R. (2009). 'Social Science, Conservation, and Protected Areas Theory'. In: P. Dearden and R. Rollins (eds.), *Parks and Protected Areas in Canada: Planning and Management* (3rd ed.), pp. 135–167. Don Mills, ON: Oxford University Press.

Newsome, D., Moore, S.A. and Dowling, R.K. (2013). *Natural Area Tourism: Ecology, Impacts and Management* (2nd ed.). Bristol, UK: Channel View.

Ng, Y.C.Y. (2011). 'Geoparks and Geotourism: A Management Approach to Conserve Valuable Geological Heritage in China and the Hong Kong Special Administrative Region'. PhD thesis. Sydney: University of Sydney.

Nielsen, H. and Spenceley, A. (2011). 'The Success of Tourism in Rwanda: Gorillas and More'. In: P. Chunhjan-Pole and M. Angwafo (eds.), *Yes Africa Can: Success Stories from a Dynamic Continent*, pp. 231–249. Washington, DC: World Bank.

Nilsen, P. and Tayler, G. (1997). 'A Comparative Analysis of Protected Area Planning and Management Frameworks'. In: S.F.

NTCA (National Tiger Conservation Authority) (2012). 'NTCA Comprehensive Guidelines for Tiger Conservation and Tourism'. http://www.moef.nic.in/assets/Comprehensive_Guidelines_NTCA.pdf. Accessed 15 February 2017.

O'Sullivan, E.L. and Spangler, K.J. (1998). Experience Marketing: Strategies for the New Millennium. State College, PA: Venture Publishing.

Pam Wight and Associates (2001). Best Practices in Natural Heritage Collaborations: Parks and Outdoor Tourism Operators. Ottawa: Canadian Tourism Commission.

Park, L.O., Manning, R.E., Marion, J.L., Lawson, S.R. and Jacobi, C. (2008). 'Managing Visitor Impacts in Parks: A Multi-Method Study of the Effectiveness of Alternative Management Practices'. Journal of Park and Recreation Administration 26(1): 97–121.

Parks Canada (2013). 'Parks Canada Guiding Principles and Operational Policies' http://www.pc.gc.ca/eng/docs/pc/poli/princip/index.aspx. Accessed 15 February 2017.

Parks Forum (2012). Exploring Revenue Models for Parks Agencies. Report of the Proceedings of the Parks Forum Innovative Revenue Models Workshop. Melbourne: Parks Forum.

Parks Victoria (2017). 'Sea Search'. http://parkweb.vic.gov.au/get-involved/volunteer/sea-search. Accessed 15 February 2017.

Pedersen, A. (2002). Managing Tourism at World Heritage Sites: A Practical Manual for World Heritage Site Managers. World Heritage Manuals Series No. 1. Paris: UNESCO World Heritage Centre. http://whc.unesco.org/uploads/activities/documents/activity-113-2.pdf. Accessed 28 March 2018.

Pegas, F.D.V. and Stronza, A. (2008). 'Ecotourism Equations: Do Economic Benefits Equal Conservation?' In: A. Stronza and W.H. Durham (eds.), Ecotourism and Conservation in the Americas, pp. 163–176. Wallingford, UK: CABI. https://doi.org/10.1079/9781845934002.0163.

Pergams, O.R. and Zaradic, P.A. (2006). 'Is Love of Nature in the U.S. Becoming Love of Electronic Media? 16-Year Downtrend in National Park Visits Explained by Watching Movies, Playing Video Games, Internet Use and Oil Prices'. Journal of Environmental Management 80: 387–393. https://doi.org/10.1016/j.jenvman.2006.02.001.

Pine, J. and Gillmore, J.H. (1999). The Experience Economy: Work is Theatre & Every Business a Stage. Cambridge, MA: Harvard Business School Press.

Planeterra Foundation (2015). 'Multilateral Investment Fund Projects'. http://www.planeterra.org/multilateral-investment-fund-projects-pages-75.php. Accessed 7 October 2015.

Plumptre, A.J., Kayitare, A., Ranier, H., Gray, M., Munanura, I., Barakabuye, N., Asuma, S., Sivha, M. and Namara, A. (2004). 'The Socio-Economic Status of People Living Near Protected Areas in the Central Albertine Rift'. Albertine Rift Technical Reports 4. New York: Wildlife Conservation Society.

Powell, R., Kellert, S. and Ham, S. (2009). 'Interactional Theory and the Sustainable Nature-based Tourism Experience'. Society and Natural Resources 22(8): 761–776. https://doi.org/10.1080/08941920802017560.

Powell, R.B. and Ham, S.H. (2008). 'Can Ecotourism Interpretation Really Lead to Pro-Conservation Knowledge, Attitudes and Behaviour? Evidence from the Galapagos Islands'. Journal of Sustainable Tourism 16(4): 467–489. https://doi.org/10.2167/jost797.0 https://doi.org/10.1080/09669580802154223.

Pretty, J. (2005). The Earthscan Reader in Sustainable Agriculture. London: Earthscan.

Price, K. and Daust, D. (2009). 'Making Monitoring Manageable: A framework to Guide Learning'. Canadian Journal of Forest Research 39(10): 1881-1892. https://doi.org/10.1139/X09-101.

Průhonice Park (2017). 'Průhonice Park and Castle'. http://www.parkpruhonice.cz/. Accessed 15 February 2017.

Ramsar Convention (Ramsar Convention on Wetlands) and UNWTO (World Tourism Organization) (2012). Destination Wetlands: Supporting Sustainable Tourism. Gland, Switzerland and Madrid, Spain: Secretariat of the Ramsar Convention and UNWTO. http://sdt.unwto.org/publication/destination-wetlands-supporting-sustainable-tourism. Accessed 15 February 2017.

Reck, G.K., Cajiao, D., Coloma, A., Cardenas, S. and Celi, J.T. (2015). *Visitor Management in Protected Areas: Developing an Adaptive Methodology to Ensure the Conservation of both Natural and Social Capital*. Quito: ECOLAP–USFQ.

Reid, S.E. and Marion, J.L. (2004). 'Effectiveness of a Confinement Strategy for Reducing Campsite Impacts in Shenandoah National Park'. *Environmental Conservation* 31(4): 274–282. https://doi.org/10.1017/S0376892904001602.

Rodrigues, A. (2012). 'Concessions Contract Management and Monitoring in Niassa Reserve, Mozambique'. In: A. Spenceley, R. Casimirio and J. Barborak (eds.), *Concessioning Tourism Opportunities in Conservation Areas and Maximizing Rural Development: Lessons and the Way Forward for Mozambique and Other Southern African Countries*. Maputo, Mozambique, 19–22 March 2012. Minutes of meeting, Report to the USAID SPEED program.

Romagosa, F., Eagles, P.F.J. and Lemieux, C.J. (2015). 'From the Inside Out to the Outside In: Exploring the Role of Parks and Protected Areas as Providers of Human Health and Well-being'. *Journal of Outdoor Recreation and Tourism* 10: 70-77. https://doi.org/10.1016/j.jort.2015.06.009.

Roman, G., Dearden, P. and Rollins, R. (2007). 'Application of Zoning and "Limits of Acceptable Change" to Manage Snorkelling Tourism'. *Environmental Management* 39(6): 819–830. https://doi.org/10.1007/s00267-006-0145-6.

RSCN (Royal Society for the Conservation of Nature) (2017). 'The Royal Society for the Conservation of Nature'. http://www.rscn.org.jo/. Accessed 15 February 2017.

Rylance, A. and Barois, H. (2016). *National Level Sustainable Financing Plan for Protected Areas in Seychelles*. Victoria: Government of Seychelles, UN Development Programme, and Global Environment Facility Programme Coordination Unit.

Rylance, A. and Spenceley, A. (2014). 'Creating Luxury Ecotourism with the Local Community, Case Study'. Endeva: GIZ.

SANParks (South African National Parks) (2012). 'Annual Report.' http://www.sanparks.org/assets/docs/general/annual-report-2012.pdf. Accessed 15 February 2017.

Sassa, K., Fukuoka, H., Wang, F. and Wang, G. (eds.) (2005). *Landslides: Risk Analysis and Sustainable Disaster Management*. Berlin: Springer. https://doi.org/10.1007/3-540-28680-2.

Seekamp, E. and Cerveny, L.K. (2010). 'Examining U.S. Forest Service Recreation Partnerships: Institutional and Relational Interactions'. *Journal of Park and Recreation Administration* 28(4): 1–15.

Seekamp, E., Barrow, L.A. and Cerveny, L.K. (2013). 'The Growing Phenomenon of Partnerships: A

Survey of Personnel Perceptions'. *Journal of Forestry* 111(6): 412–419.

Seekamp, E., Cerveny, L.K. and McCreary, A. (2011). 'Institutional, Individual and Socio-cultural Dimensions of Partnerships: A Cultural Domain Analysis of USDA Forest Service Recreation Partners'. *Environmental Management* 48(3): 615–630. https://doi.org/10.1007/s00267-011-9695-3.

Sekhar, N. (2003). 'Local People's Attitudes towards Conservation and Wildlife Tourism around Sariska Tiger Reserve, India'. Journal of Environmental Management 69: 339–347. https://doi.org/10.1016/j.jenvman.2003.09.002.

Sewell, W.R.D., Dearden, P. and Dumbrell, J. (1989). 'Wilderness Decision Making and the Role of Environmental Interest Groups: A Comparison of the Franklin Dam, Tasmania and South Moresby, British Columbia'. *Natural Resources Journal* 29(1): 147–169.

Sheail, J. (2010). *Nature's Spectacle: The World's First National Parks and Protected Areas*. London: Earthscan.

Shelby, B. and Heberlein, T.A. (1986). *Carrying Capacity in Recreation Settings*. Corvallis: Oregon State University Press.

Shih, J.F. (2011). 'The Government Sector Development of Knowledge Structure of Community-based Ecotourism; Take Shirding Community in Kending National Park as an Example'. Master's thesis. Kaohsiung, Taiwan, Province of China: National Kaohsiung Normal University.

SHSD (School of Health and Social Development) (2008). Healthy Parks, Healthy People: The Health Benefits of Contact with Nature in a Park Context. Melbourne: Deakin University. http://dro.deakin.edu.au/view/DU: 30010146?print_friendly=true. Accessed 15 February 2017.

Shultis, J. and More, T. (2011). 'American and Canadian National Park Agency Responses to Declining Visitation'. *Journal of Leisure Research* 43: 110–132. https://doi.org/10.1080/00222216.2011.11950 228.

Sindiyo, D.M. and Pertet, F.N. (1984). 'Tourism and Its Impact on Wildlife Conservation in Kenya'. *UNEP Industry and Environment* 7(1): 14–19.

Snyman, S. (2013). 'High-end Ecotourism and Rural Communities in Southern Africa: A Socio-Economic Analysis'. PhD dissertation. Cape Town: University of Cape Town, School of Economics.

Snyman, S. (2014). 'Partnerships between Private Sector Ecotourism Operators and Local Communities in the Okavango Delta, Botswana: A Case Study of the Okavango Community Trust and Wilderness Safaris Partnership'. *Journal of Ecotourism* 13(2–3): 110–127. https://doi.org/10.1080/14724049.20 14.980744.

South African National Parks (2016). 'SANParks Annual Report, 2015/16'. Pretoria: South African National Parks.

Sparkes, C. and Woods, C. (2009). Linking People to Landscape: The Benefit of Sustainable Travel in Countryside Recreation and Tourism. N.p.: East of England Development Agency.

Spenceley, A. (2004). 'Responsible Nature-based Tourism Planning in South Africa and the Commercialisation of Kruger National Park.' In: D. Diamantis (ed.), *Ecotourism: Management and Assessment*. London: Thomson Learning.

Spenceley, A. (2014a). 'Benefit Sharing from Natural Heritage: Examples and Challenges from Africa'. Presentation at the Inkasa Symposium, Cape Town, South Africa, April.

Spenceley, A. (2014b). 'Tourism Concession Guidelines for Transfrontier Conservation Areas in SADC'. Report to GIZ, 28 November.

Spenceley, A. (2016). 'Evaluation of Tourism Development within Protected Areas Managed by the Seychelles National Park Authority'. Final report to UNDP.

Spenceley, A. (2017). 'Tourism and Protected Areas: Comparing the 2003 and 2014 IUCN World Parks Congress'. *Tourism and Hospitality Research* 17(1): 8–23. https://doi.org/10.1177/ 1467358415612515.

Spenceley, A. (ed.) (2008). *Responsible Tourism: Critical Issues for Conservation and Development*. London: Earthscan.

Spenceley, A. and Bien, A. (2013). 'Ecotourism Standards: International Accreditation and Local Certification and Indicators'. In: R. Ballantyne and J. Packer (eds.), *International Handbook on Ecotourism*, p. 404. Cheltenham, UK: Edward Elgar. https://doi.org/10.4337/9780857939975.00038.

Spenceley, A. and Casimiro, R. (2012) 'Tourism Concessions in Protected Areas in Mozambique: Manual for Operators and Concessionaires'. Report to the USAID SPEED Program.

Spenceley, A. and Snyman, S. (2017). 'Can a Wildlife Tourism Company Influence Conservation and the Development of Tourism in a Specific Destination?' *Tourism and Hospitality Research* 17(1): 52–67. https://doi.org/10.1177/1467358416634158.

Spenceley, A., Habyalimana, S., Tusabe, R. and Mariza, D. (2010). 'Benefits to the Poor from Gorilla Tourism in Rwanda'. Development Southern Africa 27(5): 647–662. https://doi.org/10.1080/0376835X.2010.522828.

Spenceley, A., Kohl, J., McArthur, S., Myles, P. Notarianni, M., Paleczny, D., Pickering, C., Turner, K., Bhutia, P. and Worboys, G. L. (2015). 'Visitor management'. In: G. Worboys, M. Lockwood, A. Kothari, S. Feary and I. Pulsford (eds.), *Protected Area Governance and Management*, pp. 715–750. Canberra: Australian National University Press. https://doi.org/10.22459/PAGM.04.2015 https://doi.org/10.26530/OAPEN_569111.

Spenceley, A., Nevill, H., Coelho, C.F. and Souto, M. (2016). An Introduction to Tourism Concessioning: 14 Characteristics of Successful Programs. World Bank Group.

Spenceley, A., Rylance, A. and Laiser, S. (2017a). 'Protected area entrance fees in Tanzania: The search for competitiveness and value for money'. *Koedoe* 59(1) a 1442. https://doi.org/10.4102/koedoe.v59i1.1442.

Spenceley, A., Snyman, S. and Eagles, P. (2017b). *Guidelines for Tourism Partnerships and Concessions for Protected Areas: Generating Sustainable Revenues for Conservation and Development*. Report to the Secretariat of the Convention on Biological Diversity and IUCN. https://www.cbd.int/tourism/

doc/tourism-partnerships-protected-areas-print.pdf.

Stankey, G.H. and Baden, J. (1977). *Rationing Wilderness Use: Methods, Problems, and Guidelines*. Research Paper INT-192. Ogden, Utah: USDA Forest Service, Intermountain Forest and Range Experiment Station. https://doi.org/10.5962/bhl.title.69016.

Stankey, G.H., Cole, D.N., Lucas, R.C., Petersen, M.E. and Frissell, S.S. (1985). *The Limit of Acceptable Change (LAC) System for Wilderness Planning*. General Technical Report INT-176. Ogden, Utah: USDA Forest Service, Intermountain Research Station. https://doi.org/10.5962/bhl.title.109310.

Steven, R., Castley, J.G. and Buckley, R. (2013). 'Tourism Revenue as a Conservation Tool for Threatened Birds in Protected Areas'. *PLOS One* 8(5): e62598: 1–7.

Stolton, S., Redford, K.H. and Dudley, N. (2014). *The Futures of Privately Protected Areas*. Gland, Switzerland: IUCN.

Stuart-Hill, G. (2011). 'Event Book - A Tool for Everyone'. *Conservation and the Environment in Namibia* 2011: 14–15.

Stuart-Hill, G., Diggle, R., Munali, B., Tagg, J. and Ward, D. (2005). 'The Event Book System: A Community-based Natural Resource Monitoring System from Namibia'. *Biodiversity and Conservation* 14(11): 2611–2631. https://doi.org/10.1007/s10531-005-8391-0.

Sun, D. and Walsh, D. (1998). 'Review of Studies on Environmental Impacts of Recreation and Tourism in Australia'. *Journal of Environmental Management* 53: 323-338. https://doi.org/10.1006/jema.1998.0200.

Swearingen, T.C. and Johnson, D.R. (1995). 'Visitors' Responses to Uniformed Park Employees'. *Journal of Park and Recreation Administration* 13(1): 73–85.

Sweeting, J.E.N., Bruner, A.G. and Rosenfield, A.B. (1999). *The Green Host Effect—An Integrated Approach to Sustainable Tourism and Resort Development*. CI Policy Papers. Washington, DC: Conservation International.

Telfer, D.J. and Sharpley, R. (2008). *Tourism and Development in the Developing World*. New York: Routledge.

Thakadu, O.T. (2005). 'Success Factors in Community based Natural Resources Management in Northern Botswana: Lessons from Practice'. *Natural Resources Forum* 29(3): 199–212. https://doi.org/10.1111/j.1477-8947.2005.00130.x.

Therivel, R. and Thompson, S. (1996). 'Strategic Environmental Assessment and Nature Conservation'. Report to English Nature.

Therivel, R., Wilson, E., Thompson, S., Heaney, D. and Pritchard, D. (1992). *Strategic Environmental Assessment*. London: Earthscan.

Thompson, A. (2009). *Scan of Concessions Systems and Best Practice: The United States, Canada, Australia, Namibia and New Zealand's Fisheries Management System*. Wellington, New Zealand: Department of Conservation.

Thompson, A., Massyn, P.J., Pendry, J. and Pastoreli, J. (2014). *Tourism Concessions in Protected Natural Areas: Guidelines for Managers*. New York: UN Development Programme.

Thresher, P. (1981). 'The Economics of a Lion'. *Unasylva* 33(134): 34–35.

Thur, S.M. (2010). 'User Fees as Sustainable Financing Mechanisms for Marine PAs: An Application to the Bonaire National Marine Park'. *Marine Policy* 34(1): 63–69. https://doi.org/10.1016/j.marpol.2009.04.008.

TIES (The International Ecotourism Society) (2013). 'Botswana Committed to Sustainability: Fifteen Camps and Lodges Now Ecotourism Certified'. https://www.ecotourism.org/news/botswana-sustainability-camps-and-lodges-ecotourism-certified. Accessed 15 February 2017.

TNC (The Nature Conservancy) (2013). *Practitioner's Quick Guide for Marine Conservation Agreements*. Narragansett, Rhode Island: The Nature Conservancy, Global Marine Team.

Trzyna, T. (2014). *Urban Protected Areas: Profiles and Best Practice Guidelines*. Best Practice Protected Area Guideline Series No. 22. Gland, Switzerland: IUCN. https://portals.iucn.org/library/node/44644. Accessed 28 March 2018.

Tserendeleg, D. (2013). 'Tourism Development of Hustai National Park of Mongolia'. Paper presented at the First Asia Parks Congress, Sendai, Japan, 13–17 November.

UN Foundation (2017). 'What We Do: Global Sustainable Tourism Council'. http://www.unfoundation.org/what-we-do/campaigns-and-initiatives/global-sustainable-tourism-council. Accessed 15 February 2017.

UNDP/GEF Small Grants Program (United Nations Development Programme/Global Environment Facility) (2012). 'Community action. Global impact'. https://sgp.undp.org/index.php?option=com_content&view=article&id=103&Itemid=165#.UvjT2vZkL0P. Accessed 15 February 2017.

UNEP (United Nations Environment Programme) and CMS (Secretariat of the Convention on the Conservation of Migratory Species of Wild Animals) (2006). 'Wildlife Watching and Tourism: A Study on the Benefits and Risks of a Fast Growing Tourism Activity and Its Impacts on Species'. Bonn, Germany: UNEP/CMS Secretariat. http://www.cms.int/sites/default/files/document/ScC14_Inf_08_Wildlife_Watching_E_0.pdf. Accessed 15 February 2017.

UNEP-WCMC (2017). 'UNEP-World Conservation Monitoring Centre'. https://www.unep-wcmc.org/. Accessed 15 February 2017.

UNEP-WCMC (UNEP-World Conservation Monitoring Centre) and IUCN (2016). Protected Planet Report 2016. Cambridge UK, and Gland, Switzerland: UNEP-WCMC and IUCN. https://www.protectedplanet.net/c/protected-planet-report-2016. Accessed 15 February 2017.

UNESCO (2017b). 'Malaysia'. http://whc.unesco.org/en/statesparties/my. Accessed 6 October 2015.

UNESCO (United Nations Educational, Scientific and Cultural Organization) (2017a). 'Gunung Mulu National Park'. http://whc.unesco.org/en/list/1013. Accessed 15 February 2017.

University of York (2012). 'Stepping Stones to the North: "Citizen Science" Reveals that Protected Areas

Allow Wildlife to Spread in Response to Climate Change'. http://www.york.ac.uk/news-and-events/news/2012/research/stepping-stones/. Accessed 15 February 2017.

UNWTO (2010). *Tourism and Biodiversity—Achieving Common Goals towards Sustainability*. Madrid: UNWTO.

UNWTO (2017). *UNWTO Tourism Highlights: 2017 Edition*. Madrid: UNWTO.

UNWTO (2018). *UNWTO Tourism Highlights: 2018 Edition*. Madrid: UNWTO.

UNWTO (UN World Tourism Organization) (2004). *Indicators of Sustainable Development for Tourism Destinations: A Guidebook*. Madrid: UNWTO.

UNWTO and UNEP (2005). *Making Tourism More Sustainable: A Guide for Policy-Makers*. Madrid and Paris: UNWTO and UNEP.

UNWTO and UNESCO (2017). *Muscat Declaration on Tourism and Culture: Fostering Sustainable Development*. http://cf.cdn.unwto.org/sites/all/files/pdf/muscat_declaration_0.pdf. Accessed 22 January 2018.

USNPS (2017a). 'NPS Commercial Services'. http://www.concessions.nps.gov/. Accessed 15 February 2017.

USNPS (2017b). 'NPS Transportation Program—Best Practices'. http://www.nps.gov/transportation/best_practices.html. Accessed 15 February 2017.

USNPS (United States National Park Service) (1997). *VERP: The Visitor Experience and Resource Protection (VERP) Framework—A Handbook for Planners and Managers*. Denver, Colorado: USNPS Denver Service Center. https://www.fs.fed.us/cdt/carrying_capacity/verphandbook_1997.pdf. Accessed 15 February 2017.

Uwingeli, P. (2009). Personal communication, chief park warden, Volcanoes National Park, 3 November.

van Sickel, K. and Eagles, P. (1998). 'Budgets, Pricing Policies and User Fees in Canadian parks' Tourism'. *Tourism Management* 19(3): 225–235. https://doi.org/10.1016/S0261-5177(98)00017-X.

Varghese, G. (2008). 'Public–private Partnerships in South African National Parks'. In: Spenceley, A. (ed.), *Responsible Tourism: Critical issues for Conservation and Development*, pp. 69–83. London: Earthscan.

Vasilijević, M., Zunckel, K., McKinney, M., Erg, B., Schoon, M. and Rosen Michel, T. (2015). *Transboundary Conservation: A Systematic and Integrated Approach*. Best Practice Protected Area Guidelines Series No. 23. Gland, Switzerland: IUCN. https://doi.org/10.2305/IUCN.CH.2015.PAG.23.en.

VCTS (Vista Company and Travel Services Pvt. Ltd.) (2017) 'Baa Atoll, Maldives: UNESCO World Biosphere Reserve'. http://vistamaldives.com/baa_atoll.aspx. Accessed 15 February 2017.

Virunga National Park (2018). 'About Virunga'. http://visitvirunga.org/about-virunga/. Accessed 8 April 2018.

Wagar, J.A. (1964). The Carrying Capacity of Wild Lands for Recreation. Forest Science Monograph 7.

Washington, DC: Society of American Foresters.

Waithaka, J., Wong, M., Ranger, J. and Halpenny, E.A. (2012). 'Conserving Biodiversity through Parks Canada's Volunteer Program'. *Parks* 18(2): 64–77. https://doi.org/10.2305/IUCN.CH.2012.PARKS-18-2.JW.en.

Walker, G.J. and Chapman, R. (2003). 'Thinking Like a Park: The Effects of Sense of Place, Perspective-taking, and Empathy on Pro-environmental Intentions'. *Journal of Park and Recreation Administration* 21(4): 71–86.

Walmsley, S.F. and White, A.T. (2003). 'Influence of Social, Management and Enforcement Factors on the Long-term Ecological Effects of Marine Sanctuaries'. *Environmental Conservation* 30: 388–407. https://doi.org/10.1017/S0376892903000407.

Walpole, M., Goodwin, H.J. and Ward, K.G.R. (2001). 'Pricing Policy for Tourism in PAs: Lessons from Komodo National Park, Indonesia'. *Conservation Biology* 15(1): 218–227. https://doi.org/10.1111/j.1523-1739.2001.99231.x.

Watson, J., Dudley, N., Segan, D. and Hockings, M. (2014). 'The Performance and Potential of Protected Areas'. *Nature* 515: 67–73. https://doi.org/10.1038/nature13947.

Wearing, S., Archer, D. and Beeton, S. (2007). *The Sustainable Marketing of Tourism in Protected Areas: Moving Forward*. Queensland, Australia: Sustainable Tourism CRC.

Weaver, D. and Lawton, L. (2017). 'A New Visitation Paradigm for Protected Areas'. *Tourism Management* 60: 140–146. https://doi.org/10.1016/j.tourman.2016.11.018.

Weaver, D.B. (2013). 'Protected Area Visitor Willingness to Participate in Site Enhancement Activities'. *Journal of Travel Research* 52(3): 377–391. https://doi.org/10.1177/0047287512467704.

Weber, W. (1987). *Ruhengeri and its Resources: An Environmental Profile of the Ruhengeri Prefecture, Rwanda*. Kigali, Rwanda: Ruhengeri Resource Analysis and Management Project.

Wegner, A., Lee, D. and Weiler, B. (2010). 'Important "Ingredients" for Successful Tourism/Protected Area Partnerships: Partners' Policy Recommendations'. *Service Industries Journal* 30: 1643–1650. https://doi.org/10.1080/02642060903580672.

Whittaker, D. and Shelby, B. (2008). *Allocating River Use: A Review of Approaches and Existing Systems for River Professionals*. Missoula, Montana: River Management Society. http://www.river-management.org/river-allocation. Accessed 15 February 2017.

Whittaker, D., Shelby, B., Manning, R., Cole, D. and Haas, G. (2011). 'Capacity Reconsidered: Finding Consensus and Clarifying Differences'. *Journal of Park and Recreation Administration* 29(1): 1–20.

Wigboldus, S., Nell, A., Brouwer, H. and van der Lee, J. (2010). *Making Sense of Capacity Development*. Wageningen, Netherlands: Wageningen UR Centre for Development Innovation.

Wilderness Holdings (2013). 'Integrated Annual Report for the Year Ended 28 February 2013'. http://www.wilderness-group.com/system/assets/142/original/Wilderness%20IR%202013%20-%20Web.pdf?1375184197. Accessed 15 February 2017.

Wilderness Holdings (2014). 'Integrated Annual Report for the Year Ended 28 February 2014'. http://www.wilderness-group.com/investor_centre/presentations/annual_reports. Accessed 8 April 2018.

Wisansing, J. (2008). 'Towards Community Driven Tourism Planning: A Critical Review of Theoretical Demands and Practical Issues'. *AU-GSB e-Journal* 1(1): 47–59.

Worboys, G., Lockwood, M., Kothari, A., Feary, S. and Pulsford, I. (eds.) (2015). *Protected Area Governance and Management*. Canberra: Australian National University Press. https://doi.org/10.22459/PAGM.04.2015; https://doi.org/10.26530/OAPEN_569111.

Wyman, M., Barborak, J.R., Inamdar, N. and Stein, T. (2011). 'Best Practices for Tourism Concessions in Protected Areas: A Review of the Field'. *Forests* 2: 913–928. https://doi.org/10.3390/f2040913.

Wynveen, C., Bixler, R. and Hammitt, W.E. (2007). 'Law Enforcement Perception and Changes in the United States Park Service: Urban Proximity and Level of Enforcement Practices'. *Annals of Leisure Research* 10: 532–549. https://doi.org/10.1080/11745398.2007.9686780.

Yosemite National Park (2015). 'Visitor Use and Impact Monitoring'. http://www.nps.gov/yose/naturescience/visitor-use-monitoring.htm. Accessed 15 February 2017.

Zeppel, H. and Muloin, S. (2008). 'Conservation Benefits of Interpretation on Marine Wildlife Tours'. *Human Dimensions of Wildlife* 13: 280–294. https://doi.org/10.1080/10871200802187105.

附 录

专业词汇表

Best practices
Field-proven strategies, techniques, and methods that are the most effective ways to manage tourism in protected areas. Best practices may change over time as new knowledge results in improvements. Best practices are manifestations of technical know-how, as well as the attitudes, efforts and commitments of managers, tourism-sector entities, communities and tourists themselves that are successfully using tourism as a means to achieve protected area conservation goals.
使用已经在实践中验证过的策略、技术和方法是最有效的管理自然保护地旅游业的方式。最佳实践可能会随着新知识技术的出现而不断改进。最佳实践体现了管理者、旅游部门、社区和游客自身的技术知识、态度、工作力度和承诺等，是将来旅游业作为实现自然保护地保育目标的一种手段。

Biodiversity
The variability among living organisms from all sources including, inter alia, terrestrial, marine and other aquatic ecosystems and the ecological complexes of which they are a part; this includes diversity within species, between species, and of ecosystems.
所有来源的形形色色的生物体，这些来源包括陆地、海洋和其他水生生态系统及其所构成的生态综合体；其包括物种内部、物种之间和生态系统的多样性。

Biosphere reserves
Protected areas forming an international network of ecosystems by UNESCO, and which promote biodiversity, conservation and its sustainable use, along with interdisciplinary approaches to understanding and managing changes and interactions between social and ecological systems.
由联合国教科文组织提出的概念，指的是形成国际生态系统网络的自然保护地。生物圈保护区促进了生物多样性、保育和可持续利用，通过多学科方法理解和管理社会与生态系统之间的变化与相互作用。

Branding

The use of an image, theme, design, or other identifying element (or a combination thereof) to symbolise a protected area for the purpose of promoting tourism.

品牌推广指为了推广旅游业而使用图像、主题、设计或其他识别元素（或这些元素的组合）作为自然保护地的标志。

'Bucket list' or 'last chance' tourism

Travel for the specific purpose of seeing places, including protected areas, before they are destroyed or irretrievably altered by climate change, or of seeing wildlife species before they go extinct.

出于特定目的前往某些区域旅行，如在某些自然保护地被气候变化破坏或不可挽回地改变之前去游览，或者在野生动物灭绝之前去观赏它们。

Capacity building

The process by which people acquire the means (the capacity) to achieve a set of goals or accomplish a project successfully.

人们获得能够实现一系列目标或成功完成项目的各类手段（能力）的过程。

Carrying capacity, tourism

The maximum number of people that may visit a tourist destination [here, a protected area] at the same time, without causing destruction of the physical, economic, socio-cultural environment and an unacceptable decrease in the quality of visitors' satisfaction.

某旅游目的地在同一时段的最大访问人数（此处特指自然保护地），超过该访问人数就会对物理、经济、社会文化环境造成破坏，而访客满意度也随之降低到无法接受。

Certification

A voluntary, third-party assessment of a protected area tourism enterprise's conformity to a set of standards, including specific sustainability targets.

开展自然保护地旅游的企业自愿进行的第三方独立评估，以检验其是否遵守了相应的标准，包括具体的可持续性目标。

Commercialisation manual

A step-by-step guide for protected area managers on how to contract with for-profit tourism operators.

自然保护地管理者如何与营利性旅游运营商签订合同的分步指南。

Community

A social group of any size whose members reside in a specific locality, share government and may have a common cultural and historic heritage/s. It can also refer to a group of individuals who interact within their immediate surroundings, exhibits cohesion and continuity through time, and displays characteristics such as social interaction, intimacy, moral commitments, multi-faceted relations, and reciprocity.

社区指任何规模的社会团体，其成员居住在特定地区，共享政府并可能拥有共同的文化和历史遗产。还可以指一群在其周围环境中相互作用、具有凝聚力和时间连续性的个体，并具有如社会互动、亲密关系、道德承诺、多方面关系和互惠等特征。

Competencies, operational

The skills and abilities needed to professionally manage the day-to-day business of protected area tourism and visitation.

专业管理自然保护地旅游和访问的日常业务所需的专业技能和能力。

Competencies, planning

The skills and abilities needed to integrate tourism, visitation and other protected area management goals along with addressing how the protected area can encourage economic development in a local area.

将旅游、访问和自然保护地的其他管理目标与自然保护地如何促进当地经济发展的尝试加以整合所需要的技能和能力。

Competencies, strategic

The skills and abilities needed to accomplish long range-thinking about the role of a protected area and how it fits in with local, regional, national and even international needs and expectations.

从长远角度思考自然保护地的作用及其如何适应地方、区域、国家甚至国际需求和期望所需要的技能和能力。

Concession; concessionaires

A contractual arrangement granted by the protected area management authority that gives an entity (usually a for-profit company) the exclusive right to offer specified services in a protected area. The entity is referred to as a concessionaire (also spelled concessioner).

自然保护地管理机构所授予的合约协议，赋予某实体（通常是盈利性公司）在自然保护地内提供特定服务的专有权。该实体被称为特许经营者（也称为特许经营商）。

Concession fees
The user fees that concessionaires pay for the exclusive right to use the protected area to conduct business. They may take the form of a direct fee, performance bonds, fees for maintenance, and fines for breaches.
特许经营者为使用自然保护地开展业务的专有权所支付的使用费，可体现为直接费用、履约保证金、维护费用以及违规罚款等。

Conservation ethic
A state of mind in which a person supports the safeguarding of nature and associated cultural values because he or she is con- vinced that it is right to do so. One of the objectives of sustainable tourism in protected areas is to encourage a conservation ethic.
个体认为保护自然和相关文化价值是正确的并支持类似举措的态度。自然保护地可持续旅游的目标之一是鼓励保育伦理。

Cultural heritage
An expression of the ways of living developed by a community and passed on from generation to generation, including customs, practices, places, objects, artistic expressions and values. It is often expressed as either 'intangible' (e.g. customs, language) or 'tangible' (e.g. physical artefacts) (International Council on Monuments and Sites). Heritage refers specifically to the condition of being inherited from past generations, maintained in the present, and bestowed to future generations.
表现社区代代相传的生活方式的形式，包括习俗、实践、场所、物品、艺术表现形式和价值观。它通常表现为"无形"的（如习俗和语言）或"有形"的（如实体文物）（国际古迹遗址理事会）。具体来说，"遗产"指的是从过去几代人那里继承下来、在当下得到维护并能传承给后代的状态。

Co-marketing
A form of marketing in which a protected area agency works with partners to promote tourism opportunities that will benefit all parties.
自然保护地管理机构与合作伙伴合作推广有利于各方的旅游机会的营销形式。

Concentration of use; Dispersal of use
The former is a strategy in which managers attempt to limit the negative impacts of a

particular visitor use by restricting it to a relatively small part of the protected area. The latter is the opposite: an attempt to lessen the negative impacts by spreading the use out over a wider area, either through encouragement or regulation.

集约利用是一种策略；在这种策略之下，管理者试图通过将特定访客限制在自然保护地相对较小的区域活动来减少其带来的负面影响。分散利用则恰恰相反，即试图通过鼓励或调控将使用范围扩大到更广泛的区域来减轻负面影响。

Demarketing

A strategy in which protected area managers intentionally discourage tourist demand for a particular location or service to reduce environmental impacts or enhance visitor experiences.

自然保护地管理者故意降低旅游者对特定地点或服务的需求，以减少环境影响或增强游客体验的策略。

Differential pricing

A system that involves setting prices based on demand, such as charging more for a lakeside campsite or a higher entrance fee during peak season.

根据需求变化而改变价格的体系，如对湖畔露营地收取更多费用或在旺季收取更高的门票费。

Ecotourism

Responsible travel to natural areas that conserves the environment, sustains the well-being of the local people, and involves interpretation and education.

前往自然区域的负责任旅行，不仅能保护环境、维持当地人民的福祉，还包括解说和教育。

Entrance fees

Charges to visitors simply to enter the protected area.

向访客收取的进入自然保护地的费用。

Environmental impact assessment

A formal analysis that describes a proposed project or development, predicts key environmental impacts and their significance, facilitates public consultation and participation, suggests appropriate mitigation methods, and documents the process of decision making, monitoring and post-project audits.

附 录

对拟议项目或开发区域进行的正式分析，包括项目描述、预测关键的环境影响及其重要性、促进公众咨询和参与、提议适当的缓解方法，并记录决策、监测和项目后审计等过程。

Gazetted
The condition of being published in an official government gazette, that is, of coming under the jurisdiction of a civil government. A protected area that is gazetted is governed under statutory civil law (as opposed to, for example, being governed under traditional rules observed by a community).
政府批准设立指的是在政府官方公报中公布的、由政府管辖的状况。经政府批准设立的自然保护地受法定民法约束（而不是受乡规民约约束的由社区治理的自然保护地）。

Global geoparks
An international system of protected areas in which sites and landscapes of international geological significance are managed to simultaneously achieve protection, education and sustainable development.
保护具有国际地质重要性的场地和景观的国际自然保护地体系，旨在推动这些区域的保护、教育和可持续发展。

Governance
Decision making about principles, laws, policies, rules, and day-to-day management of tourism and visitor use in support of protected area goals.
以支持自然保护地目标为核心，就相关原则、法律、政策、规则，以及旅游和访客使用的日常管理做出决策。

Governance types
The classes under which protected area authorities fall. The four main governance types for protected areas are (i) government-governed, (ii) shared governance, (iii) privately governed (including NGO-run), and (iv) areas and territories governed by Indigenous Peoples and local communities. In each type, it is possible that responsibility for tourism is delegated to another governing authority, or contracted to private operators.
自然保护地管理机构所属的类别。自然保护地的四种主要治理类型包括：①政府治理；②共同治理；③公益治理（包括由非政府组织治理）；④由原住民和当地社区管理的地区和领地，即社区治理。任何治理类型的自然保护地的旅游责任都可能委托给另一个管理机构,或者通过签署合约由私营企业运营。

Green exercise
Exercising in the presence of nature or engaging in nature-based recreation.
在自然环境中锻炼或参与以自然为基础的休憩活动。

Hardening
A strategy in which managers intervene to increase the resiliency of protected area resources to direct visitor impacts. The hardening may be physical, such as creating a hard surface to absorb the direct physical impacts of visitor activities (e.g. the paving of a popular path), or metaphorical, in which case managers 'harden the experience' of visitors by informing them of the damaging resource conditions being caused by the use, so that they are motivated to reduce their impacts.
自然保护地管理者采取干预措施,以提高自然保护地资源从访客的直接影响中复原的能力的策略。硬化可以是物理的,如创建一个坚硬的表面来吸收访客活动的直接物理影响(如将一条受欢迎的小径铺设为道路),也可以是抽象的,如管理者通过说明访客使用对自然保护地资源所造成的破坏性影响来"硬化"访客体验,从而推动访客自觉降低其影响。

Indigenous Peoples
Those which, by virtue of having a historical continuity with pre-invasion and pre-colonial societies that developed on their territories, consider themselves distinct from other sectors of the societies now prevailing on those territories.
原住民指的是这样的群体:他们与外人入侵和殖民社会之前在其领地上发展的社会具有历史连续性,而且他们认为自己与目前在这些领地上占优势的其他社会群体是不同的。

Indicators and quality standards
Measurable aspects of the natural and social environment that can be defined in terms of lesser or greater quality, thus enabling monitoring of changes in that standard of quality. Indicators of quality reflect the essence of the management objectives; they can be thought of as quantifiable proxies of management objectives. Standards of quality define the minimum acceptable condition of indicator variables.
质量指标和标准指的是自然和社会环境的可衡量方面,可以用较低或较高质量的标准加以定义,从而监测该质量标准的变化。质量指标反映了管理目标的实质,它们可以是管理目标的量化表达。质量标准定义了指标变量的基线。

Infrastructure
Any part of the built environment that is used to facilitate tourism in a protected area, such roads, visitor centres, information kiosks, etc.
任何用于促进自然保护地内旅游的人造环境,如道路、游客中心、信息角等。

Interpretation
A communication process that forges emotional and intellectual connections between the audience and the meanings inherent in the resource.
在观众和资源固有的意义之间建立情感和智力联系的沟通过程。

Law enforcement, 'soft' and 'hard'
In protected areas, 'soft' law enforcement involves nonpunitive management measures that encourage visitors to follow rules, such as signage, verbal instructions, etc. 'Hard' law enforcement involves punitive measures for serious violations, such as citations, fines, and arrests.
在自然保护地,柔性执法是指鼓励游客遵守规则的非惩罚性管理措施,如标牌、口头指示等。刚性执法是指针对严重违法行为的惩罚性措施,如传讯、罚款和逮捕等。

Legislation
Laws and legal agreements that provide sets of enforceable rules and responsibilities that define what actions and activities may or may not be permitted in particular circumstances and locations within the protected area.
规定自然保护地在何种情况开展何种活动的规则和责任的法律法规协议。

Limits of acceptable change
A management framework that establishes measurable limits to human-induced changes in the natural and social settings of protected areas, and uses these to create appropriate management strategies to maintain or restore acceptable conditions.
可接受变化的边界指的是一个管理框架,旨在为人类引起的自然保护地的自然和社会环境变化设置可衡量的边界,并在边界之内制定适当的管理策略,以维持自然保护地的状况或将其恢复至可接受的程度。

Literacy, critical

In protected area educational contexts, the ability to make sense of something in terms of its ideological underpinnings.

在自然保护地的教育环境中,能够根据其意识形态基础来理解某些事物的能力。

Literacy, cultural

The ability to understand something within its cultural context.

能够在其文化背景下理解某事物的能力。

Literacy, functional

The ability to understand the literal meaning of technical terms.

能够理解技术术语含义的能力。

Local community; host community

The community or communities of residents living near (and sometimes within) a protected area. Host community is synonymous.

生活在自然保护地附近(有时在自然保护地内)的居民社区。东道主社区是同义词。

Marketing

A specialised form of communication, marketing deals with creating and delivering messages that have value to customers, clients and society at large.

作为一种专门的沟通形式,营销涉及创造和传递那些对顾客、客户和整个社会有价值的信息。

Marketing, experience

A form of protected area tourism marketing in which visitors are involved in the creation and delivery of a protected area experience.

自然保护地旅游营销的一种形式,访客可以参与到创建和提供自然保护地体验的过程之中。

Marketing, relationship

A form of protected area tourism marketing that occurs through long-term, mutually beneficial relationships between protected area agencies and stakeholder groups. It includes fostering positive and supportive internal relationships within a protected area

organisation.
自然保护地旅游营销的一种形式，旨在自然保护地机构和利益相关群体之间建立长期互利的关系，也包括在自然保护地机构内培养积极和支持性的内部关系。

Marketing, social
A form of protected area tourism marketing that prioritises outcomes that will benefit society and the individual.
一种优先强调其结果能有益于社会和个人的自然保护地旅游营销形式。

Monitoring
A coordinated effort to track current conditions and evaluate the efficacy of management actions in a protected area.
协调各方力量追踪当前状况并评估自然保护地内管理行动的效力。

Multi-tiered pricing
A system that involves setting prices based on visitors' age, place of residence and other factors in an attempt to encourage certain types of visitors that the protected area is particularly interested in reaching.
根据访客的年龄、居住地和其他因素设定价格的体系，旨在提升自然保护地特定目标客户类型的访问率。

National Biodiversity Strategies and Action Plans (NBSAPs)
The principal instruments for implementing the Convention on Biological Diversity at the national level, NBSAPs lay out each Contracting Party's commitment to the conservation and sustainable use of biological diversity and to including that commitment across all sectors of the national economy and policy-making framework.
国家生物多样性战略与行动计划是在国家一级执行《生物多样性公约》的主要工具，呈现了每个缔约方对保护和可持续利用生物多样性的承诺，这一承诺将纳入国民经济的所有部门及决策框架。

Natural heritage
The sum total of the elements of biodiversity, ecosystems, and geology, and other abiotic components of Earth that are not the result of human action. Heritage refers specifically to the condition of being inherited from past generations, maintained in the present, and bestowed to future generations.

生物多样性、生态系统和地质元素以及地球的其他非生物成分的总和，这些成分均非人类活动的结果。具体来说，"遗产"指的是从过去的几代人那里继承下来、在当下得到维护并能传承给后代的状态。

Nature-based tourism
Forms of tourism that use natural resources in a wild or undeveloped form. Nature-based tourism is travel for the purpose of enjoying undeveloped natural areas or wildlife.
以野外或未开发的自然资源为基础的旅游形式。自然旅游是为了享受未开发的自然区域或野生动物而进行的旅行。

Outstanding universal values
The specific values recognised by the World Heritage Convention as being the reasons for according a site World Heritage status, and which are considered to be important to all humankind.
被《保护世界文化和自然遗产公约》认可为"世界遗产"的遗产地所具有的同时对全人类都具有重大意义的特定价值。

Photopoint
A location from which repeat photographs are taken to monitor changes in visitor impacts.
为监测访客影响造成的变化而重复拍摄照片的地点。

Policies
Principles of action adopted or proposed by organisations, including all tiers of government, businesses, NGOs, civil society organisations or individuals.
所有级别的政府、企业、非政府组织、民间社会组织等机构或个人采纳或提议的行动原则。

Precautionary principle
A principle of decision making that states: "where knowledge is limited and there is lack of certainty regarding the threat of a serious environmental harm, this uncertainty should not be used as an excuse for not taking action to avert that harm" (Lausche, 2011).
预警原则是一种决策原则，它要求："在知识有限且无法确定严重的环境损害威胁的情况下，不应将这种不确定性作为不采取行动避免这种伤害的借口"（Lausche，2011）。

Protected area

A clearly defined geographical space, recognised, dedicated and managed, through legal or other effective means, to achieve long-term conservation of nature with associated ecosystem services and cultural values.

一个明确界定的地理空间,通过法律或其他有效方式获得承认、得到承诺和进行管理,以实现对自然及其所拥有的生态系统服务和文化价值的长期保护。

Protected area categories

A set of six classes, devised by IUCN, into which a protected area can be grouped according to its primary overall management objectives. Many protected areas, however, are divided into zones, each of which may have a different management objective that serves the overall primary objective.

IUCN根据自然保护地的主要目标将其划分为六大管理类别。然而,许多自然保护地被划分为多个区域,每个区域可能有不同的管理目标,这些区域的管理目标服务于总体主要目标的实现。

Protected area manager

A professional or other stakeholder working on tourism in protected areas. The term includes administrators, managers and planners who may work for and with government agencies, non-governmental organisations, local community groups, private landowners, or other entities.

从事自然保护地旅游的专业人士或其他利益相关方。该术语包括可能在政府机构、非政府组织、当地社区团体、私人土地所有者或其他机构工作的管理人员和规划人员。

Protected area context

The wider governance, political, social/cultural, and environmental conditions in which protected area tourism management takes place.

自然保护地旅游管理所处的背景包括更广泛的治理、政治、社会/文化和环境条件。

Ramsar Sites

An international system of protected wetlands recognised as globally important under the Ramsar Convention. (Ramsar is the name of a city in Iran where the convention was adopted.)

在《拉姆萨尔公约》中认为具有全球重要性的受保护湿地体系(拉姆萨尔是通过该

公约的城市名称，位于伊朗）。

Rationing
The use of a formal system (e.g. a lottery or a pricing scheme) to restrict a particular visitor use.
使用抽奖或定价方案等正式系统限制特定的访客使用。

Recreation
Activities by visitors to protected areas undertaken either for enjoyment, physical and mental challenge, enrichment and learning, or a combination thereof.
访客为愉悦休闲、挑战身心、增长见识、学习体验等在自然保护地开展的各种活动。

Recreation Opportunity Spectrum
A management framework for understanding the range of relationships and interactions between visitors, settings, and desired experiences.
游憩机会谱指的是一种管理框架，用于了解访客及其所需体验以及环境设置之间的关系和互动范围。

Rights-holders
Persons or organisations socially endowed with legal or customary rights with respect to land, water, and natural resources.
在土地、水和自然资源方面具有被社会赋予的法定权利或习俗权利的个人或组织。

Social impact assessment
A formal analysis of the social consequences that are likely to occur as a result of a specific policy, action or development in the context of relevant legislation.
对相关立法背景下特定政策、行动或开发项目可能产生的社会影响的正式分析。

Stakeholders
Persons or organisations possessing direct or indirect interests and concerns with respect to land, water, and natural resources, but who do not necessarily enjoy a legally or socially recognised entitlement to them.
在土地、水和自然资源方面拥有直接或间接利益和关注，但不一定享有法定权利或社会认可的权利的群体或组织。

Strategic environmental assessment

A formal evaluation of the environmental effects of a policy, plan or programme and its alternatives.

对政策、规划或项目及其替代方案的环境影响进行正式评估。

Sustainability

For protected areas, the condition of its persisting for a long time with core natural and cultural values intact, though not necessarily entirely unchanged.

对于自然保护地而言，可持续性指的是其长期存续的状态，且其核心的自然和文化价值保持完整，但不一定完全不变。

Sustainable development

Development that meets the needs of the present without compromising the ability of future generations to meet their own needs.

满足现在的需要而不危害未来世代需要的发展。

Sustainable financing

Financing for protected areas that is long-term and dependable.

长期且可靠的自然保护地融资。

Sustainable tourism

Tourism that takes full account of its current and future economic, social and environmental impacts, addressing the needs of visitors, the industry, the environment and host communities.

可持续旅游充分考虑当前和未来的经济、社会和环境影响，尽量满足访客、行业、环境和东道主社区的需求。

Sustainable transportation

Initiatives that try to minimise energy consumption, carbon emissions, and infrastructure footprint of transportation within protected areas while still maintaining a high-quality visitor experience.

可持续交通旨在尽量减少自然保护地内的运输能耗、碳排放和基础设施足迹，同时保持高质量的访客体验的举措。

Threefold protected area tourism management framework
A framework that encompasses the Recreation Opportunity Spectrum, carrying capacity, Limits of Acceptable Change, and indicators and quality standards in order to (i) formulate protected-area-wide management objectives and standards of tourism quality, (ii) monitor those indicators, and (iii) take management action to correct any shortcomings.
一个包含了游憩机会谱、承载力、可接受变化极限、指标和质量标准的框架，用于：①制定覆盖整个自然保护地的旅游质量管理目标和标准；②监测这些指标；③采取管理行动改正所有缺点。

Tourism
The activities of persons travelling to and staying in places outside their usual environment for not more than one consecutive year for leisure, business and other purposes.
人们因休闲、商务或其他原因离开日常居住地到其他地区旅行和居住，且一次不超过连续一年的行为。

Tourism demand
The total number of persons who actually travel or wish to travel to a particular protected area.
实际或希望前往某个特定自然保护地的总人数。

Tourism impact attitude scale
A measure of the social impacts of protected area tourism that tests the effects of many variables—such as place of residence, the extent to which the community depends on tourist revenue, etc.—on the attitudes of residents towards tourism.
它衡量的是自然保护地旅游业的社会影响，测试了诸多变量，如居住地、社区对旅游收入的依赖程度等，对居民对旅游业的态度的影响。

Tourism provider
Any individual or organisation that is actively engaged in facilitating visitor use in a protected area.
所有积极参与促进访客在自然保护地活动的个人或组织。

Tourist
A visitor (domestic, inbound or outbound) whose trip to a protected area includes an

overnight stay.

旅行到自然保护地并停留至少一夜的国内、入境或出境访客。

Triple bottom line

A measure of the success of a given effort not just in terms of its economic payoff, but also in terms of the environmental and social value it creates. In terms of the triple bottom line, sustainable protected area tourism in protected areas is that which (i) contributes to the conservation of nature (environmental value); (ii) generates economic benefits to protected area authorities to help support management costs, and also sustainable livelihood opportunities in local communities (economic value); and (iii) contributes towards the enrichment of society and culture (social value).

衡量的是一项特定投入是否在经济回报及其创造的环境和社会价值方面均取得成功。就三重底线而言，自然保护地内的可持续自然保护地旅游意味其：①有助于保护自然（环境价值）；②为自然保护地管理机构带来经济利益，以支持管理成本，并为当地社区提供可持续的谋生机会（经济价值）；③有助于丰富社会和文化（社会价值）。

User fees

Charges to visitors for taking part in an activity (such as going on a guided walk) or engaging in a particular use of the protected area's facilities or resources (such as staying in a campground).

向访客收取的参加活动（如有导游带领的步行参观）或使用自然保护地设施或资源（如住在露营地）的费用。

Values, protected area

Physical features or experiential conditions that have been judged to be important to a protected area's identity.

对明确自然保护地定位至关重要的自然特征或可体验的条件。

Visitor

For protected areas (PAs), a visitor is a person who visits the lands and waters of the PA for purposes mandated for the area. A visitor is not paid to be in the PA and does not live permanently in the PA. The purposes mandated for the area typically are recreational, educational or cultural.

对于自然保护地而言，访客是指以自然保护地允许的目的参观访问自然保护地的陆地与水域的人。访客进入自然保护地不以获取报酬为目的，自然保护地也非其永久性居住地。自然保护地通常允许人们出于休憩、教育或文化的目的对自然保护地进行参观访问。

Visitor carrying capacity
The maximum number of people that may visit a destination at the same time without causing destruction of the physical, economic, and sociocultural environment and/or an unacceptable decrease in the quality of visitors' satisfaction.
可以同时访问某一目的地的最多人数，该范围以内的访问不会破坏该地的自然、经济和社会文化环境，以及/或游客满意度不会降低到不能接受的程度。

Visitor count
The number of individual visitors entering or leaving a protected area regardless of the length of stay.
进入或离开自然保护地的访客人数，无论逗留时间长短。

Visitor days
The total number of days that visitors stay in the protected area.
访客在自然保护地停留的天数总和。

Visitor experience
A "complex interaction between people and their internal states, the activity they are undertaking, and the social and natural environment in which they find themselves" (Borrie and Roggenbuck, 1998, p. 115). In protected area tourism, a high-quality (satisfying) visitor experience is the 'product' that is being aimed for.
访客体验指的是"人与其内在状态、正在进行的活动，以及其所处的社会和自然环境之间的复杂互动"（Borrie and Roggenbuck，1998）。高质量（令人满意的）的访客体验正是自然保护地旅游所追求的"产品"。

Visitor hours
The total length of time, in hours, that visitors stay in the protected area.
访客在自然保护地停留的总小时数。

Visitor management
The process of tracking visitor usage in a protected area.

跟踪访客在自然保护地开展活动的过程。

Visitor nights
The count of persons staying overnight in a protected area.
在自然保护地过夜的人数。

Visitor spending
The total consumption expenditure made by a visitor, or on behalf of a visitor, for goods and services during his/her trip and stay at a protected area.
访客或访客代表在自然保护地访问停留期间用于购买商品和服务的总支出。

Visitor use
Any activity by visitors in a protected area.
访客在自然保护地开展的各类活动。

Voluntourism
Organised programmes through which visitors come to a protected area specifically to work on an activity that supports its conservation objectives.
组织访客到自然保护地专门开展支持其保护目标的活动项目。

Willingness to pay (WTP) surveys
A type of research study in which respondents are asked to specify how much they are willing to pay to see that some sort of action is carried out (or not), or some condition is maintained, in a protected area.
一种调查受访者愿意支付多少钱在某个自然保护地开展（或不开展）某些活动或维持某种状况的学术研究。

World Heritage Sites
An international system of protected areas, created under the World Heritage Convention, which is intended to include the world's most outstanding examples of natural and cultural heritage.
根据《保护世界文化和自然遗产公约》建立的国际自然保护地体系，旨在收录世界上最杰出的自然和文化遗产。

Zone; zoning

A portion of a protected area that is managed for a specific objective. For example, a protected area may have a zone in which motorised recreation is prohibited, while also having a zone where it is allowed. Zoning used in this way creates a range of tourism and recreation opportunities. On a more general level, sometimes protected areas have a core zone with a high level of restrictions on human activity in order to promote nature protection, surrounded by a buffer zone where restrictions are looser.

自然保护地分区指的是自然保护地内为实现特定目标而进行管理的特定区域。例如，同一自然保护地内的不同区域分别禁止和允许机动车/船游憩。这样的分区方式创造了一系列旅游和游憩机会。通常自然保护地有一个为促进自然保护而大幅度限制人类活动的核心区域，而核心区周围则是一个限制更宽松的缓冲区。

附　录

参 编 作 者

姓	名	居住国家/地区	章节·章节协调	案例
Barborak	James	美国	6	
Bhartari	Rajiv	印度		6.9
Borges	Maria Ana	瑞士		2.5
Bricker	Kelly	美国		4.15
Bride	Ian	英国	4	
Buckley	Ralf	澳大利亚	4, 6, 7	2.11, 4.14
Bushell	Robyn	澳大利亚		2.9
Carbone	Giulia	瑞士		2.5, 3.2
Cerveny	Lee	美国		5.5
Chao	Chih-Liang	中国台湾		2.4
Chávez	Jorge	秘鲁		4.11, 6.7
Chen	Mei-Hui	中国台湾		2.4
Damnjanović	Ivana	塞尔维亚		2.8
de Urioste-Stone	Sandra	美国	5	
Eagles	Paul F. J.	加拿大	1, 2, 6	
Epler Wood	Megan	美国		5.2
Halpenny	Elizabeth	加拿大	3*, 4*	4.13
Hawkins	Donald	美国		2.3
Holle	Kurt	秘鲁		6.7
Hübner	Anna	德国		4.7
Hvenegaard	Glen	加拿大	2*, 7*	4.14
King	Delphine M.	肯尼亚		2.2
King	Lisa M.	马来西亚		4.10
Larson	Lincoln	美国		2.10
Leung	Yu-Fai	美国	1*, 2, 3*, 4*, 7	4.4, 4.14
Lu	Dau-Jye	中国台湾		2.4
Manning	Robert	美国	3, 4	3.4, 3.5
Massyn	Peter J.	南非	6	
McCool	Stephen	美国	1, 2, 5	

续表

姓	名	居住国家/地区	章节*章节协调	案例
Miller	Anna	美国		4.2, 4.4
Milstein	Mark	美国		5.2
Monteiro	Luis	捷克		4.6
Moreira	Jasmine C.	巴西		2.6
Mucha	Debbie	加拿大		4.5
Ndebele	Dani	南非		5.4, 6.8
Newsome	David	澳大利亚		2.6
Ng	Young	中国香港		2.6
Notarianni	Marcello	意大利	6	
Paleczny	Dan	加拿大		3.3, 5.3
Paleczny	Jake	加拿大		4.12
Paxton	Midori	泰国	6	
Rafiq	Mohammad	英国		2.2
Ran	Jianghua	中国		4.9
Riedmiller	Sibylle	坦桑尼亚		2.2
Rylance	Andrew	英国	6	6.1
Salenieks	Therese	加拿大	3*, 4*	4.1
Seekamp	Erin	美国		5.5
Snyman	Susan	南非	5, 6	5.4, 6.8
Spenceley	Anna	南非	1, 2*, 3, 5*, 6*, 7	1.1, 2.1, 3.1, 3.4, 4.14, 4.15, 6.2, 6.4, 6.5, 6.6
Thompson	Andy	新西兰	6	
Tserendeleg	Dashpurev	蒙古国		6.3
Val	Erik	加拿大		5.3
Vishnevskaya	Alexandra	哈萨克斯坦		4.8
Walden-Schreiner	Chelsey	美国	4, 6	2.7, 4.3, 4.4, 4.15, 5.1, 6.3, 7.1
Woodward	Dilya	哈萨克斯坦		4.8
Wu	Chengzhao	中国		4.9
Zhang	Xiaoping	中国		4.9

附 录

本书作者

Dr. Yu-Fai Leung is Professor and Director of Graduate Programs in the Department of Parks, Recreation and Tourism Management, College of Natural Resources at North Carolina State University, USA. He is also an adjunct professor in the Department of Geography and Resource Management at the Chinese University of Hong Kong, Hong Kong SAR, China. His research addresses the sustainable planning and management of recreation, tourism and other visitor use in protected areas, with a special focus on recreation ecology and visitor use/impact monitoring. He also applies geospatial technology and monitoring as public engagement and capacity building tools. He is active in research, education and training programs in the Americas, Asia, Australia and Europe. He is a member of the IUCN's World Commission on Protected Areas and its Tourism and Protected Areas and Urban conservation Strategies Specialist Groups. See go.ncsu.edu/leung.

梁宇晖博士是美国北卡罗来纳州立大学自然资源学院公园休憩和旅游管理系教授、研究生课程主任。他还是中国香港特别行政区香港中文大学地理与资源管理系的兼职教授。他的研究涉及自然保护地内游憩、旅游和其他游客使用的可持续规划和管理，特别关注游憩生态学和游客使用/影响监测。他还将地理空间技术和监测作为公众参与和能力建设的工具。他积极参与美洲、亚洲、澳大利亚和欧洲的研究、教育和培训项目。他是 IUCN 世界自然保护地委员会及其旅游和自然保护地以及城市保护战略专家组的成员。详见 go.ncsu.edu/leung。

Dr. Anna Spenceley is a tourism consultant focusing on sustainable tourism, and mainly working in areas of high biodiversity in developing countries. Anna is Chair of the IUCN's World Commission on Protected Areas (WCPA) Tourism and Protected Areas Specialist Group, a Board Member of the Global Sustainable Tourism Council, Honorary Fellow of the University of Brighton, and a Senior Research Fellow with the University of Johannesburg. She sits on the editorial teams of the Journal of Sustainable Tourism and the journal Koedoe. She edited the books "Responsible Tourism: Critical issues for conservation and Development" and is co-editor of "Evolution and Innovation in Wildlife conservation" and "Tourism and Poverty Reduction". See www.anna.spenceley.co.uk, annaspenceley.wordpress.com and www.slideshare.net/Anna Spenceley.

Anna Spenceley 博士是一名专注于可持续旅游业的旅游顾问，主要在发展中国家的高生物多样性地区开展工作。Anna 是 IUCN 世界自然保护地委员会及其旅游和自然保护地专家组的主席、全球可持续旅游理事会成员、布莱顿大学的荣誉院士，以及约翰内斯堡大学的高级研究员。她是《可持续旅游》和 *Koedoe* 期刊的编辑团队成员。她主编了《负责任的旅游：保育和发展的关键问题》，也是《野生动植物保护的进化与创新》和《旅游与减贫》的主编之一。更多内容请访问 www.anna.spenceley.co.uk，annaspenceley.wordpress.com 和 www.slideshare.net/AnnaSpenceley。

附　录

Dr. Glen Hvenegaard is Professor of Environmental Science and Geography at the University of Alberta, Canada. His research focuses on the conservation dynamics of ecotourism (e.g. wildlife festivals, birding, whale watching, protected area tourism), biogeography (e.g. birds in agricultural environments, green spaces, shorebirds, ecological indicators), and environmental education (e.g. fieldwork, park interpretation, independent studies courses, expedition courses). He is a member of the IUCN's World Commission on Protected Areas and its Tourism and Protected Areas Specialist Group, and a fellow with LEAD International (Leadership for Environment and Development). Glen was raised in rural southern Alberta and is developing a sense of place with his family in the Buffalo Lake Moraine south of Camrose.

Glen Hvenegaard 博士是加拿大阿尔伯塔大学环境科学与地理学教授。他的研究重点是生态旅游的保护动态（如野生动植物节、观鸟、观鲸、自然保护地旅游）、生物地理学（如农业环境中的鸟类、绿地、滨鸟、生态指标）和环境教育（如实地考察、公园解说、独立研究课程、探险课程）。他是 IUCN 世界自然保护地委员会及其旅游和自然保护地专家组的成员，也是国际环境与发展学院的讲师。Glen 在阿尔伯塔省南部的农村长大，与家人一起在卡姆罗斯以南的布法罗冰碛湖区生活，对那里有较强的归属感。

Dr. Ralf Buckley holds the International Chair in Ecotourism Research at Griffith University, Australia (www.griffith.edu.au/centre/icer). He is an ecologist and environmental scientist, focussing on the role of ecotourism in conservation. 750 publications including 12 books and >200 refereed articles; H index 57, >11,500 citations. Ralf serves as current or former chair, or as a member of national and international advisory bodies, parliamentary inquiries, audit and award committees, on biodiversity, tourism, World Heritage, and conservation. He is a former Senior Fulbright Fellow, and a senior International Scientist and Distinguished Visiting Professor, Chinese Academy of Sciences. Ralf is a member of IUCN's World Commission on Protected Areas and a former member of the Tourism and Protected Areas Specialist Group ExCo.

Ralf Buckley 博士在澳大利亚格里菲斯大学担任生态旅游研究国际主席（www.griffith.cdu.au/ccntre/icer）。他是一位生态学家和环境科学家，专注研究生态旅游在保护中的作用。他名下已有 750 种出版物，包括 12 本书和 200 多篇评论文章；H 指数 57，引用次数 > 11500。Ralf 在多个国家和国际咨询机构中担任主席，或作为议会调查、审计和奖励委员会的成员，负责生物多样性、旅游业、世界遗产和保护相关议题。他是前高级富布赖特研究员，中国科学院高级国际科学家和杰出客座教授。Ralf 是 IUCN 世界自然保护地委员会的成员，也是旅游和自然保护地专家组执行委员会的前任成员。